本研究成果受广州市属高校重点学科建设项目及广东省普通高校优势重点学科建设项目资助

远程教育学教程

YUANCHENG JIAOYUXUE JIAOCHENG

程智 编著

暨南大学出版社
JINAN UNIVERSITY PRESS

中国·广州

图书在版编目（CIP）数据

远程教育学教程/程智编著. —广州：暨南大学出版社，2013.6
ISBN 978 - 7 - 5668 - 0560 - 7

Ⅰ.①远…　Ⅱ.①程…　Ⅲ.①远程教育—教材　Ⅳ.①G43

中国版本图书馆 CIP 数据核字（2013）第 086657 号

内容简介

　　本书介绍了远程教育学方面的知识，内容上在充分考虑网络技术为远程教育所带来的影响的同时，还注重如何利用网络来提高学生学习的有效性，并涉及社会网络技术在远程教育中的应用。全书共分为11章，分别从远程教育的概念、发展、规划、应用、管理、研究等多个方面对远程教育学进行了深入浅出的分析。该书还充分考虑到远程教育理论以及技术发展的要求，结合其他学科的最新成果，对现有远程教育理论和应用框架进行了有益的补充。本书可作为高等院校本科和研究生相关课程的教材使用，也可供对远程教育学感兴趣的人士参考。

出版发行：暨南大学出版社

地　址：	中国广州暨南大学
电　话：	总编室（8620）85221601
	营销部（8620）85225284　85228291　85228292（邮购）
传　真：	（8620）85221583（办公室）　85223774（营销部）
邮　编：	510630
网　址：	http：//www.jnupress.com　http：//press.jnu.edu.cn

排　版：	广州市天河星辰文化发展部照排中心
印　刷：	湛江日报社印刷厂

开　本：	787mm×1092mm　1/16
印　张：	16.5
字　数：	390 千
版　次：	2013 年 6 月第 1 版
印　次：	2013 年 6 月第 1 次

定　价：	33.00 元

前　言

近些年来远程教育在世界各地得到了大量的应用。特别是有些国家和地区，在当地政府大力支持以及学习者迅速增长的学习需求的促进下，远程教育已经成为一个国家或地区教育系统的重要组成部分，并逐渐形成自己独特的理论体系，大量研究成果也正在不断被应用到远程教育的实践中。而随着网络技术的发展，远程教育更是获得了新的生命力。

远程教育的发展包括了函授教育、开放教育、多媒体教育和网络教育四个阶段，每一个阶段都是技术促进的。由于新技术的应用，使得远程教育系统能够采用更加先进的媒体来开展教学活动，远程教育的教学形式也就上升到了一个新的层次，这进一步推动了远程教育教学质量和效率的提高。

为何远程教育在师生分离的状态下，依靠技术也能够进行有效的教学？不同作者的解答是不一样的。本书给出了一个远程教育系统层次结构的划分方式，将远程教育系统划分成物理时空层、媒体时空层和网络教育层三个层次。这三个层次就如同计算机网络的体系结构一样，每个层次都独立完成自己的工作，同时每一个层次又向上面的层次提供相应的服务。现在的情况是，由于媒体时空层的技术发展得越来越快，能够向网络教育层提供的服务也就更加完善，这样就可以满足在网络教育层形成多种不同的教学应用模式的要求。随着媒体时空层所包含的技术越来越先进，其为远程教育提供的服务也将越来越完善，这促进了网络教育教学效率的进一步提高。从这样的理论来进行分析，今后远程教育教学方法所能够取得的教学效果超过面授方式将不再是一个梦想。

从网络教育发展的情况来看，网络技术应用是远程教育发展最重要的标志。网络技术的应用促进了媒体交互性的提高，能够满足教师和学生在网上进行同步或异步交互的需要，这极大地改变了旧的远程教育过程中只能够进行单向信息传播的状态，教师也得以在网上开展合作教学、小组讨论教学等多种教学模式。在学生遇到问题时，教师还可以通过网络对学生进行个别辅导。这些也是传统教学方式与旧的远程教育系统相比所具备的优势。而现在，也可以在网络上轻松地应用这些方法，且效果还要好很多。从国际上远程教育先进的国家的发展情况来看，能够与学生进行交流并组织合作讨论学习，已经成为远程教育教师所应具备的基本能力。

当然，网络技术的出现也改变了旧的远程教育系统中存在的一些观念。过去开展远程教育强调扩大教育的规模，而现在的远程教育的规模也能够和全日制教育的规模一样小，这样教师就能够更有效地组织教学过程、进行教学管理，以达到提高教学效率的目的。

网络技术应用比较成功的是美国的远程教育系统，这也许跟互联网起源于美国有一定的关系。因为互联网起源于美国，所以美国在互联网技术的应用和发展过程中，具备了得天独厚的优势。一旦有新的技术出现，意味着马上就可以获得应用，教师也能够以最快的速度接触互联网技术，研究探讨网络在教学中最新的应用方式。借助于这种优势，进入

2000 年以后，美国在远程教育方面迅速赶超了当时远程教育先进的国家，成为远程教育方面的领导者。

如果说教育技术是教育发展的制高点，远程教育则是教育技术发展的核心动力。远程教育的发展在一定程度上体现了一个国家或地区教育现代化的程度，其逐渐成为世界各国在教育领域中竞争的一个新的方向。正因为如此，世界各国都非常重视本国远程教育系统的发展，大力加强和推进网络技术在远程教育中的应用，以求能够创建出远程教育的方法模式，在世界远程教育领域占有一席之地。如在美国，自克林顿政府执政以来，就出台了多项针对网络在教育中应用的国情咨文和政策，对远程教育进行了大力扶持，促进了美国远程教育跨越式的发展。

抛开国家之间的竞争不说，就整个人类的发展来看，联合国教科文组织在 20 世纪 60 年代就已经提出了终身教育的理念，而这一理念在当今世界各国面临着严重老龄化问题时显得尤为重要，并具有很强的现实意义。远程教育则是落实终身教育理念的必经之路。大力发展远程教育成为很多国家和地区政府的一种共识，为远程教育发展提供了非常强大的民意支持。

目前远程教育在各方面都得到了应用，对新的教育理论的产生、教育教学方法的改革等产生了巨大的影响。远程教育不仅限于在职人士，普通高校的学生也开始使用这种方式来选修课程，获得学分。

为了使学生对远程教育理论有一个比较全面的认识，我们编写了这本书。全书分五个部分共 11 章。

第一部分为远程教育的基本概念和发展，包括"基本概念""产生与发展"两章。在这两章中探讨了远程教育的基本概念和远程教育的发展过程。这两章内容给出了后续章节中所需要的基本概念和基础理论。如远程教育系统层次结构的划分、系统的方法和模型等。

第二部分由"规划远程教育""技术和媒体""课程的设计与开发"三个章节构成。这三个章节介绍了远程教育系统整体设计方面的要求，涉及远程教育系统规划、媒体时空层中使用的技术和媒体、课程的整体设计等方面的内容。而之所以将"技术和媒体"这一章也放在这一部分，强调的是信息技术在促进远程教育系统发展方面的重要性。

第三部分则由"远程教育的学生""远程教育的教师""远程教育的机构""教学方法和模式"四个章节构成。这些章节介绍的是教学过程中的几个重要因素：学生、教师、教学环境和教学内容等，以及如何促进各种因素从传统的面授方式中转变过来的问题。这一部分在集中介绍网络教学方法的同时，没有忽视旧的远程教育方法的应用。虽然早期的远程教育方法有些落后，但是这些方法在应用了新的技术以后，可以获得新的机会。比如函授教育结合电子邮件传输技术、电视教育结合网络视频技术等都可以更好地促进学生学习有效性的提高。

第四部分为"远程教育的质量保证和评估"。这一部分介绍了如何在内部和外部两个方面来保证远程教育的质量。

第五部分由最后一章"国外远程教育概况"构成。这一部分介绍了世界上比较典型的三种远程教育系统的发展情况。这三种远程教育系统包括了美国的远程教育系统、英国的远程教育系统、日本的远程教育系统。通过了解这些国家远程教育发展的情况，来促进学生对我国远程教育发展的反思。

本书有配套课件免费提供下载，满足教师教学的需要。同时还可以免费下载课堂教学活动指导电子文档，为每一章节内容提供配套的活动指导建议，内容涉及探究、协作、案例分析、行动研究、角色扮演、头脑风暴等多种不同的教学活动形式。网址为 http：//press. jnu. edu. cn/。

本书在编写时参考了多位作者的资料。在本书编写的过程中，一部分内容在广州大学教育技术学系的研究生课程中使用过，学生们对此也提出了非常好的建议。另外，本书在编写时还得到了广州大学教育学院诸多老师的宝贵意见，在此特别表示感谢。

程　智
2013 年 3 月写于广州

目　录

1　基本概念

教学目标
1. 理解什么是远程教育；
2. 了解技术对教育的促进作用；
3. 理解远程教育系统如何应用系统方法；
4. 探讨远程教育在不同领域的应用方式。

本章重点
1. 远程教育的概念；
2. 系统方法；
3. 远程教育标准；
4. 远程教育系统的组成。

本章难点
1. 系统方法；
2. 远程教育标准。

1.1　远程教育的概念

1.1.1　教育与远程教育

教育作为一种人类社会特有的现象，自人类社会出现以来就已经存在。在教育的过程中，人们总是不断尝试使用各种技术来改进自己的教学，从最早的沙盘、岩画开始，教学技术就在不断发展。到了殷商时期，甲骨文的出现促使教育产生了一次新的变革。

到了隋朝，印刷技术的发明使得知识可以大量复制，这显著促进了教学规模的扩大和知识传播速度的提高。这是一次真正由技术引起的教育上的革命。自此，技术的革新引起教育的变化便一发不可收拾，并对随后出现的文学作品、唐代佛学著作的传播起到了促进作用。之后，宋代活字印刷术的出现，更是将这种技术促进的教育变革引领上一个新的台阶。在教育领域，像《学记》这样的教育学专著的广泛传播以及自宋代以后《三字经》这样的蒙学著作的流传，都得益于印刷技术的发展。

现代科学技术的出现及其在教育教学中的应用，则促进了现代教育技术的产生和发展。这些科学技术主要集中在信息传播的媒体技术方面。最早的包括 17 世纪就已经发明出来的幻灯机，到 19 世纪末期，这种技术在教育教学中得到广泛的应用。无声电影技术的出现，使得屏幕上呈现出来的不仅仅是静态的画面，还直接导致了"视觉教育"这种新的教育形式的出现。

然而促进远程教育产生和发展的则是无线电广播技术。利用无线电广播技术，人们能够将语音信号传播到很远的地方。随着 1920 年 11 月 2 日美国西屋电气公司无线电广播电台的成立，人类进入了一个全新的远距离传播信息的时代。在这样的一个时代中，所有的信息，包括教育信息等，都得以突破时空的限制，传播到遥远的地方。

20 世纪 40 年代第二次世界大战爆发以后，国家之间的相互竞争变得尤其激烈。诸如美国这样的先进国家，开始注重如何利用技术来提高全民的军事素质。这时无线电广播和有声电影技术被大量地应用到战争宣传和新入伍士兵的培训过程中，并产生了积极的效应。这也成为远程信息传播技术能够扩大教育规模的重要证据，为 20 世纪 60 年代以后远程教育的迅速发展奠定了坚实的物质基础。

到了 20 世纪 60 年代，尽管这个时候出现了广播电视等技术，但是另一种传统的系统更容易引起人们的注意，这就是传统的邮政系统。人们发现，利用邮政系统可以将各种学习材料邮寄给学生，让学生在家里自主学习，同时学生还可以将自己的作业通过这种方式邮寄回给教师。这一过程虽然效率比较低下，但解决了很多成年人由于工作繁忙，无法进入学校学习的问题。特别是美国等国家面临着的"二战"退伍老兵的培训问题，这种方式是最直接也是最有效的，由此 17 世纪就已经产生的函授教育得以复兴。函授教育的复兴以及所取得的各种成绩，鼓舞了人们对远程教育这种师生分离的教育教学方式的探索。

到 20 世纪 70 年代，英国出现了开放大学这种新的办学方式。同时形成的开放教育理论，也成为现在远程教育最重要的基础理论，这标志着系统的远程教育理论体系的建立。早期的英国开放大学主要还是使用函授等方法，包括将实验箱等笨重的设备打包邮寄给学生。

到 20 世纪 80 年代，电视及远程视频会议系统则在远程教育过程中扮演了更重要的角色，成为其他国家开展远程教育活动的主要信息传播技术。

目前，远程教育开始大量依赖网络技术来传播教学信息，并在此基础上形成了全新的网络教育理论体系。

1.1.2　远程教育的定义

远程教育的定义很多，其中最重要的是基更在 1986 年作出的定义[1][2]。在该定义中，基更强调了在远程教育过程中教师和学生的分离状态。教师和学生的分离，是远程教育区别于其他教育方式的最重要的标志。这与班级授课方式有明显的不同。

这当然也带来了一系列有关远程教育系统中如何建立新型师生关系的挑战，进而形成了有特色的远程教育师生关系。

然而随着技术的不断发展，远程教育所具备的这种"师生分离"特点，在含义上也产生了一定的变化。在网络时代，全世界网络互连，信息传播非常快捷，完全突破了时间和空间的限制，这时传统意义上的"分离"和"接触"的界限变得更加模糊。

---

① 穆肃，丁新. 德斯蒙德·基更研究［J］. 中国电化教育，2004（8）：38～42.
② 文继奎. 远程教育若干理论述评［J］. 江苏广播电视大学学报，2007，18（1）：24～28.

传统意义上的"分离"是指：

（1）空间上的分开。按照词典的解释，分离指的是本来属于整体的某个部分脱离出来，成为一个独立的部分，这样就形成了分离。

（2）时间上的分割。如果两个人、物体或者因素，原本是按照相同速度变化的，但是其中的一个部分出现了和整体不一致的变化，则也可以称之为"分离"。

（3）情感上的分离。这主要是指人与人之间的分离。如"离婚"等，就属于这一类的分离。

从上面的几个含义可以看出，"分离"最重要的特征就是原来属于一个整体，之间有非常强的相互作用，且没有明显界限的一个或多个部分分开来，然后这种相互作用逐渐减弱或者消失，而各部分之间的界限变得越来越明显。

如果没有信息传播技术，则这种分离将最终导致两个人或两物体之间没有了信息的交流；然而借助了信息传播技术，即便是分离开来的两个部分还是可以相互交流信息，且能够始终保持自己的独立性。这就是在早期函授教育阶段，即便是师生之间处于相互分离的状态，还始终能够保持教学信息传递的原因所在。

到了开放教育出现以后，信息传播技术更加先进。然而早期应用的比较先进的信息传播技术主要是广播电视，这种技术的特点就是信息传播面广，但缺少师生之间的相互交流，信息往往是从教师这一方单向传递给学生，在这样的状态下，教师和学生的界限非常明显。因此可以说两个因素之间仍处于"分离"状态。

邮寄的方式则由于速度太慢，导致教师和学生这两个部分在时间上无法形成一个整体，因此这两个部分也仍然处于"分离"状态。

20世纪80年代出现的视频会议技术需要采用非常昂贵的卫星传播技术，这种技术成本高昂，并非所有的远程教育教师和学生都能够有机会使用，因此这种技术仍不能够令大规模的远程教育系统中的教师和学生成为一个整体。

因此在早期的远程教育系统中，用"师生分离"来界定远程教育与传统学校教育的区别还是有效的。

到了网络时代，这一状况发生了一些微妙的变化。网络技术的出现，特别是多媒体技术的发展和应用，使得师生之间原来那种相互独立、弱相互作用的状态发生了根本性的变化。

网络时代师生两个部分的相互作用表现在以下几个方面：

（1）在空间上来看，实时视频信息传输效果已经接近面对面的交流。而能够实现这种方式的技术，在硬件、软件方面成本低廉，几乎已经成为一些计算机设备的标准配置。因此教师在网络课程中，可以采用这种实时视频信息传播系统，将自己的讲解过程传播给学生。通过学生计算机上的摄像头，教师也可以随时查看学生的听课情况。利用图像识别系统，结合心理学的研究成果，教师还可以将学生的听课情况进行实时统计分析，了解学生的理解情况。

（2）利用网络论坛、实时聊天工具、微博等技术，教师既可以与学生进行实时讨论，也可以采用异步的方式给学生留言，发表自己的看法。这有效地打破了时间的限制，使得教师和学生在时间上牢固地结合在一起，形成了一个整体。

（3）利用博客等反思工具，教师和学生可以反思自己的教学和学习过程。而利用各种社会网络工具，教师和学生之间则可以进行更为深入的情感交流。这又使得教师和学生在情感上形成了一个整体。

综上所述，虽然在实际的物理空间中，教师和学生是"分离"的，但是在网络技术支持下，无论在空间、时间还是情感上，教师和学生的"分离"状态都已经不太明显。在这种网络技术支持下开展的教学活动，虽然从物理空间上来看还是属于远距离的教学，但是从网络空间来看，其教学效果与课堂面授过程差距不大，甚至在有些项目方面，学生的学习有效性更高。

鉴于此，对远程教育下定义就要考虑到这种物理上的分离和网络中的整体效应。这里给远程教育作如下定义：

远程教育是指利用具备远程传播信息能力的技术来构建的一个教育环境，在这种环境下，师生虽然在物理时空中处于分离状态，但是学生能够通过与教师的持续互动，进行自主知识学习、增长能力、提高素质、发展情感。

1.1.3 相关概念

1. 远程教育和远距离教育

这是两个完全相同的概念。这两个名词都是从同一个英文术语"Distance Education"翻译过来的。

不过在国内远程教育领域，"远距离教育"一词是早期的表达方法。近年来，人们则习惯使用"远程教育"这一名词。

2. 远程教育和现代远程教育

通常为了与旧的远程教育方式，如函授教育、广播电视教育等相区别，有时候我们也用现代远程教育来表示采用了网络技术的远程教育方式。

为了获得更简洁的表达方式，一般用"网络教育"一词来表示现代远程教育。

3. 远程教育与开放教育

开放教育是远程教育发展的一个阶段，主要以英国开放大学的建立为标志。

开放教育包括了开放教育的理论和实践。开放教育的理论反映了20世纪70年代以来所形成的一种新的教育理念，强调了教育的开放性，打破了传统学校围墙的限制。开放教育的实践则包括了英国的开放大学、中国的中央广播电视大学等。

从概念覆盖的范围来看，开放教育是远程教育所包含的一个子概念。

4. 远程教育与继续教育

继续教育通常指的是成人教育，是学校教育之后的延续。

继续教育秉承了开放教育的理念，一些继续教育也采用了远程教育的方式来进行，但继续教育涉及的范围又比远程教育要广泛。目前国内的一些大学设立的继续教育学院主要还是以业余时间面授为主，也包含很少量的全日制专业。

另外继续教育也可以采用远程教育的方式来进行，这得益于远程教育能够有效突破时间和空间的限制，在学生认为合适的时间和地点进行学习。

1.2　信息技术与远程教育

1.2.1　教育中的技术

早期在教育中应用的技术是各种非语言信号。在语言还未出现时，后代为了承袭父母那一辈积累的经验，通过模仿他们的姿势、动作、声音等来进行学习，这可以从与非洲的黑猩猩有关的各种实验中获得证实。

而最早由人类创造出来并被保留下来的符号，则是有着上万年历史的岩画。如中国内蒙古自治区的古阴山岩画，其中栩栩如生的人物和动物形象地反映出当时人类生活的状况。这样的岩画也是有教育意义的，它们能够将积累下来的人类社会的交往经验和狩猎知识保留，以供后代学习。

到了后来，随着语言的出现，人类能够通过声音发出更加复杂的信号，这些信号既可以用来进行日常交流，也可以作为教育后代的一项技术，以高度抽象的方式将知识传播给下一代。

而殷商时期甲骨文的出现，则标志着教育技术达到了一个更高的层次。不同于语音信息转瞬即逝的特点，文字可以用来记录和长时间保存知识。此外，对承载文字的龟甲和兽骨等载体的利用，则有助于知识以非常低廉的成本传播出去。有了文字以后，即便是没有先辈的指导，后代也可以通过阅读这些甲骨文，进行自主学习思考，这促使教育发生了一次重要的变革。

造纸术的发明则使得人们摆脱了笨重的甲骨、竹简等记录材料。轻便的纸张令知识记录的密度大为增加，更多的知识可以被记录在纸张上。而纸张使用的便捷性，则使得知识的记录和传播能够面向普通的群众，促进了受教育面的扩大。

印刷术的发明则将知识复制速度提高到了空前的水平。当知识被创造出来以后，通过印刷术，马上就可以用非常低廉的成本将这些知识大量复制，这是之前所有其他的技术所不具备的，因此印刷术的出现标志着教育史上的一次重要变革。这也是技术促进教育变革的一个重要标志。

到了 17 世纪，夸美纽斯提出了班级授课制。随着班级授课制的推广，黑板这种教学技术也应运而生。使用了黑板之后，教师在上面可以像在纸张上书写一样来表达教学内容，同时还可以将教学过程展现给所有的学生。即便到了 21 世纪，这项技术仍被广泛地应用。

19 世纪末期教学技术发展的最重要标志则是现代科学技术在教学中的应用。从早期幻灯机开始，进而发展到无线电广播、录音、电影、电视、录像、人造地球卫星、计算机网络等技术。在这些现代化的教学技术中，有一部分则属于能够进行远程传播信息的技术，如无线电广播、电视、计算机网络技术等。这些远程传播信息的技术有效地促进了远程教育的发展。

1.2.2　信息化教育与远程教育

当前教学中应用的技术主要是信息技术。通常信息技术指的是以计算机和计算机网络为核心的信息处理技术，是信息化社会最重要的组成部分。要在信息化社会中生存，了解信息技术、运用信息技术、提高信息素养是现在青少年必须达到的重要目标，信息化教育这一新的概念也就应运而生。

按照南国农的定义，信息化教育指的是："在现代教育思想、理论的指导下，主要运用现代信息技术，开发教育资源，优化教育过程，以培养和提高学生信息素养为重要目标的一种新的教育方式。"[①] 从定义中可以看出，信息化教育既面向学校全日制教育，也面向远程教育。

在落实信息化教育的过程中，信息技术作为信息化教育的基本工具是必须使用的。而采用了信息技术以后，在教育中的应用以教育资源的开发、教育过程的优化为基本出发点，最终目的是培养和提高学生的信息素养。

信息化教育是一种新的教育方式，在这种教育方式中，既要直接向学生传递信息技术的知识，也要将信息技术融入各门学科的教学中。在信息技术之外的其他学科领域，主要是开发各门学科的教育资源，利用信息技术整合教学过程，促进教学效率的提高。通过这样的方式，能够培养学生适应信息化社会生存所需要的基本能力。

信息化教育与远程教育之间的关系主要体现在以下几个方面：

首先，远程教育必须通过远程传播信息的信息技术来实现。在远程教学过程中，教师和学生都必须具备最基本的信息技术使用能力和一定的信息素养，只有这样，才能够在远程教学过程中达到有效的教和学的状态。因此信息化教育是远程教育得以有效进行下去的基础。

其次，远程教育本身也有助于提高师生的信息能力和素养。利用远程教育这种新的方式来进行教和学，对于教师来说，是一次不可多得的信息技术教学实践机会。在这样的机会中，教师可以将书本上的知识应用到实际的远程教学过程中去，获得更直接的经验。对于学生来说，则是一个提高自己对信息技术认识的机会。在远程学习初期，很多学生都有比较大的疑问，而随着学习的深入，不断对所出现的问题进行反思，并努力改进自己的学习方法，将能够更有效地适应信息技术所构建的学习环境，并发展适合信息化环境的学习方法，进而提高自己的信息素养。

最后，远程教育是信息化教育的一个重要组成部分。信息化教育涉及多种教育形式，在全日制学校的教学过程中要实现信息化教育，在远程教育过程中也同样要有目的地培养学生的信息素养。教师除了上好本专业课程以外，还要与学生共同学习和体验新的远程教育平台的使用技巧，这也是信息化教育的实践过程。

---

① 南国农，李运林，祝智庭. 信息化教育概论［M］. 北京：高等教育出版社，2004.

1.3 系统方法和模型

1.3.1 系统方法

"系统"是一个常用的名词，有时候也可以作为形容词和副词。

"系统方法"中的"系统"是形容词，表示这种方法的属性。而"系统地分析问题"中的"系统"则是副词，用来修饰动词"分析"。

从名词这一词性来看，"系统"指的是多个要素之间通过相互联系形成一个整体。

这样来理解系统方法，既要考虑到所面对的对象是一个整体，以及各个因素之间的整体性的要求，又要注意针对每一个因素进行分析，以及各因素间的相互作用方式。

在系统工程学中，常用的系统方法论有霍尔方法论[①]、软系统方法论等[②③]。

霍尔方法论将空间结构分为时间、逻辑和知识三个维度。

在时间维度方面，对于一个具体的工程项目，采用系统方法可以按七个阶段来进行：规划—设计—研制—生产—安装—运行—更新。

遵循逻辑维度，则又可以形成以下七个顺序：明确问题—设计评价指标体系—系统综合—系统分析—优化—决策—实施。

在知识方面，则应该遵循从工程开始，然后是医学知识，再到建筑、商业、法律、管理、社会科学、艺术等多个不同层次知识的顺序。

软系统方法论则是英国学者切克兰德对霍尔的系统工程方法论进行了改进以后，提出的新的系统方法论[④]。它强调了人的主观意识的作用。因此，软系统方法论提供了一套能够促进系统中各成员之间自由开放讨论的系统方法。步骤包括：问题情景描述、相关系统的根定义、建立概念模型、概念模型与现实系统的比较、系统更新。

系统方法在教学应用中比较典型的是系统化教学设计。系统化教学设计利用了系统的方法，将教学过程看作一个系统，通过对教学系统中各因素的分析，优化教学过程，形成教学方案。

系统化教学设计思想与霍尔方法论和软系统方法是一致的。从霍尔方法论来看，在ADDIE系统化教学设计模型[⑤⑥]中包含的"分析、设计、开发、实施、评价"步骤与霍尔的三个维度之间的关系是一致的。时间维度包含了对教学过程进行规划、设计、评价等一系列沿着特定的时间顺序发展的过程；逻辑维度包括知识点的确定、目标设计、教学过程

---

① Hall A. D. *A Methodology for Systems Engineering* ［M］. D. Van Nostrand Company, INC., 1962.

② Checkland P. Soft systems methodology：a thirty year retrospective ［J］. *Systems Research and Behavioral Science*, 2000 (17)：pp. 11 - 58.

③ Checkland P. *Systems Thinking, Systems Practice：Includes A 30 - year Retrospective* ［M］. Wiley, 1999.

④ Checkland P. Soft systems methodology：a thirty year retrospective ［J］. *Systems Research and Behavioral Science*, 2000 (17)：pp. 11 - 58.

⑤ Kearsley G. *Online Education：Learning and Teaching in Cyberspace* ［M］. Wadsworth Thomson Learning, 2000.

⑥ Molenda M. The ADDIE model ［J］. *Encyclopedia of Educational Technology*, 2003.

结构设计、评价、修改、实施等步骤；知识维度则涉及认知、情感、技能等多方面目标的确定。

除了教学设计以外，由于远程教育涉及一个更为庞大的系统，其中的因素多种多样。一些因素在物理上看起来处于分离状态，但是却可以通过远程信息传播媒体进行相互交流，如果不采用系统的方法来进行分析和设计，则远程教育系统的运行将始终停留在一个低层次的水平上，学生学习有效性难以得到充分的保证。

对于远程教育系统的设计，比较著名的是 C. West Churchman 对美国大学的远程教育系统设计所提出的观点[1][2]。Churchman 在著作中指出，一个远程教育系统涉及的因素包括了远程教育的系列目标、入学管理、学生、管理机构、财政政策，以及教师和管理人员作为决策者、系统设计者、设计方案的实施者等多个因素。这些因素的存在以及相互之间的交流，则是成功进行远程教育系统设计的重要条件。

1.3.2　教育系统

相比较于远程教育系统，教育系统的组成更加复杂。通常组成一个教育系统的因素包括教师、学生、教育内容、教育手段、教育环境五个方面。这五个因素相互作用，构成了教育系统的整体。

在不同的教育系统中，各因素所起的作用也是不同的。在一些教育系统中，教师这一因素起到了特别重要的作用；而在另一些教育系统中，教育内容这一因素则起到了非常重要的作用。

按照不同因素所起的作用不同，可以形成不同的教育系统。

1. 以教师为导向的教育系统

在这样的系统中，教师起到了最重要的作用。由于教师特殊的工作性质，以及在不同学校工作的侧重点也不同，使得整个教育系统必须围绕教师而运行，其他的因素皆为教师这一因素服务。

这一类教育系统对应的是研究型的学校。在这类学校中，教师占据了学校成员的多数，学校的工作主要围绕教师的研究活动而运行。比较典型的如加州理工大学伯克莱分校，另外中国科学院大学目前也正朝着这一方向发展。在这些大学中，教师的数量甚至有可能超过学生的数量，而学校工作的成绩则主要以教师的研究成果作为重要指标。

2. 以学生为导向的教育系统

在这一类系统中学生是主体，教师起到引导作用。其他的因素为学生这一因素提供支持和服务。

这一类教育系统对应的是教学型学校。在这类学校中，教学是中心工作，学生作为教学过程的主体得到充分的重视。同时，教师的地位也很重要，但是教师主要还是向学生提供指导和帮助，教学过程则以学生的自主学习为主。

---

① Churchman C. W. *The Design of Inquiring Systems：Basic Concepts of Systems and Organization* ［M］. Basic books, 1971.

② Churchman C. W. *The Systems Approach and Its Enemies* ［M］. Basic Books, 1979.

3. 以内容为导向的教育系统

在这一类系统中，教育内容的重要性得到体现。教育内容按照系统科学方法进行分类，实现分科分专业的教学。

这是一种以教材为中心的传统教育系统，其思想起源于德国教育学家赫尔巴特的科学教育思想。另外一些技能培训工作也会采用这样的系统来进行。其优点在于知识传授的效率比较高。但是由于忽视了学生学习的主动性，而受到了现代教育思想的代表人物杜威的批评。

4. 以媒体为导向的教育系统

在这样的系统中，媒体成为其中最重要的因素，如果离开了媒体，则整个教学过程将无法顺利进行。

这类教育系统对应了如同广播电视学校这样的远程教育系统。其中，电视成为最重要的因素，所形成的教学模式也是以电视来命名。在计算机辅助教学系统中也有类似的特点。

5. 以环境为导向的教育系统

在这样的系统中，环境成了最重要的因素。教师和学生在通过不同方式构建出来的教育环境中进行教和学。

教育环境的重要性在中国古代就得到了充分的肯定，"孟母三迁"的典故就说明了古人对教育环境的重要性有了相当的认识，教育环境的好坏直接影响学生今后的成长。

现代教育教学理论中，建构主义理论对环境给予了高度的重视，强调了教育环境是促进学生自主进行知识建构的必要条件。

最后，值得注意的是，以上关于教育系统的分类并不是绝对的。在一种教育系统中，可能同时存在两种因素占据主导地位的情况。而从不同的侧面来观察，一个教育系统可能在某些方面是一个因素起导向作用，但是从另一个方面来看，则可能是另一个因素在起导向作用。比如在计算机辅助教学的过程中，从构建教学环境来看，计算机在其中起到了导向作用；而从学习的角度来看，学生也在其中起到了导向作用。

1.3.3 远程教育系统的层次模型

1. 层次结构

远程教育系统中教师和学生处于时空分离的状态，这种分离状态使得教学过程产生了很多新的特点。

由于使用了媒体技术，特别是网络技术的应用，使得师生之间在媒体空间中又存在相互联系的状态，这种状态可以利用如同计算机网络体系那样的层次模型来进行描述。在计算机网络体系中，每一个层次完成自己独立的功能。尽管从两台计算机系统较高的对等层次上看，两层次之间在物理上是没有直接联系的，但是每一个层次却都能够虚拟出一条逻辑上的链路进行相互通信。

采用层次结构的方式来描述远程教育系统，有助于我们探讨在远程教育系统中，师生分离状态所引起的教育教学方式的变化规律。

图 1-1 显示的就是这样的一个层次结构。最底层是物理时空层，上面则是媒体时空层和远程教育层。

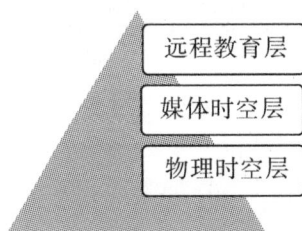

图 1-1 远程教育系统的层次结构

这三个层次中，物理时空层处于最底层，在该层次上不需要借助任何基于现代科学技术的媒体来传播信息，而主要采用口耳相传的方式进行交流。在物理时空层中，教师与学生之间的交流可以称为面授，面授需要教师和学生之间使用约定好的语言来进行交流。比如教学过程中使用的语言是汉语还是英语等。

媒体时空层是基于媒体技术构成的全新的时空层次。在这种特殊的时空中，教师和学生之间通过媒体进行交流。在交流过程中，必须使用媒体允许的信号或者符号进行通信。比如使用电话系统进行通信，教师和学生都必须使用语音的方式进行交流。而使用各种实时通信工具，则教师和学生之间必须约定好是使用文本、音频还是视频的方法进行通信。

远程教育层则涉及整个远程教育系统。远程教育系统并不需要关心具体的技术是如何实现的，而要关心如何去使用这些技术来满足教师的教学需要。

在远程教育系统中，每个层次之间都可以独立通信。例如在远程教育层中，教师和学生之间通过远程教育系统平台进行交流，他们感到整个交流过程跟现实中的师生交流没有什么区别，似乎不需要考虑媒体的存在，不需要了解网络平台如何工作，他们之间的通信过程非常顺畅。当然对于下一层次，教师和学生都承认，他们使用了网络教学平台给他们提供的服务，正是由于这样的服务，才使得他们的通信过程畅通无阻。

在媒体时空层，网络工程师们专注于维护整个网络平台的运行。他们关心的是本层次技术方面的问题，关心对方媒体时空层的网络工程师们如何处理通信过程中的技术问题，至于远程教育层的教师和学生之间交流的内容是什么，他们并不关心。

在物理时空层，则涉及远程教育系统中其他的服务工作，如总部和地区中心的物业管理、物理上线缆的铺设、物理时间和空间等。

每个层次在进行交流时，都有一条属于自己这一层次的链路，如图 1-2 所示。在远程教育系统两端（教师端和学生端），每个对等层次之间用虚线连接。这是因为各层次之间的物理通信链路并不存在，所以这些链路只是一种逻辑上的链路，并不是真实的链路。

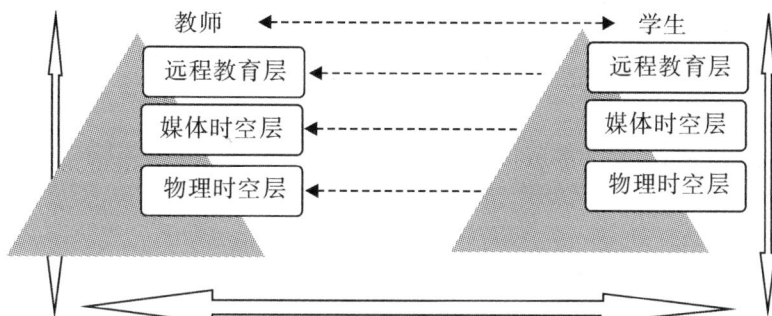

图1-2　虚拟的链路和真实信息传递路径的关系

　　真实的信号传递链路如图1-2所示的双向空心箭头。这些双向空心箭头表示了信息传播的真实路径，从高层次逐层往下传递。如在教师向学生传播信息的过程中，教师先通过远程教育系统，将教学材料发送到远程教育平台上。在远程教育平台上，信息得以处理，变成数据的形式，这些数据就可以交给媒体时空层中的计算机网络系统。在计算机网络系统中得到处理后，将变成物理上的信号，交由光纤或者无线传输的线路，这就进入了物理时空层。最终通过物理时空层，信号得以传输到远程教育系统的学生端。在学生端，由物理时空层传输过来的信号被依次递交给媒体时空层、远程教育层，最终被学生接收，实现了教师到学生的信息传递过程。这样的层次结构，可以实现在物理时空中师生分离的状态下，教师和学生仍然能够正常地进行交流，开展各种教学活动。

　　为了能够在这样的层次结构的远程教育系统中进行信息交流，使用各种远程教育教学的方法，必须对系统的两端进行事先的约定。这种约定将决定教师和学生的不同角色以及远程教育系统的组织结构形式。

　　由于远程教育层本身的复杂性，远程教育层又可以分为两个子层，其中比较低的子层主要涉及教学过程中各因素的标准，被称作"因素子层"；而高层次则对应了具体的远程教育应用方式，被称作"应用子层"。两个子层与远程教育层的对应关系，如图1-3所示：

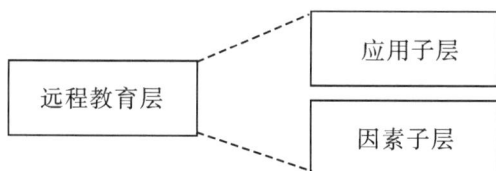

图1-3　远程教育层的子层

　　2. 标准

　　所谓标准，对应的是计算机网络体系结构中的协议。远程教育系统中的标准表明在教师、学生，以及系统的各层次之间进行信息传递的过程中，要进行一些必要的规定。如在教学过程中，教师和学生应该就使用的教学语言做好规定或约定，大家都使用同一种语言，否则教师使用英语，而学生使用中文，两者之间的信息传递可能会受阻。

　　然而这种约定又受到下面一个层次提供的服务所制约。如在媒体时空层可以提供一种实时语言自动翻译服务，即便教师和学生使用不同的语言，教学过程还是可以在一定程度上进行下去。这说明，处于上面的层次使用了下面层次提供的服务，从而使得某种标准可以发生改变，也可以对教学过程设定新的标准。如有了具备自动翻译功能的机器后，教师和学生就可以进行这样的约定：

（1）教师和学生都可以使用各自的母语来进行教和学。

（2）由于机器翻译并不能够准确地表达内容，因此教师和学生之间的交流应该以图片和视频为主。

（3）教师和学生之间的交流可以通过简单的文字来进行。

（4）教师应尽可能多地推荐使用学生母语编写的教材和参考资料。

按照这样的约定，教学过程中教师和学生之间可以进行简单的交流，再结合其他教学方法的应用，学习的有效性还是可以得到保证的。

在远程教育系统的所有层次中，每一个层次都存在相应的标准。在物理时空层，这些标准主要是关于物理空间的规定，如在"使用光纤或无线的方式组建网络"这个约定中，"光纤"和"无线"就是这种标准。

而在媒体时空层，这些规定则更加详细。如果使用电视来传播信息，则可能涉及电视的制式问题；如果使用计算机网络来通信，则涉及计算机网络体系结构中的系列协议，如TCP/IP协议族。

在远程教育层，则涉及系列的远程教育标准，如远程教育系统中的评价标准、质量保障体系等。通常层次越往上，标准就越像"方法"，则远程教育层中比较低的因素子层便主要以标准的形式存在，如教学评价的标准、学生模型的标准等。然而这些标准在一定程度上也可以看作"方式"或者"方法"。那么教学评价的标准可以看作教学评价的方法，而学生模型的标准则可以看作学生认知的方法。到了网络教育层的应用子层，对应的就是具体的函授教学、网络教学，这些属于更严格意义的"方式"或"方法"。超出了网络教育层，教师在教学系统中运用的是更为具体的远程教育教学的方法，如讨论法、自学辅导法等。

3. 服务

标准是两端对等的层次之间用来进行信息交流的，而上下两个层次的标准之间的关系则是提供服务与接受服务的关系。下一层次的标准用来向上一层次标准提供服务，而上一层次的某一种标准则接受下一层次的标准提供的服务。例如，在媒体时空层中具体的一种媒体，便是为上面网络教育层中的某种教学方式提供服务。其中数字电视技术为电视教学提供服务，而网络技术则为网络教学提供服务。

4. 服务对教学方法的影响

不同的远程教育标准对在远程教育系统中所使用的教学方法有着比较大的影响。远程教育系统中所使用的教学方法，主要根据实际应用的需要来进行灵活的选择。然而，这些教学方法之所以能够在远程教育系统中得以实施，其根本原因又在于远程教育层能够为教师提供相应的服务。

从实际应用的情况看，在面授过程中已经比较成功的教学方法包括①讲授法、练习法、实验法、演示法、讨论法、问答法、阅读指导法、参观见习法、实习法及自学辅导法等。在远程教学过程中，也希望能够使用这些方法来进行教学。然而受制于远程教育层提供服务的限制，并非所有的教学方法都能够正常使用。但是，基于所使用远程教育层的服务的特点，在远程教育系统中，教师还可以实施在面授过程中不能够实现的教学方法。

在远程教育层下面的一个子层中，远程教育系统能够提供的标准包括教学环境标准、远程教育学习者模型、课程内容标准、课程资源系列标准、协作学习的标准、教学管理标准、教学质量标准、教学服务标准等。这些标准的组合又可以形成不同的远程教育系统的教学方式，如函授辅导方式、电视教学方式、网络教学方式、移动教学方式等。以函授辅导方式为例，其在教学环境、学习者模型、课程内容及资源等方面与其他教学方式有着比较大的区别，这些区别也反映出函授辅导这种方式的很多重要的特点。

教师在教学过程中采用不同的教学方法，就要使用到这些标准所提供的各种服务。而是否能够有效地实现某种教学方法中的所有功能，是服务质量能否得到保证的关键所在。例如，教师使用传统的讲授法来进行授课，需要满足教师与学生面对面交流的需求。而从远程教育层所提供的服务标准来看，无法满足这种完全面对面交流的需要，只能够通过视频文件的播放以及实时视频会议的形式实现"面对面"的部分功能。因此，从这种教学方法的应用来看，远程教育层提供的服务就没有传统的面授效果那么好。

但是，从讨论法方面来看，由于远程教育系统能够提供功能强大的论坛、实时通信工具等，因此能够满足学生网络交流讨论的需要；且学生的讨论过程还可以被记录下来，以便课后进行分析和复习，这又可以取得比传统教学方法更好的教学效果。

同时，远程教育层还可以提供面对面教学方法所不能够提供的服务。如利用自动化的教学管理系统，教师可以实现对学生形成性练习的高效率评分，并实时反馈信息给学生，因此在这种技术的基础上可以形成新的网络辅导教学方法。

服务与教学方法之间的关系可参见图1-4。从图中可以看出不同教学方式与具体的教学方法之间的关系，其中箭头表示了提供服务的方向。由于教学方式的不同，使得每一种教学方式中可以使用的教学方法是有区别的。如函授教学，由于教师和学生之间信息的传输只能够通过邮寄等方式实现，教师和学生之间缺少实时交流的渠道，因此在函授教学方式中，经常使用以自学辅导为主的方法。为了保证教学质量，还要进行适当的面授辅导。其他的教学方式也有类似的情况。

① 李秉德．教学论［M］．北京：人民教育出版社，2000．

自学 面授　直播 录播 飞行　网络课程 探究　移动课程 探究
习题 实验　教室 空中教室　协作 反思 案例　合作 实践 自学
论文　　　访谈 视频会议　分析　　　　广播

函授教学	电视教学	网络教学	移动学习
因素子层			

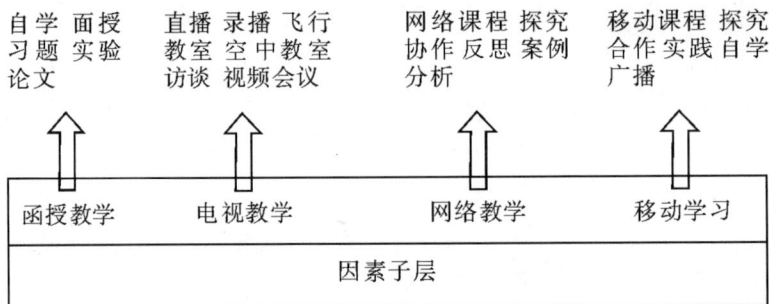

图1-4　远程教育层为不同教学方法提供的服务

1.3.4　远程教育系统的类型

由于远程教育系统的特殊性，远程教育系统的构成要素更具体。按照教育系统五要素的划分方法，与之相对应，远程教育系统的五个构成要素分别为：教师、学生、教学内容、媒体、管理机构。从教育系统的类型上来看，远程教育系统分为"学生导向"、"媒体导向"、"环境导向"三种类型。

例如在函授教育过程中，由于其他因素产生的作用普遍较弱，这种情况下，学生导向成了制约学习有效性的重要因素。另外，在基于博客的反思学习方法中，学生也是最重要的因素，反思的过程依赖于学生学习自主性的发挥。同样，网络探究式教学活动必须依赖学生的创造性思维活动来进行，这也是一种学生导向的远程教育应用方式。

而在早期中央广播电视大学的教学过程中，其中一部分的教学是以媒体为导向的，因此必须借助广播电视这样的技术才能够顺利开展下去。在网络教学过程中，一些网络课程也是要采用以媒体为导向的方式，如学生要登陆课程教学网站才能够顺利完成学习任务。

环境导向的远程教育系统涉及面更加广泛，其原因在于互联网构造了一个非常重要的教学环境。在这样的环境中，学习者可以通过相互讨论、合作、交流来促进自己的学习。

这里将远程教育系统划分为以下几大类型：

1. 面向学生的远程教育系统

（1）函授教育系统。

函授教育系统是最早出现的远程教育系统。它利用传统的邮政系统，教师和机构可以向学生邮寄各种教学材料。学生接收到这些材料以后，必须在一种完全自主的情况下进行学习。使用了网络技术以后，教学材料的发放可以通过电子邮件来进行。这样，教学材料的发放速度更加快捷，资料的传送也更加可靠，但同样需要学生自主学习这些材料。至于实验箱等实物，则还是需要通过邮政系统邮寄。不过未来的三维打印技术有望解决这一问题。

（2）博客反思系统。

博客是 Web 2.0 的一种重要形式。利用博客，用户可以用一种非常简单直观的方式在互联网上发布自己的信息，这极大地增加了用户在互联网上的参与程度。在远程教学过程中，学生也可以通过博客对自己的学习过程进行反思。这是一个个性化的过程。

（3）案例分析教学系统。

案例分析是一种非常有效的教学方法。利用这种教学方法，并结合网络上丰富的案例资源，学生可以运用所学知识对案例进行全面的分析，以巩固知识。案例分析与资源搜索不同，网络资源的搜索是按照一定的知识结构来进行的。而在进行案例分析时，资源搜索只是其中的一个环节。更重要的是，要促进学生利用已学知识对典型案例进行深入分析，并作出评价。这也是学生自主学习的过程。

（4）网络探究系统。

网络探究源自发现学习，通过结构化的流程，使得网络探究得以高效率地进行。网络探究系统使用的是一种叫作 Webquest 的技术，通过这一技术，教师安排好探究过程，提供必要的资源，然后让学生通过互联网搜索自己的资源，并扮演不同的角色。这种网络探究系统需要学生具备良好的创造性思维，能够发现问题，并进行总结、归纳，最终得出结论。

2. 面向媒体的远程教育系统

（1）广播电视教学系统。

广播电视教学系统是 20 世纪 70 年代末期随着电视技术的发展而兴起的一种教学应用系统。利用广播电视技术，教师可以将自己准备的教学材料制作成视频节目，然后通过教育电视台播放出去。在整个广播电视教学系统中，广播电视是信息传播的媒体。由于广播电视节目播放时间的固定性，学生必须按照节目表按时收看电视来进行学习。当然，这一状况在数字电视技术发展以后得到了一定程度的改善。

（2）远程会议系统。

要实现远程会议讨论，就必须要有远程会议系统平台。早期的远程会议系统采用的是基于电路交换原理的可视电话系统，其信息传输效率低下。后来发展起了利用卫星通信来实现远程会议的技术，这虽然解决了信号传播速度以及图像清晰度的问题，但是却进一步增加了远程会议的成本。目前，远程会议主要通过互联网来实现。

（3）网络课程系统。

网络课程也是一种媒体导向的远程教育系统，其设计理念在一定程度上借用了电视教学节目制作的理论。目前，大部分网络课程平台提供的课程必须依赖网络技术才能将课程材料展现给学生。然而同电视教学节目相比，多数网络课程除了提供教师授课视频以外，还能够满足学生利用网络平台完成练习、考试的需求。同时，学生还可以通过网络课程提供的论坛发表自己的看法，并获得教师的反馈。

3. 面向环境的远程教育系统

（1）社会网络系统。

社会网络是当前网络技术发展的热点。一方面，社会网络是 Web 2.0 理念的具体应用；另一方面，社会网络的发展对整个社会的发展也产生了极大的影响。社会网络系统主要有以下三种：

第一种为社交网络。如 Facebook、人人网等。这些网站支持用户按照自己的兴趣进行相互之间的交流，进而形成一个属于自己的交流群体，在这个群体中，用户可以更加方便地讨论共同感兴趣的话题。

第二种为微博系统。这一类系统也具备一些社交网络的特征。但是同 Facebook 这样的社交网络相比，微博系统所发布的信息是可以公开的，用户之间的交往不仅限于已有的小圈子，讨论的话题还可以扩大到整个互联网。

第三种为实时通信工具。如腾讯的实时通信产品可以满足用户之间进行实时讨论的需求，同时通过建立聊天群组，使有着相同兴趣的用户可以随时就感兴趣的话题进行讨论。在教学应用过程中，这种群组还可以用来向一个班级中的学生发布教学材料等。

（2）维基百科系统。

维基百科系统无疑是互联网上比较成功的百科知识系统。随着维基百科的发展，大英百科全书也逐渐停止了印刷版本的销售，转而采用网络的方式进行发布。维基百科系统允许用户自由地就某个知识内容进行增删和编辑。为了保证内容的科学性，维基百科还有专门的审核机制，通过这种审核机制，维基百科成功地将大量准确的科学知识发布在他们的网站上。在远程教学过程中，通过类似维基百科这样的系统构造出的环境，可以促进学生之间的合作学习，并获得传统教学模式中无法实现的教学效果。

（3）虚拟社区系统。

虚拟社区系统类似于社交网络，但其发展的历史更早一些。虚拟社区系统是通过网站的形式，建立拥有不同虚拟部门的结构。在这个结构中，每个用户都可以扮演一个特定的角色，然后用这个角色来参与虚拟社区的管理和运行。

网络远程教育系统本身就是一个虚拟的系统，每个因素在网络空间中都是以特定的角色出现的。一门具体的课程也可以建立起自己的虚拟社区系统，使教师能够更有效地开展教学活动。比如在讲授"电磁波的发现与应用"方面的物理学知识时，教师可以通过组建一个虚拟社区，让学生在其中分别扮演物理学家、经济学家、政治家等角色来对电磁波的理论进行讨论和学习，这种学习方式更容易促进学生对知识的理解。

（4）移动学习系统。

移动学习系统必须建立在各种移动技术基础之上。而可移动的设备一定要保证能够随时随地使用。这就要求移动设备具备如下特点：

第一，摆脱电源的限制。不需要经常使用电源线来提供电源，也不需要频繁地进行充电。第二，轻便，能够随身携带。一些设备尽管电池的"续航"能力非常强，但是笨重到需要很多人才能搬得动，这样的设备显然也不能成为移动学习工具。第三，容易使用。人在移动的过程中，如果需要一个非常复杂的步骤和方法才能开启或使用某项功能，这样的设备也不利于移动学习。

目前，能够满足移动学习要求的设备包括移动电话、平板计算机、数字音频收音机等。

（5）网络资源系统。

网络上的资源非常丰富，利用网络资源，学生可以实现基于资源的学习。网络资源是通过各种超链接的方式连接在一起的，因此网络资源系统必须有资源的索引。资源的索引方式可以通过专门的资源网站门户来实现，而最为有效的方式是通过搜索引擎来搜索。

1.4 远程教育涉及的因素

1.4.1 教师

教师在远程教育系统中起着重要的作用，这是由于在物理时空中教师与学生处于分离状态，那么，同学校面授方式相比较，远程教育中的教师和学生之间的关系产生了新的变化。如果缺少了教师这个因素，一些远程教育方法和模式就难以进行下去。

从世界各国的发展情况来看，远程教育中的教师一般都是兼职的，这与全日制学校教育有明显的不同。当然二者之间又有密切的联系，即远程教育中的教师很多都来自全日制学校。

在远程教育系统中，教师主要承担教学和教研任务。教师要完成必要的教学任务，遵守各项教学规定。远程教育系统中尽管教学方式发生了变化，教师仍然需要认真备课。在教学过程中，教师还要通过媒体与学生进行交流，解答学生在学习过程中提出的各种问题。

在一些远程教育方式中，特别是函授教育，通常都会安排面授这一环节，因此教师还要能够在适当的时间，到面授地点为学生进行集中面授辅导。在课程进行的过程中，教师要认真批改学生的作业，这一过程可以借助网络教学系统来完成，从而实现对学生作业的批改、管理和登记作业成绩；并对学生的学习过程及时给出反馈意见，帮助学生提高学习的有效性。课程结束以后教师要对学生进行总结性评价，给出学生的课程学习成绩。

1.4.2 学生

学生是远程教育系统中的主体，其主要采用自主学习的方式。在远程教育过程中，学生应充分发挥主观能动性，认真学习教师通过媒体发放的各种教学材料。同时，由于远程教育是通过媒体来传递各种教学信息的，因此学生应具备基本的信息技术应用能力，能够熟练使用网络等技术来获取信息。

与全日制学校中的学生相比，远程教育中的学生基本为成年人，学习的自主性强。并且，大部分学生都有自己的工作，可以在学习理论知识的同时，有效地结合自己的工作实际，更好地理解理论知识的实际应用价值。在学习期间，学生同样要完成毕业设计或毕业论文，以提高分析问题、研究问题的能力。尽管是远程教育，学生也可以组织学生会，参与各种实践活动，营造积极向上的远程教育文化氛围。随着信息技术的发展，远程教育中的学生、教师以及机构之间的关系将变得更加密切。学生能够通过网络等平台与教师、机构及其他学生联系，交流学习心得，提出教学建议。

1.4.3 媒体

远程教育中的媒体构成了远程教育信息传播的载体，离开了媒体，远程教育教学活动就不能有效地开展下去。

媒体在远程教育系统中主要起到以下几个方面的作用：

1. 传播教育信息

这是媒体所具备的最基本的功能，即利用媒体能够将信息远距离传播出去。媒体在传播信息的过程中，其载体功能也有很大的区别。早期的模拟信息传播媒体采用的是直接调制的方法，将信息调制到无线电波信号上面发射出去。而到了数字信息传播时代，则可以使用更加复杂的技术来对信息进行承载传送。在互联网中，信息的传送涉及多个层次的工作，既包含了信号的高质量传输，也包含了数据包的转发，同时还涉及应用层的数据加密等技术。

2. 提供了远程教育机构运行的平台

对于远程教育机构来说，媒体还是重要的运行平台。这种平台就如同一个校园，在这个平台之中，远程教育机构几乎可以实现普通高等院校所有的行政和教学管理功能。目前，在这方面运行得最成功的就是远程教育网络教学平台。这样的网络教学平台能够满足学生入学注册、选修课程、组织讨论、成绩评定、网上办公、教师备课等一系列的教学管理方面的需求。

3. 帮助教师组织和发布教学信息

教师要组织和发布教学信息，也可以通过远程教育中的媒体来进行。早期的电视教育节目的制作需要比较专业的演播室，以及负责制作、播放的工作人员。而随着网络技术的发展，教师可以直接从个人计算机上登录远程教育平台，组织课程教学中所需的各种教学材料和信息，并自行决定哪些教学材料和信息可以被发布出去。

4. 提供给学生接受远程教育的接口

远程教育没有大面积的校园，因此学生的学习过程都是通过媒体来参与的。媒体在这里就成了学生和远程教育的接口。交互性较强的媒体，其友好的使用界面有助于学生更快地适应远程教育的学习方式，提高学生学习的有效性。目前学生主要通过网络登录远程教育学校平台。通过分配给学生的身份认证信息，学生可以在远程教育平台中拥有个性化的学习界面，合理安排自己的学习内容和学习进度。

5. 具备一定的智能

多媒体计算机还具备一定的智能，因此计算机本身也能够提供一定的教学信息。如通过搜索引擎对搜索到的结果进行综合归类，并结合特定的算法，就能够在海量的数据中挖掘出一系列有价值的信息。再如一些教学管理工具具备了图像识别、生成各种规则等功能。利用这些智能化的工具，可以帮助远程教育系统较容易地完成过去需要消耗大量的人力和物力才可以完成的工作。

1.4.4 远程教育的内容

远程教育的内容反映的是一种文化的精华，这与其他的教育形式是一样的。但是与其他的教育形式相比，远程教育内容又有自己的特色。

1. 远程教育内容的特征

（1）远程教育内容具备比较强的实践性。这是由远程教育的学生所具备的特点决定的。

（2）远程教育内容主要用来提高学生的认知能力、促进学生的专业发展。由于学生在接受远程教育时生理方面已经基本成熟，因此这一时期学生的成长更注重专业发展。

（3）远程教育内容具备一定的探索性、专业性，这可以满足学生探索未知问题，确定自身专业方向等方面的需求。

（4）借助信息传播技术，远程教育内容在教师和学生这两个因素之间传播，既包括教学内容向学生方向的传播，也包括学生在学习过程中形成的向教师这一方向传递的反馈信息。

2. 远程教育内容的构成

远程教育内容由知识、技能和能力、态度和价值观三个方面构成。其中知识涉及远程教育过程中需要传递的各学科的专业知识，涵盖了自然知识、社会知识以及人文知识等多个方面。而技能则涉及各种与肌肉运动有关的内容，包括动作技能、语言技能等；能力则是指学生完成某项任务所需的心理品质和人格特征。态度和价值观则是一个人对周围的各种事物或某个观点所持的看法。

1.4.5　管理机构

远程教育的管理机构在远程教育中起着非常重要的作用。作为一个比全日制学校更加复杂的系统，没有一个高效率的管理机构，远程教育的应用就会始终处于一个较低的层次。因此，远程教育管理机构是促进远程教育更加有效地进行的有力保证。同时远程教育管理机构的高效率运作，也可以满足远程教育关于经济方面的要求。

不同国家的远程教育机构的组织架构和所需要完成的职能是不同的。

中国的一些远程教育机构的主要职能[①]包括：行政管理、招生管理、学生管理、教务管理、学习支持管理、学术研究、质量监控等。国内的一些网络教育学院则通常设置的部门有：市场部、招生部、交管中心、教学服务部、网络部、技术部、课程设计中心、培训部、财务部等。

英国开放大学的职能包括[②]：行政管理、资源开发、学术研究、教和学服务支持等。其管理机构通常采用层级结构。第一层为高级管理层，负责开放大学的财政和人事安排以及与学术相关的事物。第二层为行政管理和学术层，在这一层次通过学生管理部、学术管理部、财务部、管理服务部、房产部和运营部实现基本的行政管理职能。这一层次的多个专业学院和研究实体则负责具体专业的教学和学术研究工作。第三层是指十三个地区的学习中心，这些学习中心的工作主要是提供教和学的支持服务。

---

① 中央广播电视大学［EB/OL］．［2013－01－07］．http：//www.crtvu.edu.cn/.

② Distance Learning Courses and Adult Education – The Open University［EB/OL］．［2013－01－07］．http://www.open.ac.uk/.

1.5 远程教育应用的领域

1.5.1 继续教育

继续教育属于终身教育体系，也叫作成人教育。继续教育在全世界都有非常大的影响力。由于继续教育通常不采用全日制的方式来进行，因此其不属于正规教育。继续教育主要用来满足各行业人士专业发展的需求，是专业发展的一种方法和途径。

继续教育最早起源于 1907 年美国的威斯康星州大学麦迪逊分校①。到了 20 世纪 20 年代，继续教育的理论和方法迅速对全世界产生了影响。早期的继续教育主要通过普通高等院校或继续教育进修学院提供继续教育课程，学生可以在业余时间进入这些大学学习。到了开放教育时代，继续教育开始广泛采用远程教育的方式来进行，包括函授、广播电视教学、网络教学等多种方式。一些学校也提供混合学习，学生既可以选择网络在线学习，也可以选择面授，通常网络学习方式的成本会低很多，这也是其受到很多学习者青睐的原因。

随着网络技术在远程教育中的广泛应用，多种形式的网络教学方法也得以在继续教育中得到使用。如虚拟社区、网络视频会议等。而远程学习的方式还可以跟传统的面授辅导结合在一起使用，充分发挥两种教学方式的优点，提高学生学习的有效性。

1.5.2 基础教育

尽管远程教育主要面向成人，但是一些教育机构也尝试将远程教育的学习方式延伸到基础教育领域。目前，国内已经有很多专门的机构提供这样的远程辅导服务。

这些辅导班通常以视频材料为主，教师在演播室模拟课堂中的教学过程。学生可以通过网络点播的方式进入网站学习。培训的内容主要是英语、数学等课程。这一类远程教育属于非学历的教育形式，能够满足一些学生弥补某方面知识缺陷的需求。

1.5.3 高等教育

高等教育是远程教育应用的重要领域。目前已有一些高校向全日制的学生提供网络远程课程，选修该类课程的学生需要具备基本的网络接入设备，能够正常访问互联网，同时还要具备基本的网络使用技能。面向社会的远程教育则提供本科、自学考试等课程的辅导。由于办学的开放性，这一类远程教育不设入学考试，学生可以选择自己感兴趣的专业学习。

在这一领域，世界各国采用的远程教育管理模式有很大的区别。英国开放大学是一种比较成功的远程教育模式，可以向英国和部分欧洲国家及地区提供高等教育服务，一些专

---

① Butterfield C. W. *History of the University of Wisconsin, from Its First Organization to* 1879：*With Biographical Sketches of Its Chancellors, Presidents, and Professors* ［M］. University press company, 1879.

业还可以提供硕士和博士学位。我国的中央广播电视大学也采用类似于英国开放大学的办学方式，目前主要提供本科课程。美国的远程教育既包括专门的网络大学，也包括在普通高等院校中开设的各种远程教育课程。

1.5.4 企业培训

企业培训是一种非学历教育。通过远程企业培训，可以培训满足企业生产急需的工作人员，还可以满足工作人员获得各种证书以及资格认证的需求，包括计算机等级资格证书、质量专业技术人员职业资格证书、物业管理师职业资格证书、电子商务师资格证书、导游员资格证书等。

大型企业可以在内部设立自己的培训部门。而中小型企业则缺少这样的资源来设立专门的培训机构，这时可以通过远程教育的方式来完成。目前，中国远程教育培训认证网（http：//www.decc.org.cn/）就可以满足企业人员远程培训的需求。该网站提供了国家远程教育培训的各种认证考试，同时提供对应的在线学习平台。

1.5.5 军事教育

远程教育在军事教育方面的应用已有很长的历史。早在第二次世界大战时期，美国等发达国家就开始利用广播电视、电影等媒体进行战争的宣传与教育，同时还提供新入伍军人基本军事技能的训练。

随着现代军事理论的建立，远程教育在军事领域的应用更是得到了新的发展，也促进了新的媒体技术的应用，如虚拟现实技术等。

远程教育在军事教育领域的应用主要有以下几个方面的优势：

（1）成本低廉。
（2）促进军事教育平等。
（3）有助于实现知识的建构。
（4）促进军校教育外延式和深层次发展。

1.5.6 教师专业发展

教师的专业发展是一个自主和长期的过程。在这一过程中，通过远程教育方式，可以满足教师获取新知识的需求。目前，为促进教师专业发展，一些地区通过设立专门的教师继续教育网络平台来提供给教师专业发展课程的培训。除了网络课程这种方式以外，还可以通过虚拟社区、社会网络、远程会议等其他方式来促进教师的专业成长。

活动建议

1. Webquest 探究：探讨计算机网络体系结构与远程教育系统层次结构之间的关系。
2. 协作：构建远程教育系统的标准。

习题

1. 技术是如何促进教育发展的？

2. 什么是远程教育？远程教育与其他教育方式的根本区别是什么？

3. 如何理解技术的发展所引起的"师生分离"含义的变化？

4. 远程教育与继续教育有何区别？

5. 信息化教育与远程教育之间有何联系？

6. 远程教育系统可以分为哪几个层次？各层次之间有什么关系？

7. 为何要制定远程教育标准？

8. 远程教育系统可以被分为哪几种类型？

2　产生与发展

教学目标

　　1. 了解远程教育产生和发展的原因；

　　2. 探讨远程教育的起源；

　　3. 理解计算机网络对远程教育发展的促进作用。

本章重点

　　1. 远程教育产生与发展的原因；

　　2. 网络教育；

　　3. 社会网络。

本章难点

　　1. 网络教育的概念。

2.1　远程教育产生和发展的原因

2.1.1　社会发展

　　小农经济社会不需要远程教育，这是由小农经济社会的特点决定的。在小农经济社会，每个农民都只需要耕作自己的自留地，过着自给自足的生活，与其他的农民之间缺少相互的交流与合作，在技术方面也不需要大的进步。这意味着在小农经济社会中，知识的需求层次比较低，依靠口耳相传的经验就可以满足小农经济生产的需求了，因此农业社会中每个人都只要重复其他人做过的工作，很少需要相互的交流与合作。

　　人类进入工业化阶段，社会对大量熟练工人的需求促使教育发生变革。工业社会与农业社会的巨大不同在于大规模的工业化生产，技术工人的分工变得非常明确，每个人都要有自己独特的技能，专业分工是其重要的结果。为了能够给市场培养大规模的生产一线的技工，班级授课制这种能够有效扩大教育规模的教育方式出现了。即便是到了现代，在一些发展中国家开始迈向温饱型社会的过程中，同样也面临着发达国家工业化时代所面临的问题。

　　第二次世界大战以后，全球面临着人口爆炸的问题，旧的有围墙的学校教育不能够满足劳动力迅速增长的需要，社会迫切需要突破传统学校围墙的限制，让在婴儿潮中出生的年轻人有接受教育的机会。

　　当社会进入老龄化阶段，这种规模灵活、成本低廉的远程教育方式仍具备非常强的适应性，从而使已有的教育体系不至于因为招生不足而崩溃。

对于一些年轻人来说，已有的学校教育不能够满足其谋生的需求，在学校所学的知识与现实脱节，这也导致一些人开始寻求其他的教育方式来弥补自己知识的不足。远程教育就是一个很好的选择。

工业社会的分工协作，促进了远程教育、远程培训这种新的办学形式的出现。远程培训的方式能够有效打破时间和空间的限制，使得不同行业不同领域的工人能够相互交流合作，共同解决所面临的新问题。

对远程教育的发展有着重要影响的则是信息化社会的诞生。当人类进入信息化社会后，工业化社会那种分工明确、规模大、劳动密集型的产业的衰退，使得人们的知识更新速度加快。这时终身教育体系的建设应运而生，而远程教育这种方式正好可以适应终身教育体系的构建。在终身教育体系中，人们可以按照实际的需要灵活地通过远程学习的方式来更新自己的知识，满足自己身心成长的需求。同样面对迅速变革的当今社会，已有的知识几年后就略显陈旧，要及时进行知识的更新，远程教育同样也是一种比较有效的手段和途径。

在信息化社会中，全球合作的趋势十分明显。现在已经逐步实现全球一体化，各国的教育都面临着非常严峻的挑战。发达国家和地区的学校教育出现了过剩的现象，导致这些国家开始寻求向发展中国家突破。大量优质的教育资源向发展中国家倾销，对发展中国家的教育产生了严重的冲击。而为了发展自己的教育，使其在全球化的过程中能够立于不败之地，这时候各国就要大力发展远程教育，抢夺教育的制高点。对于很多发展中国家来说，远程教育是实现教育现代化的一条重要途径。

同时，全球化也为发展中国家提供了重要的机会，即在全球化信息社会中，信息流通速度的加快，使得这些国家能够充分获得发达国家教育发展的最新经验和理论，从而使其远程教育少走弯路。

信息技术的迅速发展为远程教育的发展提供了物质基础。而新的信息技术的出现，又为创建新的远程教育模式提供了可能。

信息化社会各领域各专业的协作关系，打破了工业社会专业分工的限制，这意味着一个人必须既能够在自己的专业领域有所特长、有所成就，同时还应该具备其他专业领域的一些，这样才能够有效地与其他专业领域的人士和专家进行协作，提高自己在信息化社会中的生存能力。

信息化社会使得生产工具集成度得以提高，这有助于人们摆脱那种非常专业、冷门的知识的束缚。比如在工业社会中，一个机器的零件设备都涉及非常专业的知识，要对其进行维护需要专门的技工才能够完成。但是到了信息社会，这些零件都被集成化的功能模块所取代，对这些设备的维护，就是直接进行模块的更换，这大大减少了对技工的需求。而集成化的结果就是技术的更新速度加快，导致人们所需要学习的知识也更新得更快。如何迅速更新自己的知识，远程教育提供了有效的途径。

例如我们熟悉的 Windows 操作系统，其软件构成是一个整体，我们并不需要了解操作系统内部的结构知识，我们面对的只是操作系统集成在一起的功能。当软件技术出现革新以后，软件制造公司会更换其中的模块，这样就可以提供给我们更多的新功能。然而，也正是由于 Windows 操作系统的集成模块发生了改变，新的操作系统的出现也就意味着我们需要改变自己使用操作系统的习惯，以适应新的操作系统的使用界面。现在像这样知识更新的速度变得越来越快。如从 Windows XP 到 Windows 7 的发展经过十多年的时间，而 Windows 7 到 Windows 8 的软件更新时间则缩短到了几年。这在一定程度上反映了信息化社会中技术的更新速度。

2.1.2 教育变革的需求

教育本身的发展导致远程教育这种新的教育形式的出现。

教育的变革主要经过了四个阶段，前三个阶段分别由文字的出现、专业教师的出现和印刷术的出现所促成的。而第四个阶段则是由现代科学技术在教育中的应用所促成的。

由于新技术的不断应用，使教育呈现出空前的发展速度。在这样的条件下，任何的发展方向都是有可能的。从传统的教师与学生紧密结合在一起的面授，到人们意识到教师与学生也可以处于分离的状态，远程教育的思想也就出现了。

从教育的心理起源的观点来看，教育起源于简单的模仿，与生物本能没有关系。最早的时候，动物之间的模仿采用的是一种亲密接触的方式，晚辈模仿长辈，长辈通过声音等信号来进行提示。这一个过程从规模上看是非常小的，通常是一对一的方式；从模仿的内容来看也是非常简单的，缺少了语言符号，就无法表达一些抽象的概念；从模仿的方法上看是单一的，只有几种简单的模仿的方式。

在人类语言符号出现后，人类便可以利用抽象的符号来进行交流，知识的抽象程度变得更高了，规模也进一步扩大，可以达到一对多的形式。

专业教师产生后，一个教师可以教成百上千个学生。孔子的弟子数量就达到了三千之多。可见教育规模的扩大也是教育发展的一个重要标志。孔子这三千弟子，有一些并没有终生追随孔子，他们在接受了孔子的教导以后便离开孔子，进行自主学习。这表明教师与学生之间的物理距离也在拉大。

印刷术的出现则使知识的复制能力得到爆发性增长，一个知识被创造出来以后，马上就可以通过印刷术复制出来，提供给更多人学习。一些人士在没有教师指导的条件下，也可以通过阅读来获得新的知识。这反映出自孔子时代以来，教师与学生之间的物理距离开始变大，而到了这个时代，教师与学生可以完全分离开来。当然，这样的分离只是说明了学生可以借助书本来进行自学，并非我们现在所说的远程教学。

从上面的起源和发展过程来看，我们可以发现这么一个规律，就是教育的发展往往是同教师与学生之间的距离、教育规模的不断变化密切联系在一起的。这也就是说，在信息社会，即使教师与学生在物理空间中处于完全分离的状态，我们也能够有效地扩大教育规模，这种教育方式就成为教育发展的一个必然方向。

从教育思想理论的发展来看，自中国古代《学记》所包含的深刻的教学思想开始，到赫尔巴特的《普通教育学》提倡的科学教育学体系，再到杜威的现代教育思想，教育方式朝着以学习者为中心—经验为中心—活动为中心的方向发展，教育理论也朝着多元化的方向发展。在这样的背景下，远程教育理论也就应运而生，并在实践中获得了巨大的成功，成为现代教育理论体系中一个不可或缺的部分。

从教育体制的变化来看，自原始社会"青年之家"这种学校开始，逐渐发展到中国的私塾教育，再到 17 世纪班级授课制的出现，现代的学校教育也随之出现。从这样的发展过程可以看出，学校的形式越来越多样化，远程教育学校就是现代学校形式多样化的一个重要表现。

2.1.3 技术促进

远程开放教育是现代社会特有的一种教育现象，在古代乃至近代社会中，都没有出现过这种开放教育的思想。之所以会这样，是因为在古代乃至近代社会，远程教育所必需的远程传播媒体技术没有发展出来，青年学子为了求学还是不得不离乡背井去寻找良师益友。因此教育成了部分人士的特权。

技术的发展与教育变革之间有着非常密切的关系。一种新技术的出现往往会促使一种新的相应的教育形式的产生。如文字的出现，促进了孔子对古籍经典的整理，孔子在整理这些经典著作的同时又招收学生，并将这些经典传授出去，形成很有特色的教学方式。这种教学方式对中国古代的教育产生了深远的影响。同时这些思想与现代教育理论结合，又获得了新的生命。又如幻灯投影技术的出现，促进了现代教育技术的产生和发展。而在远程传播信息技术日趋成熟的时候，远程教育这种新的教学方式也随之出现。

技术促进教学的改革通常有一个过程：

（1）新技术的发明，引起人们的关注。

（2）在新技术获得大量应用之后，人们开始思考这种技术的其他应用价值。

（3）相关的教育理论开始出现，这些理论能够比较有效地将这些技术融合到教育教学过程中去。

（4）教育中开始尝试使用这种技术来进行教学。

（5）相关的教育理论变得更加成熟，逐渐形成完整的理论体系。

（6）最终一种全新的教育形式出现。

这个过程可以从开放教育理论的发展得到启示。

最开始的时候出现了各种远程传播信息的技术，比如广播电视等。这些技术面向一般的用户，提供娱乐、新闻等节目。人们在日渐熟悉这些远程信息传播技术之后，教育界开始思考这些技术对教育的影响。在这一过程中出现了一些相关的教育理论，比如"视觉教育"、"听觉教育"等，并在一些学校开始使用这些技术来促进教学。第二次世界大战中，由于战争培训的需要，广播电视电影等技术在教学上得到了比较成功的应用。

与这些应用相适应的是相关的教育理论逐渐成熟起来，再结合以杜威为代表的现代教育理论的影响，全新的开放教育理论开始出现，且得到完善，最终成为远程教育理论发展的一个重要阶段。

2.1.4 观念更新

一种新的教育方式的出现，总是会引起各种观念的变化。远程教育的发展，也涉及一个观念更新的问题。当大家都认为教育应该限制在学校里时，提出教育也可以脱离学校围墙的限制，教师和学生之间还可以分离开来这样的观念，是与传统的教育观念格格不入的。

因此，如果是在几百年以前，要进行这样的观念更新是非常不容易的。然而在现代社会，随着现代教育思想的深入人心、社会民主化进程的不断深入、科学技术的发展，促进人们对一些问题进行了更深入的思考，并能够以更加开放的态度去看待事物的发展和变化，远程教育理论的出现和远程教育的实践所遇到的阻力也就变得非常小。当教育发展到了一定的阶段以后，远程教育这种全新教育方式的应用也就水到渠成。

2.2　远程教育发展的阶段

2.2.1　远程教育的起源

远程教育起源于技术在教育中的应用。由于技术的应用，使得教育信息可以远距离传播。现实生活中，一些人士工作以后，要重新进入学校学习的机会很少，这时候自然就想到能否利用这些技术来重新获得学习的机会。

远程教育的萌芽可追溯到 19 世纪中期的英国。那个时期，人们开始尝试着利用邮寄的方式将一些课程材料分发给学生。其中伊萨克·皮特曼是最早应用寄信的方式将课程材料发送给学生的教师，这已成为函授教育起源的一个重要标志①。

当然由于缺少教学理论的支持，这种函授教育与现代的远程教育理念相差甚远。不过这种函授方式的出现，迅速引起了人们的兴趣，在随后的几十年里，函授教育迅速在欧洲一些主要的国家和美国、日本等国得到推广。在 20 世纪初，中国也开始有很多的学者参与到函授教育实践中来。1914 年，商务印书馆创办了中国最早的函授教育学校——函授书社，这反映了当年函授教育受到的重视程度②。

在中国的函授教育发展史上，蔡元培是同时从事全日制教育和远程教育的先行者。他于 1902 年在上海成立了中国教育会③，其中就提倡了使用通信的方式来开展教学活动，这一举措也促进了函授教育在中国的迅速发展。

早期的远程教育主要面向农村的学生，这些地区的学生由于地处偏远，无法便利地进入学校学习。通过函授的方式，可以有效地帮助他们获得新的知识和技能，使之适应工业化社会变革的需要。

早期远程教育中另一个数量庞大的学生群体是军人。特别是在美国，为了应对第二次世界大战后退伍老兵的求职需要，美国政府大量使用函授课程来帮助他们获得必要的知识和技能，以弥补他们在战争期间丧失的学习机会。这一措施获得了巨大的成功，也为美国战后经济的迅速发展提供了支持。

2.2.2　远程教育的发展阶段

远程教育的发展可以划分为四个阶段，这四个阶段分别是：

---

① Moore M. G. , Kearsley G. *Distance Education*：*A Systems View of Online Learning* ［M］. Cengage Learning, 2011.

② 丁兴富. 远程教育学［M］. 北京：北京师范大学出版社，2001.

③ 中国教育会［EB/OL］.［2006 – 02 – 16］. http：//jds. cass. cn/Item/2215. aspx.

1. 函授教育（1840—1970）

函授教育的特点在于：

（1）信息传播的单向性。

与现在的远程教育不同，函授教育主要采用单向的信息传播方式，也就是远程教育机构只向学生发放教学材料，并提供教学指导用书，学生完全自主地进行学习。这样的教学方式导致教学质量同学校教育相比，还是存在不小的差距，使一些人士对于函授教育这种方法能否真正促进学生有效地进行学习产生了怀疑。

（2）教学内容面向基础知识和技能。

早期的函授教育教学内容主要是基础教育的教学内容，并非像我们现在的远程教育那样主要面向高等教育。早期函授教育的目的是为学生提供工作技能的培训，工作技能在学习之后能够马上在工作实践中得到应用。这与现在的远程教育作为终身教育体系的一个组成部分相比，还是有很大区别的。

（3）使用印刷广播电视等媒体。

从使用的技术来看，函授教育主要使用印刷材料、广播和电视等技术。这些技术的共同特点就是能够将信息传播出去，学生的接触面广、规模庞大，适合于扩大教学规模的需要。

2. 开放教育（1970—1985）

1969 年英国开放大学成立，标志着开放教育的出现。与传统教育不同，开放教育要打破学校围墙的限制，让那些已经不可能进入学校的人士也有机会重新获得学习的机会。通过开放大学的学习，很多学生都学习到了新的知识，这些甚至改变了他们的人生。

开放教育的特点在于：

（1）开放教育属于终身教育体系的一个构成部分。

终身教育是联合国教科文组织于 1965 年在成人教育促进国际会议期间提出来的①②，按照保罗·兰格兰的说法，终身教育并不是一个具体的东西，而是一种思想、理念，目的是要促进一个人更有效的成长③。

开放大学就是终身教育理念的一种实践，而开放大学所取得的巨大成功，使人们看到了终身教育体系的建立在人类社会中并不是一种乌托邦式的幻想，而是一直存在于我们身边的客观事物。

（2）开放教育突破了学校围墙的限制。

开放教育将教育延伸到了整个社会，让很多没有机会继续接受教育的人士可以进入开放大学学习。

学校的围墙分为看得到的和看不到的。看得到的围墙是真实的，这样的围墙将学校与周围的社会隔绝开来，阻止了社会人员的进入。而看不见的围墙则由多方面因素决定的，其中包括文化方面的因素，也包括社会偏见等。

---

① Lengrand P. *An Introduction to Lifelong Education* ［M］. Unesco，1970.

② Field J. Lifelong education ［J］. *International Journal of Lifelong Education*，2001，20（1－2）：pp. 3 － 15.

③ Lengrand P. *An Introduction to Lifelong Education* ［M］. Unesco，1970.

从文化方面来看，中国古代有"学在官府"的说法，是指只能由官方来办学。这样的办学思想将一部分人人为地从学校教育中分离出去。另外在学校里面所学习的知识也大多与实践脱节，这使得学校与社会在文化上形成了一堵看不见的围墙。而社会的偏见，如"学而优则仕"的观点则令人们觉得好像在学校里就高人一等，这种脱离群众的做法也是学校无形的围墙产生的原因所在。

开放教育兴起以后，无论是有形的还是无形的围墙都被打破了，教育开始真正做到面向实践、面向普通群众。教育内容也更加切合实际。

3. 多媒体教育（1985—2000）

20世纪80年代末期以后，多媒体技术的迅速发展，促进信息呈现技术产生了根本性的改变。利用多媒体技术呈现教学内容，极大地改变了过去教学内容中抽象的表述方式，知识变得更容易理解。

而多媒体技术又跟交互式技术紧密联系在一起。利用交互式技术，学生可以灵活地控制多媒体信息的播放和停止，也可以利用超链接由一个媒体的锚点链接到另一个媒体。这种新的信息表达形式对远程教育的影响尤为巨大。

从信息呈现方面来看，多媒体教学材料的出现，极大地改变了旧的远程教育中那种以文本材料为主的状况。教师在这一阶段不仅可以向学生发放文字材料、邮寄实验箱，也可以邮寄软盘、光盘和软件。学生在自主学习的时候，面对的不仅是抽象的文字材料，还是可以用低廉的成本获得形象直观的多媒体材料，观看教师的指导过程，犹如教师亲临现场指导。

从交互式技术这一方面来看，利用交互式多媒体教学软件，学生可以和多媒体程序互动。在这样的互动过程中，学生可以学习教师提供的课件并完成各种练习。教师设计的课件则可以按照预先设定的不同应答方式，对学生的问题进行反馈和评价。

由此可见，根据多媒体计算机具备的智能特点，结合形象直观的多媒体材料的呈现，在一定程度上起到代替教师的作用，从而拉近了教师和学生之间的距离，也能够提高学生与教师的交互能力。

在多媒体教育这一阶段，教学信息的传播技术主要是将多种方式结合在一起进行使用。其中传统的邮寄是比较常用的方式，通过大容量光盘的邮寄，可以将上百兆的课件一次性发送给学生。当然，这个时候万维网技术已经得到了快速发展，一种基于万维网的教学形式也开始出现，这种基于万维网的教学成为网络教育的早期形式。不过这一时期网络传输速度比较慢，一些大型的课件还不适合采用网络的方式向学生发送。

4. E－learning（2000至今）

到2000年，计算机网络技术获得了迅速的发展，网络带宽也成倍增加，这使得在网络中可以传输更大型的文件。而Web 2.0理念的出现，也直接推动远程教育进入了一个新的网络教育时代。在这一时代，学生和教师能够利用网络进行密切的沟通和交流，双向教学方式在远程教育中也得以实现，从而有效地解决了困扰教师一个多世纪的学习有效性的问题。

这一时期出现了一个对远程教育发展有重要影响的名词，这就是E-learning。这个名词是从电子邮件的英文名称E-mail引用过来的，通过在learning前面加上字母E来表示网络技术的应用。

E-learning 也是一种远程教育的方式。然而与旧的远程教育有所不同，在 E-learning 这一阶段，网络已经可以构建出一个教和学的环境，在这样的教学环境中教师和学生又可以紧密结合在一起，形成一个整体。这就出现了一个有趣的现象，即从物理时空上来看，E-learning 是一种非面授的教育活动，这说明教师和学生在物理时空上处于分离的状态，而在网络时空中，教师和学生又是一个整体，并没有出现分离的现象。这就是现实上的分离，逻辑上的联系。这种现象看起来有些奇特，然而对计算机体系了解较深的人士则认为这是理所当然的。举一个最简单的例子，在计算机网络的传输层，尽管该层次实现了端到端的连接，两台计算机看起来是通过一条链路紧密连接在一起的，然而实际上这条链路并不存在，其只是具备了逻辑上的意义而已。E-learning 物理时空的师生分离与网络时空中的师生紧密结合在一起的现象，可以用远程教育的层次模型进行很好的说明。

除了上述特点外，与旧的远程教育不同，E-learning 的资源非常丰富，学生既可以直接从教师那一端获得教学辅导材料，同样也可以通过网络搜索来获得各种资源，支持自己的学习和探究。这使得学生学习的有效性得到充分的保证。

E-learning 阶段的另一个重要特点在于传递的内容是全面数字化的，而数字化的内容则需要数字化的技术来进行记录、处理和传递。

2.3 网络时代的远程教育

2.3.1 网络与教育的整合

网络在教育中的应用形成了新的教育形式——网络教育。由于网络能够解决旧的远程教育体系中师生分离带来的学习有效性的问题，使媒体时空层中的教师与学生成为一个整体，因此网络与教育的整合在远程教育方面得到广泛的应用。

当然在全日制学校教育体系中，同样也可以广泛应用网络技术，然而这种应用与远程教育中的应用层次是不一样的。在全日制学校教育中，网络技术主要作为一个学校教育环境的构成因素，利用网络技术促进现代化校园的建设，其最终目的还是构建网络化校园。这种网络化校园也可以称为数字化校园。

目前，远程教育与数字化校园之间的界限也变得模糊起来，一些学校已经开始开设完全由网络授课的选修课程。学生和教师在物理空间上处于分离的状态，但是通过网络，学生仍然可以获得教师的有效指导。

网络与教育的整合还可以应用在家庭教育方面。过去的家庭教育主要由家长负责，这是由于学生回到家里以后，与教师有了很大的距离。然而由于家长的知识有限，有些家庭并不能够提供有效的家庭教育资源，这时候便可利用网络来解决这一不足。目前一些学校已经提供了家校联系的网络平台，在这个平台上，家长与学校之间可以密切联系，随时关注子女的教育情况。另外，社会上的一些培训机构也开始通过网络提供家庭辅导等服务，这些都是学校教育的有力补充。家长借助网络上丰富的资源，可以随时弥补自己知识的不足，促进子女的健康成长。

从社会教育这一方面来看，网络也是一种媒体，因此同电视等媒体一样，利用网络传播科学文化知识，有助于提高全民的科学文化素质。而网络的交互性又是其他媒体难以相比的，通过这种交互性，可以在网络上发起对一些问题的全民讨论，共同商讨解决问题的方案。

在三种教育形态中，网络在家庭教育和社会教育中的应用，都是以远程教育的形式出现的。而从学校教育本身来看，远程教育也同样承担着重要的任务。

2.3.2　网络教育发展的阶段

网络在教育中的应用可以以计算机在教育中的应用为标志。按照技术的发展情况，网络教育的发展可以划分为以下十九个阶段：

1. 大型计算机系统（1960）

在这一阶段，主要是一些大型的公司开展计算机在基础教育领域的应用。如 IBM 公司早在 20 世纪 60 年代，就在美国的一些中小学安装了多台计算机，探讨研究如何使用计算机来开展教学活动。

2. 网络互连（1968）

在这一时期，美国国防部的 ARPA 网建立起来，这标志着网络互连的概念已经得到了应用。不过这时的 ARPA 网主要用来传输军事信息，在教育中的应用主要限于一些高等院校和研究机构，面向的学习对象也比较少。

3. 远程登录（1969）

网络互连需要传输协议的支持，最早开发出来，且现在仍在使用的一个协议就是远程登录协议。通过该协议，可以在计算机屏幕上虚拟出远程计算机的终端，就如同直接在远程计算机上操作一样。这一协议的出现，为远程管理服务器等网络设备带来了极大的方便。

在万维网技术出现之前，这种远程登录协议在向一般的用户提供网络服务方面扮演着非常重要的角色。其中有一种合作学习的工具 MUD，就是利用这一协议来完成的。在一个 MUD 社区中，学生可以扮演各种不同的角色，利用文字材料将一个主题下面的故事情节逐渐演绎下去。

目前，远程登录协议主要应用于路由器和交换机等硬件设备的管理方面。

4. 文件传输（1971）

文件传输协议也是一种发展历史比较长的计算机网络协议，目前这一协议在国际互联网中仍在使用。利用该协议可以快速稳定地下载各种文件。随着网络带宽的增加，利用文件传输协议还可以下载一些超大型的文件，这为远程教育过程中多媒体课件的下载提供了可能。

5. 微型计算机系统（1976）

因为大型计算机价格昂贵，设备比较笨重，不利于推广应用，所以在 20 世纪 70 年代发明的微型计算机引起了教育界的高度重视。其中，苹果公司生产的苹果系列计算机获得了巨大的成功。在这些微型计算机上安装了如同 Basic 这样的可以满足基础用户学习编程需要的程序设计语言，很多程序员又相继开发了各种能够在这些微型计算机上运行的软件。计算机辅助教学到了这一阶段也达到了空前的规模。虽然这一时期的教育应用还主要限于单机系统，课件的传输要依赖软盘来完成，但是微型计算机的发明为今后国际互联网的发展和应用提供了重要的信息处理工具。

6. 电子邮件（1982）

到了 1982 年，出现了 SMTP 这样的电子邮件协议。利用这一协议，用户可以在互联网上发送电子邮件，就如同发送普通的信件一样，但发送速度更快。在后期，电子邮件还增加了多媒体信息显示的功能，这为发送更加丰富的教学内容提供了可能。

电子邮件协议的出现引起了教育界的重视，当时中国科学院曾经尝试利用电子邮件来与美国的高等院校合作培养研究生。在函授教育领域，电子邮件也可以作为邮寄传统教学材料的替代方式。

7. Novell 网系统（1983）

在 20 世纪 80 年代初期，还有一种网络也在教育中得到了一定程度的应用，这就是 Novell 公司的 Novell 网。这是一种局域网，后来也发展起了网络互连的技术。由于这种网络的架设成本低廉，且与 Windows 系统结合得比较紧密，在这一时期获得了广泛的应用。

在教育领域，Novell 网主要用来学习计算机算法语言，也可以运行一些计算辅助教学课件。而利用 Novell 网组建的无盘工作站系统，则更便于管理和维护。

8. 万维网（1994）

到了 20 世纪 90 年代初期，万维网的出现，使得国际互联网的应用上了一个新的台阶。由于采用了超链接的技术，并增加了多媒体的功能，这种技术一出现就受到广泛的欢迎，成为在互联网上浏览信息最主要的方式。

万维网应用在教学中，当时的名称叫作 WBI，意思是基于 Web 的教学。这种教学方式利用网站超链接的功能，通过各种概念之间的相互链接，将各种多媒体材料连接成一个整体，形成网状结构的课件形式，学生则可以通过万维网访问这些教学材料来进行学习。

9. 网络课程（1995）

1995 年，出现了一种新的工具——Blackboard。这种工具可以让教师在不需要了解网站建设知识的情况下直接将课件上传到网络，成为供学生使用的网络课程。由于技术的限制，早期的 Blackboard 功能比较简单，只能够上传 PPT 等教学材料，后来逐渐增加了更多的交互功能。

这个阶段，一些单位也开始自行建设网络课程平台。在这些网络平台上，教师不需要了解网站制作的知识，只要将自己的课程上传，并安排好教学讨论的区域，提供测试题目。有些网络课程还提供了视频材料，学生可以通过观看这些视频来进行学习。由于具备了交互的功能，学生有问题的时候可以在论坛中留言，同教师进行交流，取得比较好的教学效果。不过由于这一阶段网络课程在功能上还不够完善，与电视远程教学方式差别不大，教学效果有些难以把握。

10. 探究教学（1995）

在网络课程不断获得应用的同时，一些教师也尝试着使用万维网来探索新的教学方法。其中 Webquest 教学方式引起了广泛的注意。

这种教学方式充分利用了网络丰富的资源，构建一个探究的环境，让学生通过互联网来进行知识的探究和发现。采用了这种方式以后，学生不需要离开课室，直接通过网络的方式就可以进行探究式学习，实施起来简单，教学效果不错，受到师生的欢迎。

11. 实时通信工具（1996）

在这个时期，另一个网络工具的诞生改变了人们使用网络的方式。这种工具就是实时通信工具。与电子邮件、留言本、论坛等不同，实时通信工具允许用户像打电话一样，与对方进行双向实时的通信。

这一工具早期运用得比较成功的是 ICQ，目前用户数量最多的是腾讯公司的 QQ 软件。利用 QQ 软件，用户可以安装一个客户端程序，然后通过腾讯公司的即时通信服务器，用户就可以进行相互交流。同样教师和学生也可以采用这种工具以很低的成本进行交流，学生有问题可以随时在 QQ 上面留言，而教师的通知则可以一次性发送给所有的学生。与移动电话、短信方式相比，使用计算机，文字的输入非常快速，且 QQ 聊天的内容也可以比较长，使用起来非常方便。

发展到后来，实时通信工具还增加了视频和音频的功能，因此可以作为远程视音频会议的替代工具。

12. 博客（1997）

由于建设网站需要一定的专业知识，因此很多需要在网络上发布自己信息的用户，期望能够有一种比较简单的方式来快速上传内容，于是博客应运而生。在博客出现的早期，由于其功能与普通网站相比，没有很突出的优点，其并没有引起太多的注意。然而到了2000 年互联网泡沫破灭，Web 2.0 的理念提出以后，博客这种能够让用户不需要了解网页制作技术就可以发布内容的方式，开始引起人们的关注，并逐渐成为人们在网络上发表信息的最主要的方式。

在教育领域，博客可以作为师生的反思工具。如利用博客，教师可以将自己在教学过程中的经验体会写下来，也可以发表自己的看法与其他用户进行交流，还可以直接在上面提供教学材料。简单的操作、丰富的内容，使得博客成为很多网络平台必须安装的一个组件。

13. Google（1998）

早期的搜索引擎智能化程度不够高，还是要依赖如同 Yahoo 这样的网站进行手工收录，这导致网站收录的效率很低。为了解决这一问题，Google 公司利用自己开发的网络机器人程序，将互联网上能够访问到的网页抓取下来，再将其中的文本文件存放到自己的服务器之中。这样用户输入关键词以后，就可以直接在 Google 的缓存服务器中进行检索，其检索网页的速度远远超过了以往的搜索引擎。因此 Google 一出现就受到了网络用户的欢迎，并迅速占领了网络搜索引擎市场。

利用搜索引擎技术，可以满足远程教育师生对网络资源进行检索的需求，这为丰富远程教学内容提供了支持；另一方面则可以利用这些资源构建网络资源环境，在这个环境中，学生可以利用探索、研究和发现的方式来进行学习，提高学习的有效性。

14. E-learning（2000）

随着网络在教学中的应用越来越广泛，相关的理论日趋完善，网络在远程教育中的应用层次也有所提升。在 2000 年时，E-learning 这一概念得以提出。

与旧的基于 Web 的教学不同，E-learning 强调的是一种数字化学习的方式，网络作为整个教学过程中不可或缺的因素而存在，改变了人们的学习方式，提高了学习的效率，就如同电子邮件与传统的信函邮寄方式的区别一样。

另外从网络教育应用的层次来看，E-learning 也从 WBI 面向教学的应用层面提升到了为学习提供支持和服务的层面，并逐渐融合到终身教育的理念之中。

15. 维基百科（2001）

传统的百科全书中最著名的要属《大英百科全书》，这种百科全书主要采用印刷媒体的方式来发布，撰写百科全书的是各行各业的专家学者。作为一种科普著作，百科全书的语言通俗易懂，且科学、严谨。

而维基百科的出现在一定程度上改变了这样的状况。从发行的方式来看，维基百科不再采用印刷方式；从编写人员来看，不仅有知名的专家学者，而且可以由普通的网友进行自由编写。为了保证维基百科的科学性要求，网友在上传了百科知识以后，需要通过维基百科的编辑人员的审核。

维基百科的运营方式也具备一定的非营利性质，因此维基百科网站的运营主要由社会各界的捐款来维持。这种方式可以吸收大量的网络人士义务为维基百科编写百科条目，同时整个网站也不需要通过播放广告来获得收入，这更增加了维基百科的专业性。

从对教育方面的贡献来看，维基百科主要有以下两方面的作用：

（1）维基百科为教育教学提供了丰富的资源。由于这些资源都经过了专业人士的审核，因此可以在一定程度上确保知识的权威性。

（2）维基百科提供了合作学习的教学模式。利用维基百科可以让网友自由参与，任何人都可以为维基百科添加新的内容，这种方式便于学生相互合作，共同完成一项学习任务。

16. Moodle（2002）

早期的网络课程形式比较单一，一些网络课程平台由于架构比较粗糙，在上面运营的网络课程交互性不够好，这也会产生学习有效性的问题。造成这一问题的一个重要原因在于专业教师对网络技术的应用不够熟练，网络平台功能不够健全。另外，一些比较成熟的网络课程平台又是收费的，令那些比较小型的单位难以承受。

在这种情况下，澳大利亚教师 Martin Dougiamas 开发出了 Moodle 网络教学平台，并将这一平台的源程序开放出来，使之成为一个开放源代码的项目，为教育界的人士提供了一个既免费而又功能强大的网络课程平台。

经过挑选，参与该项目的计算机网络非常多，并不断有新的功能被添加进去，现在的 Moodle 网络教学平台已不像原来那样仅能提供一个网络课程平台，其还融合了很多 Web 2.0 的功能。在这一平台上，教师可以组织学生进行合作学习、探究学习，还可以灵活地出考题，有效地管理整个教学过程，促进学生学习有效性的提高。

17. 社会网络（2004）

社会网络的发展则是 Web2.0 理念的另一个应用。这些社会网络既包括 Facebook 这样的满足人际交往需要的网站，也有如同 Twitter 这样的通过短文的方式来发布消息的网站。

社会网络的一个共同特点就是将现实世界中人与人之间的各种关系，如社交、信息、结社等用网络技术来加以促进。从这一点来看，社会网络是一种人际关系的现代化。

利用社会网络可以有效地促进学生的合作学习，学习者可以利用社会网络实现同伴互助，相互取长补短。同时，社会网络也在虚拟空间中给学生提供了更直接的社会实践的机会，能够满足现代教育理论中强调学生社会化的要求。

对于教师来说，利用社会网络既可以更加有效地跟学生进行交流，也可以开展教学研究和科学研究。通过社会网络，教师可以更清楚地了解学生的需要，可以跟其他的教师进行有效的合作。一些社会网络还会自动对教师的兴趣爱好、研究方向进行匹配，帮助教师迅速在网络上寻找到可以合作的对象。

18. 微博（2006）

微博也是一种社会网络工具，是由 Twitter 发展而来。与博客不同，微博通常只发送简短的文字，如同移动电话的短信功能一样。不过由于微博的这种短文是在网络上发出的，因此其传播的速度更快、传播面更广。

当然微博也可以与移动电话紧密结合在一起，利用移动电话可以简单地将现场情况发布到网络上。利用一些智能移动电话的照相和摄像功能，则可以将现场图片和视频实时发布到网络上。因此这种技术一出现，就获得了大量的应用，用户数量激增，成为最具群众基础的一种 Web2.0 的应用。

在远程教育过程中，微博如同移动电话的短信一样，也具备通知教学功能，教师可以随时将教学过程以微博的形式发布出去。另外，利用微博还可以对各种资源进行整合，如利用其中的短 URL 地址的功能，教师可以将自己在网络上发现的资源通过微博转发出去，提供给学生参考和讨论。当然，教师也可以对教学过程中所遇到的一些比较容易混淆的概念，通过微博发布出来，让学生进行转发，也让学生就这些教学重点难点问题进行有针对性的讨论等。

19. 平板计算机（2010）

到了 2010 年，苹果公司的另一项重要发明的出现，又进一步促进了远程教育的发展。这项技术就是平板计算机。与台式和笔记本相比，平板计算机重量轻、待机时间长，特别适合移动学习使用。与智能移动电话相比，平板计算机的显示屏幕更大，更适合资料的阅读。

今后，随着科技的发展，会有更多的新技术应用到平板计算机之中，这将为远程教育中的移动学习提供更优质的技术支持。

活动建议

1. 协作：计算机网络在教育中的应用。
2. Webquest 探究：网络技术应用所引起的教育方式的变化。

习题

1. 远程教育产生和发展的原因是什么？为什么说技术进步促进了远程教育的发展？
2. 远程教育的起源是什么？

3. 远程教育的发展可以分为哪几个阶段？

4. 什么是网络教育？

5. 计算机网络的发展对远程教育的发展有哪些促进作用？

6. 为什么说 2000 年是远程教育发展的一个重要标志？

7. Moodle 平台与早期的网络课程平台相比有何优点？

8. 社会网络的发展始于哪一年？其重要标志是什么？

3 规划远程教育

教学目标

    1. 理解什么是远程教育规划；

    2. 探讨远程教育规划的方法；

    3. 进行远程教育系统的分析；

    4. 能够规划简单的远程教育系统。

本章重点

    1. 远程教育规划的概念、原则、方法、层次模型；

    2. 远程教育的需求；

    3. 实施远程教育的步骤。

本章难点

    1. 远程教育规划步骤；

    2. 远程教育规划的层次模型。

3.1 远程教育规划概述

3.1.1 什么是远程教育规划

远程教育规划是一个系统化的过程，在这个过程中，可以使用系统化的方法来处理各种远程教育系统中的问题。

在远程教育规划开始的阶段，一方面要考虑技术上的需求，另一方面还要考虑管理和教学方面的需求。这些需求是远程教育系统得以持续运行和革新的动力所在。

在各种需求得以满足后，就是投资规模的问题。与全日制教育不同，远程教育的实施通常由一系列的机构来完成。这些机构一部分是国有机构，另一部分则是民营机构。这些机构与全日制学校教育的管理机构差别很大。

在这种情况下，远程教育就具备了一定的市场性的特点，远程教育中各种技术的运用都可能涉及投资的需求和投资的规模。这样的规模必须受到一定的限制，否则容易出现投资的浪费。而随着技术的进步，设备更新的速度也会不断加快。但是远程教育的规模也不能太小，否则就不能适应未来教学应用的需求，会出现各种问题，其中最严重的就是学习的有效性将受到损害。

投资规模的确定，又直接影响到远程传播技术的应用。不同的远程传播技术在教学中的作用不同，成本也不一样。如广播电视系统，其应用成本就比较高，如果占用广播电视频道的一个时段来广播学生数量很少的课程，其效益会比较低。但是广播电视的传播面很广，对于一些大众性的科普教育节目来说，则是一种非常合适的传播渠道。

相比于广播电视系统，网络的传播成本就低得多了。在这种情况下，利用网站开设一个面向少数学生的网络课程，即使在上面播放教学视频，也是一种非常经济的方法。

因此在投资规模确定的情况下，将所有可能使用的技术列出来，做成表格，进行系统的对比，有助于我们权衡投入和收益。

在信息传播技术确定下来以后，就可以考虑实施的问题，包括如何同所有的管理人员、专职教师等一起商讨整个远程教育系统的设计方案、应用方式、一些技术方面的开发项目、远程教育学校的组建方式、培训方法、未来的运行过程，以及如何对这一个系统进行维护和管理等。最终使得所规划出来的远程教育系统能够具有比较好的收益，满足实际的远程教育需要。

综上所述，远程教育规划就是要通过系统的方法，对整个系统涉及的各种因素进行分析、探讨，以获得远程教育整体规划方案，达到用比较低的成本产生比较高的效益的目的，促使远程教育有效进行。

3.1.2 远程教育规划的步骤

按照远程教育规划的定义，结合系统化的方法，远程教育规划可以分为六个步骤：系统分析、集成设计、开发、实施、评价、修改。规划流程如图3－1所示。

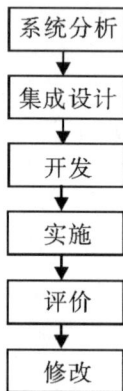

图3－1 远程教育规划的步骤

其中，系统分析是要对系统的整体状态有所了解，通过分析可以清楚整个系统所要实现的功能是什么。分析主要包含了需求分析、目标分析、因素分析、成本分析等。

集成设计则涉及对系统的各部分进行集成设计的过程。所谓集成，意思是模块化，将系统分成若干个子系统进行设计。这一过程采用了系统化的方法，在这个步骤中要完成远程教育系统整体设计、各子系统的设计、学习有效性的集成设计等工作。整体设计的对象包括了远程教育系统的规模、机构设置、人员规模、教师的聘用、目标学生等。而各子系统的设计则涉及行政机构的设计、教学管理设计、教学平台设计、媒体设计、分站授课点的设计、面授环节设计、学生的评估等。

开发这一环节涉及开发的策略、媒体的选用、教学方法的选择、教育资源的开发、教学信息传播与反馈渠道的开发、评估工具的开发、教学评估的策略等。经过开发步骤以后，将能够形成一个完整的远程教育系统。在这个系统中，包含了远程教育所需的各种资源、工具和技术等。

实施就是要规划如何将上述设计的策略实施到远程教育过程中去。

评价是要对远程教育系统规划过程进行整体的判断，对成功的部分进行肯定，而对出现问题的环节进行修改，以确保整个远程教育的规划能够更真实地反映实际情况。

3.1.3　远程教育规划的模型

1. 远程教育规划的原则

远程教育系统的规划和设计可以考虑借鉴计算机网络规划和设计的理念，这是由于两个系统有很多相同的特点。远程教育规划过程应遵循以下几个方面的原则：

（1）适当的先进性。

远程教育系统本身应该是先进的，这就要求其应尽可能地在远程教育系统中引进先进技术，以促进学习有效性的提高。然而这样的先进性应该是合适的、恰当的。这是因为先进的技术往往意味着更大规模的投资，如果一项先进技术不能够带来相应的收益，则这样的技术对远程教育系统本身是极其有害的。

这种适当性的获得，主要从投资能力、可能产生的风险、教学方面是否确实有需求几个方面来考虑。如在远程教育系统中引入平板计算机这种新的技术，从投资能力这方面来考虑，每个学生增加一部平板计算机，则其学习成本将上升三千多元。这样的成本对于一些 MBA 之类的课程可能是可以接受的，但对那些基础课程来说，这样的成本就太高了。而且通过比较现有的一些教学设备，如台式计算机等，平板计算计的应用对于学习有效性的提升也不是很明显。因此这类技术在当前可以考虑作为一种备选项目，让学生自行选择会比较合适。

（2）易于升级。

这一原则意味着规划出来的远程教育模型本身应具备一定的开放性，这种开放性是技术上的，也就是应该尽可能将原有技术与已有技术，以及今后可能出现的新技术三者有效地衔接起来。一旦技术升级，只要投资许可，就可以及时对原有的技术系统进行升级改造，从而使整个远程教育系统的性能得以提升。这种易于升级改造的要求体现在远程教育系统规划涉及的所有因素，包括了技术的可升级性、管理系统的可升级性、教学应用的可升级性等。

在技术方面，要考虑到各种技术方面的标准。在选用设备时，要尽可能选用标准化的设备，而不能因为成本的原因选择使用一些非标准的技术。如在构建网络课程平台时，目前使用比较广泛的包括商业的 Blackboard 平台，另一种则是 Moodle 平台。尽管还没有哪个标准化组织将他们提升为技术方面的标准，但由于 Moodle 采用了开源的方式，且影响比较大，这可以作为一种事实上的网络课程平台标准。Blackboard 也是如此。因此在构建自己的网络课程教学平台时，可以考虑如下三点：

第一，功能上以 Moodle 等常用平台作为参照，在设计网络课程平台时，可以使用这些已经得到实践检验的平台设计方案。

第二，直接在 Moodle 已有模块的基础上进行开发，按照需要适当增减相应的教学模块，当然由于 Moodle 本身是一种开源项目，因此在进行开发的时候，也要注意进行版权方面的申明。

第三，具有自己的特色功能，且能够与未来的技术相衔接。一些有自己特色的功能有时候也反映了这种优势，然而这种优势在未来技术的冲击下，可能会成为劣势。遇到这种情况，可以考虑这一功能模块的独立性要求。即这些功能在整体技术模块中应该是可以被独立分割出来的，在今后有更先进的技术时，可以及时用新的技术来替代。当然也可以对自己开发出来的功能模块进行推广，促使其早日成为一个技术方面的标准。

（3）稳定可靠的系统。

规划出来的远程教育系统的运行应该是稳定和可靠的。

稳定性意味着在远程教育系统运行的过程中，各方面的工作都能够做到平稳有序。这种平稳有序是系统运行的必要保证，这样才能够确保系统中各因素能够达到相互之间充分作用的要求，也使得远程教育教学工作的各项措施能够正常有序地落实下去。

而可靠性则意味着在一些突发事件的影响下，整个系统具备较强的适应能力。这种较强的适应能力反映了远程教育系统的韧性。如在网络出故障、受到黑客攻击等情况下，远程教育系统的教学工作也不会受到严重的影响，学生仍可以通过其他途径来获得学习材料，有效地进行网络学习。

要满足这种稳定可靠性的要求，可以通过行政管理的备用方案、技术上的冗余设计、服务器的备份措施等方式来实现。

（4）做好安全防范措施。

虽然远程教育系统一般不会出现恶性竞争的情况，但其毕竟是一个庞大的系统，且影响力也比较大，同时还可能涉及一些利益关系，因此在远程教育系统规划过程中，安全性也是必须充分考虑的。从目前来看，尽管有邮包炸弹等恐怖袭击事件的发生，但是在函授教育系统中，这方面的问题还没有相关的案例。而在广播电视教育系统中，则涉及信息广播的安全性问题。

在网络教育系统中，安全性的问题则显得更加严重。这些网络安全问题包括网络课程被阻止访问，教师、学生资料被窃取，学生成绩被篡改等。要实现网络教育系统的安全运行，主要从两个方面着手：一方面是防病毒传播和防黑客入侵；另一方面则是对数据进行加密处理，使用安全链接方式来传送网络教学的材料。

2. 远程教育规划的模型

进行远程教育规划时要充分考虑投资、技术、人员组成、管理要求等方面的问题。在设计的时候要能够很好地完成创办远程教育系统时所设定的目标，这可以考虑使用各种远程教育规划的模型。通过对这些模型的分析和应用，有助于整个远程教育规划更加有序地进行。常用的远程教育规划模型包括：层次模型、学生模型、管理模型、资源模型、技术模型。

下面分别对这几个模型进行分析。

（1）层次模型。

层次模型是将远程教育系统划分成若干个层次，每个层次都有相应的功能，而且层次之间的等级关系是不一样的。一般来说，远程教育系统可以分为：核心层、管理层和教学层三个层次，如图3-2所示。

图3-2　远程教育规划的层次模型

其中最顶层反映的是远程教育系统的核心部分，负责远程教育系统的运行管理及设计。管理层则负责远程教育系统的行政管理和教学管理方面的工作。教学层则直接面向各教学点、学院、专业等，向学生提供教学服务。

这种层次结构在很多远程教育系统中都存在。例如在英国的开放大学，其结构如图3-3所示：最高的核心层为该校的校务委员会和学术评议会，负责整个学校的治理和制定开放大学办学的有关决策。

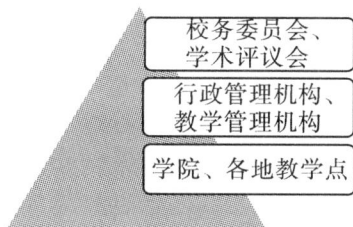

图3-3　英国开放大学的层次结构

管理层则涉及各种行政管理机构、教学管理机构等。如教务管理部门、教育技术研究所、图书馆、学习与教学媒体中心、多平台广播机构、高等教育研究和信息中心、评估管理部门、证书管理部门、学生注册管理部门、计划和发展管理部门、教学和学生服务管理部门、大学办公室、商业发展部门、海外管理部门等。

教学层则涉及具体的教学单位、各地教学点。这些教学单位和教学点又设置了自己的层级结构。其中各学科专业包括：艺术专业、商业和法律专业、教育与语言学习专业、健康和社会保障专业、数学与技术专业、自然科学专业、社会科学专业等。

中国国家开放大学的核心层由教育部部长领导下的高等教育司负责，高等教育司在远程教育方面的主要职责包括：

①统筹管理远程教育，研究远程教育改革与建设的宏观社会背景与发展趋势，制定相关方针、政策和法规，推动远程教育的改革与建设。促进远程教育与教学、科研及社会实

践的结合，推动远程教育的国际交流与合作。

②统筹规划、指导远程教育办学机构的人才培养工作，组织制定本科专业目录、人才培养基本要求等指导性文件。

③规划、指导远程教育办学机构的教学改革，组织实施重大教学改革项目。规划、指导远程教育办学机构师资（含实验室人员、教学管理人员）的短期培训工作。组织远程教育有关专家组，指导其开展工作。

④制定远程教育教学评估工作的方针、政策，统筹规划远程教育评估工作，组织并指导远程教育办学机构的教育质量与教学工作的评估工作。组织开展全国远程教育教学有关成果的奖励和表彰工作。

⑤制定远程教育办学机构的图书馆工作标准及实验室建设的有关方针、政策和法规。指导远程教育办学机构的教材编写工作。

⑥配合有关司局进行远程教育的体制改革和结构调整等全局性工作。

⑦宏观指导国务院其他部委教育管理机构和各省、自治区、直辖市教育行政部门的人才培养工作。

⑧提供远程教育教学的信息服务。

中国国家开放大学的管理层包括中央广播电视大学总部，以及各地分部所设置的行政管理机构。其主要职责为研究制定国家开放大学和各地区开放大学的发展规划、政策法规、工作流程、质量标准等；协调开展教学、科研的国际合作，组织专业、课程和学习资源的建设，开展教学质量评估检查等工作。

教学层则包括了各级学院和学习中心。其主要职责为在管理层的指导下制定具体的发展规划和政策，组织招生、考试和相关的管理、质量检查等工作，同时还提供教学辅导和学习支持等服务。

中国开放大学的层次结构如图3-4所示。

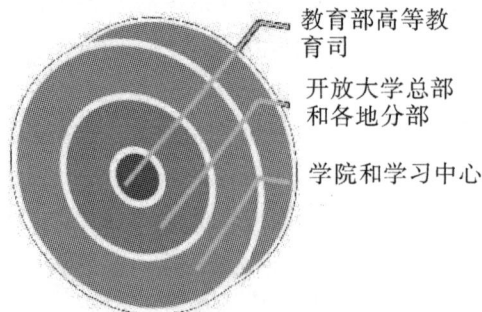

教育部高等教育司

开放大学总部和各地分部

学院和学习中心

图3-4 中国国家开放大学的层次结构

（2）学生模型。

面向学生的规划就是要充分考虑到远程教育办学机构在建立以后，所面对的学生的情况。而学生的情况又跟远程教育机构自身的定位有关系，即远程教育来向学生提供的教学水平是学生模型得以实现的基础。

按照学生模型进行规划的时候，必须充分考虑到潜在学生的情况，包括学生的背景、学生的规模、学生的经济承受能力、学生能够拥有的远程学习的技术和资源、学生偏好的学习方法、学生学习的目的、学生的评价等。

学生背景反映的是未来的远程教育办学机构所招收学生的基本情况。这些基本情况涉及学生的文化背景、社会背景、知识基础、学习能力等。

学生的经济承受能力也是在一些远程教育规划中要考虑的。除了像国家开放大学这样国家开设的机构，一些民办的远程教育机构还要考虑到办学成本的问题，这时学生的经济承受能力也将直接影响到招生情况。

学生已经拥有的远程学习的技术和资源，也会直接影响到今后教学过程中学习的有效性。如果学生连基本的网络接入条件都没有，就不适合采用网络的方式来进行学习。而如果这样的学生人数众多，则可以考虑采用其他的技术，比如"函授＋集中面授"的方式。

学生的学习方式偏好也是影响按学生模型进行远程教育规划的因素。虽然学生已经拥有了足够的学习技术和资源，但是一些学生还是习惯面授的方式，那么在规划远程教育时可以考虑给学生提供适当的面授机会。也可以通过网络视频会议的形式，对网络教学方式进行适当的补充。

学生学习的目的反映的是学生注册远程教育学习的目的。一些学生是为了补充自己的知识，另一些学生则是为了个人的专业发展，还有一些学生则希望通过远程教育来改变自己的生活。无论是哪一种目的，在规划远程教育时都是值得考虑的。只有在规划的时候对此有充分的预估，才能够在开展远程教育工作的过程中，更好地保证学习的有效性。

学生的评价也是规划远程教育时值得考虑的因素。纵观世界各国的远程教育的发展情况，其中最棘手的问题就是不能保证远程教育学习的有效性。保证学习有效性的一项重要措施就是学生的评价。在规划远程教育时，充分预估到今后将采用哪些评价学生的方式，可以更好地促进远程教育教学的有效开展。

（3）管理模型。

管理模型指的是规划远程教育时，必须充分考虑到管理方面的要求。包括远程教育管理机构的设置、管理人员的配置、管理措施的落实、教师管理、学生管理、教学管理等。

教育管理机构在远程教育系统中占据了一个非常重要的地位。一个良好、高效的远程教育管理机构有助于整个远程教育系统更好地运行下去。

远程教育机构与普通高等学校有相同之处，也有很大的区别。相同之处在于两类机构都是为教学提供服务的。不同之处则在于远程教育机构的教师和学生在物理时空上处于分离状态，不受学校围墙的限制；而普通高等学校中的教师和学生则是紧密结合在一起的，并受到学校围墙的限制。这就导致远程教育机构在管理机构的设置、运行方式等方面与普通高等学校有很大的区别。

在管理人员的配置方面，远程教育机构更重视市场部门人员的配置。另外，各种工程技术人员的构成比例也比普通高等学校要大一些，以便能够更加有效地保证远程教育工作的正常进行。

在管理措施的落实方面，远程教育机构也更重视技术的应用、网络化管理系统的应用等。

在教师管理方面，一些远程教育机构的专职教师通常比较少，而从普通高等学校聘请的兼职教师占了很大的比例。当然，随着技术、远程教育理论的不断发展和成熟，现在一些远程教育机构也在开展教学研究工作，专职教师的比例有增加的趋势。

在学生管理方面，远程教育的特色则比较明显，由于远程教育的学生数量庞大且分布在不同的地区，采用人工的方式来进行注册和管理的难度非常大，因此，现在的远程教育机构都要充分利用网络化管理平台来完成对学生信息的自动化管理。

（4）资源模型。

按照资源模型来进行远程教育规划，主要是以远程教育机构所拥有的资源为出发点，然后由此逐渐展开其他层次的功能的规划。

远程教育中的资源包括以下几个方面：

①印刷学习资源。这些资源涉及教材、教学辅导材料、试卷等。这些材料在早期函授教育阶段使用得最为普遍，不过随着网络时代的到来，这些资源逐步让位给网络资源。

②音频学习资源。这一类资源早期主要通过无线电广播的形式提供，比如中央农业广播学校等。一些语言类课程也广泛地使用音频教材。国际互联网出现以后，网络音频传输得到了广泛的应用，在网络上还可以收听数字音频广播节目等。在远程教育中，音频资源可以作为各门课程的辅导材料，教师制作这一类教材也比较容易。当然最主要的还是在语言类和声乐艺术类的课程中使用。

③视频学习资源。这些资源包括各种视频教学节目、教师讲课的现场录像等。早期的广播电视教学中主要使用这一类资源。在互联网中，这一类资源也受到广泛的重视。利用新的数字化编播技术，可以在网络上提供高清视频资源。

④网络课程学习资源。这一类资源的优点在于与课程的结合比较紧密，特别是一些学校的公开课，可以使互联网用户随时免费浏览这些课程。其中比较著名的如麻省理工学院的公开课。

⑤网络图书馆和专业数据库资源。这一类资源的专业性比较强，适合学生进行研究性学习。如进行课程设计、毕业论文设计时，需广泛使用这一类资源。

⑥各类型的网站。这些网站既包括各类高等院校的网站，也包括其他一些商业机构、企业的网站。这些网站可以提供实践性非常强的知识，增强学生的实践能力。

⑦维基百科。这一网站几乎包含了所有专业的知识，且其中的知识还在不断增加，对课程的学习有非常大的帮助，更有助于培养学生探究知识的能力。按照资源模型来进行设计，需要考虑上述这些资源的特点及其在远程教育应用中的要求，然后根据自己利用资源的能力，围绕资源这一因素，规划好远程教育中的其他因素。

（5）技术模型。

技术模型指的是根据远程教育机构所拥有的技术条件来规划整个远程教育系统。在远程教育系统中，技术起到一个非常重要的作用。它既是信息传播的工具，也是构建远程教育系统的基础，同时还是远程教育管理的基本工具。按照技术模型进行远程教育规划首先要考虑到自己在技术方面有何优势，然后按照自己所具备的技术优势来规划远程教育系统。

远程教育中使用的技术包括以下几种类型：

①函授技术。这是一种将传统和现代的函授技术紧密结合在一起的技术。传统的函授技术包括了各种邮政、速递业务。而现代的函授技术则包括了电子邮件、文件传输等，能够在一定程度上满足教师和学生之间及时反馈的需求。函授技术的优点在于除了可以邮寄印刷材料以外，还可以将诸如实验箱这样较大型的设备直接邮寄给学生，满足了学生对自然科学知识的学习需求，如学生可以在家里做实验。

②广播电视技术。这一类技术使用得也比较早，现在仍然可以使用。通过教育电视台播放节目来进行学习是过去常用的一种方式。而随着数字电视技术的发展，其中的视频点播技术可以满足远程教育过程中远程交互的需要。现在，用户已经能够通过有线电视系统对一些教学视频节目进行点播，灵活地控制节目的播放过程。而数字音频节目则除了可以传送音频信号以外，还可以传送静态的文本和图形图像信号，从而增强了音频教学材料的直观性。

③计算机网络技术。网络技术是现阶段远程教育中使用得最为广泛的一种远程教育技术。通过网络技术可以直接以网络课程的方式向学生提供教学材料，也可以通过网络视频会议的形式满足现场直播教学的要求。网络技术还在不断发展，各种社会网络的出现又可以满足学生合作学习的需要。

3.2　需求分析

3.2.1　教学的需求

在远程教育系统建设完成以后，需要实现的教学功能可以通过分析教学需求来获得，同时还要兼顾各种教学功能的整合、教学材料在传输时所面临的需求等问题。综合起来，教学的需求可从以下几个方面来进行考虑：

1. 远程教育系统建立起来以后需要实现的教学功能

这是远程教育系统教学需求最重要的组成部分。教学功能当然多一些比较好，但是在这些教学功能中，毕竟有主次之分。远程教育系统能够满足所需的最主要的教学功能，并提供其他的功能给教师和学生进行灵活选择，是远程教育系统有序运行的重要保证。

2. 多种教学功能整合的需求

单独一个教学功能很难满足所有课程的教学，即便是在一门课程的教学过程中，有时候也需要多种教学功能的整合。如在视频直播教学的过程中，需要文本材料来进行配合。而学生在阅读的过程中出现了问题，则可以通过网络论坛向教师提问，教师也可以通过同样的方式向学生反馈信息。

3. 传输视频的需求

视频信号的传递，能够给学生更多的直观感受。通过网络的方式来传输视频材料，还可以满足学生和教师之间相互交流的需要。通过 QQ 这样的实时交流工具，教师和学生之间的实时视频通话可以带来如同面授辅导一样的良好效果。而传输视频需求的分析，将为今后构建合适的视频播放和通信平台提供基本的依据。

4. 传输印刷材料和多媒体课件的需求

在目前一些远程教学方式中，印刷材料的传输是不可或缺的。其包括了教材、教学辅导资料的邮寄。当然随着数字出版业的发展，印刷材料邮寄的需求可能会减少，取而代之的则是各种电子出版教材，这能够有效地降低教材的成本。多媒体课件就是一种数字出版物，课件可以存放在光盘里邮寄给学生，也可以上传到网络供学生下载。

对印刷材料和多媒体课件的需求决定了今后组织人力物力进行教材出版、教材邮寄、课件制作等方面的工作方向。

5. 网络的需求

网络需求是远程教育系统的一个重要需求。目前世界各地的远程开放大学都在普遍使用网络这种新型的媒体来开展教学活动。

网络需求主要涉及网络的带宽、网络的接入情况、服务器的运行、机房的建设、网络教学平台的建设等。这些需求尽管越多越好、功能越齐全越好，然而网络技术的投入是需要成本的，一些很新很先进的技术的价格非常昂贵，这就要做成本效益的分析。如采用高成本的网络技术来支持远程教育系统的运行，是否真的能够完全获得预期的功能？而获得这些功能所付出的代价是否合适？

例如早期一些学校开展远程教育工作，考虑到需要比较先进的技术、更高的带宽，选择了 B – ISDN 技术，其速度可以达到 600 多兆比特每秒。然而这种技术与以太网技术并不兼容，成本自然很高昂。而在千兆位、万兆位的以太网出现后，他们的这种令牌环网络反而变得比较落后，这就是由于当初没有充分考虑到网络需求所出现的问题。更好的选择方案则是当初建设快速以太网，并且预留升级空间，等需要更高带宽时，通过简单更换交换机就可以迅速将整个网络升级为千兆位的以太网，速度比令牌环网快很多。

当然万兆位的以太网速度更快，然而对于只局限在一个很小区域的远程教育系统而言，如果面对的只是西北地区一个二线城市，且开设远程教育学校时学生数量还不够多，这时直接在核心层甚至在网络的汇聚层应用万兆位的以太网技术，成本自然会比较高，而所取得的效果与千兆位以太网技术的应用效果差不多。那么不如先在核心层和汇聚层应用千兆位的以太网技术，并预留升级空间，等今后有更高带宽需求时，再升级为万兆位以太网。

6. 资源共享的需求

资源共享的需求分析反映的是在远程教育系统中如何进行资源共享的问题。网络本身就是一个资源共享的平台，远程教育充分利用了网络技术以后，打破了函授教育以及广播电视教育中的资源共享渠道不畅通的局面。如远程教学过程中，学生们都是在家里学习的，要获取图书馆的资源，则必须去到普通高校或者国家图书馆等地方查阅。利用了网络技术以后，可以将网络图书馆向学生开放，这样学生就可以在家里通过网上图书馆查阅所需的资料了。

除了网上数字图书馆以外，课件资源、其他学习资源、专业期刊数据库等都是需要进行共享的资源。如何在远程教育系统中让学生畅通地获取这些资源，在远程教育规划时就要充分考虑。

7. 社会网络的需求

社会网络是当前网络发展的一个重要趋势。在远程教育中应用的社会网络，一部分包含在远程教育网络平台中，另一部分则可以考虑使用商业化的社会网络平台。

如果需要使用自己设计的社会网络平台来实现教学和教学管理需求，则应该在远程教育规划、网络平台建设时就考虑到这一点——必须在所建设的平台中包含这些功能，并规划好今后如何应用这些功能。如果决定采用商业化的社会网络工具，则要考虑这些工具的商业性的特点。如果是免费的项目，如何面对弹出广告等问题；而如果是收费的项目，则是否符合成本效益分析的要求等。

8. 移动设备的需求

移动设备主要用来满足远程教育系统中移动学习的需求。由于移动学习已经受到各级远程教育机构的广泛重视，特别是农村地区移动电话用户数量的激增，使移动设备在远程教育系统中扮演着越来越重要的角色。而城市里的学生也可以通过移动电话等设备接收教学通知、校讯通知等。随着智能移动电话和平板计算机的普及，移动设备还可以顺畅地连接互联网，来浏览课程网站、学习网络课件等。

9. 投资的需求

通过对投资需求的分析可以了解整个远程教育系统建立起来所需的投资情况。包括了远程教育实体建设的投资需求，也包括管理人员的工资、教学人员的聘用工资、软件平台和网络接入所需的费用等。

3.2.2 管理需求

远程教育的管理需求涉及远程教育的行政管理需求、各部门的人员设置需求、技术方面的管理需求等。管理需求分析涉及以下几方面的内容：

1. 行政管理的需求

远程教育的行政管理需求分析，其结果将明确今后远程教育学校需要具备哪些行政方面的功能，哪些地方是需要管理的，哪些地方是不需要管理的。行政管理在不同地区的需求会有所不同。英国开放大学的行政管理主要在校务委员会和学术委员会的指导下开展各项行政管理工作。而中国国家开放大学则在教育部的直接领导下开展各种行政管理工作。这使得两个开放大学的行政机构的设置和运行方式有所区别。

2. 行政管理的部门设置及负责人安排

主要是考虑今后远程教育运行时所需的行政管理部门。这些部门的职责主要是管理整个开放大学的运行、拓展远程教育市场、拓展海外分校等。行政管理部门的设置可以是以面向市场为主，也可以参照普通高校的行政管理部门的设置，在功能上进行适当的增减。

3. 教学管理的需求

教学管理主要为教学提供各种支持和服务。教学管理需求包括了教学研究机构的管理、教学技术研究机构的管理、网络技术管理、教务管理等方面的需求。远程教育的教学管理与普通高校的教学管理有相同之处，也有不同之处。相同之处在于二者都是为教学服务，而不同之处则在于远程教育主要侧重于教学技术方面的管理。

4. 教学管理的部门设置及负责人安排

考虑到今后远程教育运行时对教学管理部门的需要，可以设置不同的教学管理部门。

这些部门的职责包括远程教育学校的教务管理，涉及课程的安排、教师的排课、学生的选课、学生的评价、教学检查等工作。而针对远程教育依赖技术的特点，在诸如英国开放大学这样的远程教育机构中，还专门设置了教学技术研究所，利用研究所的研究成果，推动新技术在开放大学中的应用。设置的教与学研究中心则有助于研究在开放大学中如何促进远程教和学的有效性。

5. 媒体管理的架构

如何管理远程教育系统中的媒体是一项具有挑战性的工作。作为一种严重依赖媒体教学的新的教学方式，媒体的正常运行与否是决定远程教育成败的重要因素。因此在很多的远程教育机构中，通常会有一个比普通高校更庞大的媒体管理机构，全方位地负责远程传播媒体的管理。目前远程教育机构主要使用的是网络媒体，而旧的电视教学系统仍在使用但进行了网络化改造，因此在远程教育机构中，通常会有功能完善的机房、演播室等设备。对媒体管理架构需求的分析，就是要了解在实现远程教育目标的情况下，如何以最低的成本和最大的收益来构建远程教育媒体管理体系。

6. 媒体管理的负责人

媒体管理负责人应该是既懂得技术又懂得教学的专业人士。对技术的熟悉意味着能够正确选择合适的技术来保障远程教育系统的有效运行，并能够及时处理远程教育系统运行过程中所出现的各种技术问题。而负责人具备丰富的教学知识和经验，则可以更好地为教师的教学提供服务，合理调整技术的功能，使之满足教学应用的需要。

7. 远程管理的需要

是否需要远程管理也是值得考虑的问题。由于远程教育机构本身的投资有限，规模略小一些的机构可能没有能力配置自己的机房，这时可以考虑租用商业机房。这种情况下就需要进行服务器的远程管理。当然，即便是在拥有自己的机房的情况下，适当的远程管理也是必需的。要进行远程管理，自然还会涉及一些安全性问题。这就要提高远程教育系统的安全性的级别，相关的软件和硬件配套措施也应该随时能够跟上要求。

3.2.3 未来发展的需求

由于远程教育系统所依赖的技术的发展速度非常快，如果无法跟上新技术发展的节奏，很快就落后于同行。这种技术的落后还可能严重影响教学质量。如一个远程教育系统还在支持旧的文档格式，而教师和学生们早已在使用新的文档格式，这就令教师和学生在教学时不得不寻找旧版本的文字处理软件，以便适合于远程教育学校的特殊要求。

对于未来发展需求的分析可以考虑以下几个方面的要求：

1. 未来发展方向的预测

要准确把握方向，并不是说马上改变现有的发展方向，而是逐步进行调整，使其在未来的发展过程中，能够顺利地与教育发展衔接起来。如 Web 2.0 技术的出现，意味着早期网络课程的方式已经不太适应技术发展的要求，今后网络教育可能会朝着合作学习等方向发展，因此可以考虑在设置网络课程平台时，增加社会网络的功能，同时鼓励教师采用新的技术来促进自己的教学。

2. 对已有技术和资源的分析

准确预测远程教育发展的方向，是要为今后的改变做准备，而这种改变是建立在已有技术和资源的基础上。因此对自己拥有的资源有一个非常清晰的了解，是改变顺利进行的保证。对已有技术和资源的分析包括对已有的设备、互联网的技术、软件更新、操作系统升级、网络教学平台的使用体验、数字图书资源、电子期刊的更新等方面进行分析。

3. 陈旧技术的淘汰

如果分析结果证明确实是比较陈旧的技术，今后也没有升级的可能，陈旧技术就要进入设备淘汰的程序。设备的淘汰一方面是为新的设备腾出空间，同时也是减少设备维护和管理的成本。如原有的磁带录像机、VCD 等播放设备，现在都面临着淘汰。当然为了能够兼容一些特殊的教学材料，还可以适当保留部分运行状态非常好的设备，只是数量要少，不要影响新设备的运行。

4. 已预留的发展空间的评估

除了采用引进和淘汰两种方式来跟上未来发展的需要以外，还应该对以往在规划远程教育时预留的发展空间进行评估。这也是避免重复投资建设的最好办法。通常在规划远程教育时，都会自觉或不自觉地为将来的发展预留一些空间，在新的远程教育技术来临时，这些预留的发展空间就有用武之地了。如机房中原来使用的是快速以太网的架构，在需要升级为千兆位以太网时，可以考虑原有的预留升级的空间。如果原来已经采用了可以直接升级的以太网综合布线技术，则现在只需要更换交换机就可以快速完成带宽的升级。这远比采用重新铺设网线的方式来进行设备整体更换的成本要低得多。另外原有的一些有线网络，如果有合适的应用，也可以升级成无线网络。

5. 构造适合未来发展的升级点

为了使未来的发展能够快速降低成本，在构建远程教育架构时，还可以考虑专门预留可供未来升级系统的接口。就如同预留插座一样，当新的设备到来以后，直接将插头插上去，整个系统的功能就得以升级了。这种升级点可以是技术方面的，也可以是软件和管理方面的。技术方面的升级点主要涉及硬件的接口、插座、信息点等；而软件的接口则涉及软件与其他系统的接口程序等；管理方面的升级点是预留适应未来发展的机构设置空间，如办公地点、人员配置等。

6. 远程教育发展带来的好处

这方面的需求分析主要涉及对远程教育发展所能够获得的收益的分析。就是说如果我们要将自己的系统升级，这种升级一定不是为了赶时髦。而是要综合分析，为什么我们要进行这样的升级？这样的升级可以给我们带来哪些好处？同现有的系统相比，花了这么大的代价来进行升级，性能上是否真的可以达到我们所期望的效果？升级同新建一个系统相比，是否成本会更低一些？

3.2.4 远程教育实体的需求

尽管远程教育在采用了网络技术以后，没有了学校的园区，很多功能都可以通过媒体平台来实现，但远程教育还是需要一定的办公地点。这些需求主要集中在以下几个方面：

1. 总部地理位置的选择

总部地理位置的确定主要考虑到管理、技术应用、教师聘用等方面的需要。世界各国的远程教育机构总部一般都选择首都或地区中心城市所在的位置，主要原因在于这些地方具备了管理和资源方面的优势。特别是这些地区高校密集，给教师的聘用带来了极大的方便。另外总部地理位置的确定还要考虑已有的基础，如中国国家开放大学就是利用了中央广播电视大学的总部来进行建设。

2. 总部各办公室位置的确定

总部确定以后就要确定各行政办公室的位置。一般来说这些办公室都采用集中的方式来安排，以便于各部门之间的联系和沟通。而一些研究型的机构则可以独立设置办公室，并采用网络办公的方式与行政办公室进行联系和文件的传送。

3. 分部学习中心地理位置的确定

分部学习中心主要面向一般的学习者，因此应该是学习者比较容易到达的地方。目前，很多开放大学的学习中心都设置在市中心或交通较方便的地方。

4. 分部和学习中心办公地点位置的确定

远程教育学校分部以及学习中心的办公地点主要采用按需设置的方式，即根据各地远程教育的具体需求，设置相应的办公室，以便高效地提供教学上的支持和服务。

5. 集中面授辅导课室的确定

在学习中心，由于与学习者接触比较紧密，还可以根据实际情况提供适当的面授辅导。而聘请专家学者开设学术讲座活动等，也可能会有一定的课室安排的需要。这时候可以在学习中心设置少量的面授辅导课室。

6. 机房位置的确定

如果远程教育机构有自己的机房来安装所有服务器，则机房的安装和配置标准就要高一些，以便满足千兆位以太网的运行，并达到服务器运行的安全、可靠、稳定等方面的要求。如果服务器安装在租用的商业机房里，这时学校里主要配置网络信息中心，并安装少量台式计算机和笔记本计算机，以实现对服务器进行远程管理的目的。由于远程教育需要比较大的空间来安装机房，则可以考虑独立设置和供电。对于网络信息中心，其位置最好设置在行政办公室旁边，以便在出现各种问题时能够直接上报领导进行应急处理。

7. 演播室的位置

演播室主要用作拍摄视频教材、录制音频教材等。与网络信息中心不同，演播室也占据了比较大的空间，因此在配置方面，通常需要进行独立设置和供电。

3.3　目标分析

目标分析是在需求分析之后，对整个系统要达到的目标的确定过程。远程教育系统要达到的目标涉及很多方面，这些目标包括应用目标、技术目标和管理目标。

应用目标指的是远程教育系统在未来的教学应用中所应该达到的最终目标。这些目标包括学习有效性的保证、加强学习者之间的相互合作、提高教学的效率、与其他教育系统相互合作、促进远程教育的国际化、促进远程教育应用的现代化等。

技术目标则是指远程教育系统在运行时有关技术方面的保证情况。对于一个系统而言，其运行过程的开放性、可靠性、适应性、扩展性、先进性都是技术方面需要达到的目标。

管理目标是为了维持远程教育系统的运行，需要达到的高效率管理的目标。对于管理目标而言，这个系统应该是有良好的规章制度，是可以管理的。

3.3.1 远程教育的应用目标

远程教育的应用目标包括以下几个方面：

1. 学习有效性的保证

如何保证学习者的学习有效性，一直是远程教育的难题，已有很多研究者对此进行了探讨。

在单向信息传递的远程教育系统中，学习有效性的保证存在一定的困难，主要还是依靠学习者的学习自觉性。

然而随着网络技术在远程教育系统中的广泛应用，这一问题可望得到根本的解决。这就要充分发挥网络技术的双向交互功能，同时充分利用网络上丰富的教育资源以及网络所构建的不同的学习环境。

Lawrence C. Ragan 在如何促进网络教育的学习有效性方面提出了十条原则①，这十条原则分别是：

（1）显示教师的存在并实施教学。

（2）做好有前瞻性的课程管理策略。

（3）建立课程活动的模块。

（4）为任何的细节做好计划。

（5）对学习者的请求和期望作出及时回应。

（6）写出内容之前仔细思考一下。

（7）帮助学习者维护学习进度。

（8）注意教学过程的安全性和保密性要求。

（9）注意教学资源、设计策略、系统性能的质量。

（10）注意网络接入的有效性。

按照这些原则，可以设计出未来的远程教育系统中学习有效性的目标，包括：

（1）能够提供给教师更多的施展教学方法的平台。如提供给教师视频传输功能，可以随时将自己的教学过程展示在网络课堂之中。同时还要提供给教师更多的应用网络教学以及其他教学方法的权限。

（2）给予教师更先进的教学管理系统，能够让教师通过课程平台收集学生更多的信息，并实行自动化的处理。

（3）能够有比较好的课程交互的措施，教师可以随时就一个话题开辟讨论区，让学生参与讨论。也可以通过安排各种活动，让学生以多种形式提交活动报告。

（4）系统能够提醒教师每一个教学环节的工作计划，这样教师在繁忙的教学工作中，

---

① Ragan L. C. Good teaching is good teaching. An emerging set of guiding principles and practices for the design and development of distance education [J]. *Cause/Effect*, 1999 (1): pp. 20 – 24.

打开课程平台就可以知道自己现在应该做哪些工作。

（5）有实时通信措施，最好能够与移动电话短信平台结合在一起，这样学生有什么问题，都可以通过这一平台发送给教师，教师也可以及时将解答反馈给学生。

（6）提供更多的专业资源，帮助教师更充分准确地界定各种概念，从而为学生提供高质量的教学材料。

（7）向学习者提供学习进度的提醒。这样学生可以随时了解每一个阶段的学习要求，教师也能够通过掌握这一学习进度，帮助学生合理安排课程的学习。

（8）网络平台应该是安全的，课程中涉及学生的资料、评分等都应该采用安全链接的方式，确保远程教育系统不会将学生的资料泄露出去。

（9）维护好整个系统的运行，一旦出现故障，要随时有技术人员进行解决。

（10）教师要注意互联网接入的有效性和有足够的带宽来组织网络教学。

2. 加强学习者之间的相互合作

学习者之间的相互合作是网络技术应用的一个必然要求，也是促进学习者学习有效性提高的一种非常有效的措施。要加强学习者之间的相互合作，在进行远程教育系统规划时，可以考虑以下几个方面的措施：

（1）应用新的合作学习理论。只有在新的学习理论的支持下，学生之间相互合作，才能共同解决学习中遇到的问题。

（2）设置一些探究性的问题，供学生在课程论坛中进行讨论。

（3）使用社会网络技术提供给学习者合作交往的网络环境。这些社会网络工具包括实时通信工具、社交网站等。

（4）通过维基百科的形式，让学生共同解决在学习过程中遇到的一些知识的理解问题。

3. 提高教学的效率

教学效率的提高意味着能够在更多的时间中，教给学生更多的知识。这样的效率不仅表现在知识传播的总量上，还表现在学生是否能够有效地接受这些知识。因此在信息传播的效率与学生学习有效性之间必须取得一个平衡。

同面授方式相比，限于信息传播方式的特殊要求，远程教育的教学效率会受到一定的制约。为了达到更高的教学效率，一方面传播信息的容量要大；但另一方面，又要注意结合多种远程教学的方法来促进学生对知识的理解。

如在一些教师可以控制教学进度的网络教学平台中，教师如果将教学进度提升得太快，学生则容易出现学习效果不好的情况。而如果教学进度太慢，则学生也容易产生厌倦的情绪。这种情况下，如何给不同学习进度的学生提供不同的教学材料，使每一个学生都能够以最高的效率来完成学习任务，这就需要平台给教师足够的权限，来为不同学生进行有针对性的辅导。

4. 与其他教育系统相互合作

远程教育系统由于能够有效突破时间和空间的限制，整个系统的运行不需要完全局限在系统的内部，可以尝试与其他教育系统进行合作交流，促进教学效率和质量的提高。这些教育系统包括基础教育、普通高等院校、成人教育、职业技术教育系统等。与这些教育系统的相互合作可以实现资源的充分共享，达到资源整合的目的，有效弥补远程教育系统各种资源不足的缺憾。同时也将远程教育延伸到这些系统中，使远程教育系统获得新的生命力。

5. 促进远程教育的国际化

远程教育系统的国际化是远程教育发展的一个重要方向，因此，远程教育系统在规划之初，就可以站在一个制高点上，今后的发展前景自然会比较可观。促进远程教育的国际化，目的是要将自己的远程教育系统拓展到海外。如现在的英国开放大学，其国际化工作就做得非常出色。英国开放大学不仅在很多的欧洲国家设有分校，而且正在尝试利用互联网向非欧洲国家提供教学服务。一些地区的远程教育机构，如果逐渐形成了自己的特色，在国际上总是可以找到相应的需求的。将自己的教学延伸出去，既可以提高自己的教学服务能力，也能够提高自己的办学层次。

6. 促进远程教育应用的现代化

这一目标也是在远程教育系统规划时必须考虑的。规划一个远程教育系统，在技术应用方面也应该尽可能做到高起点。以兼顾成本为前提，尽最大可能应用最新的技术，是远程教育应用现代化的一个重要标志。

当然除了技术方面的现代化以外，办学理念的现代化也是远程教育应用现代化的一个组成部分。新技术的应用没有新理念的支持，应用层次也不会得到提高。

3.3.2 远程教育的技术目标

远程教育的技术目标，既包括了远程教育系统本身在技术层面所应该达到的目标，也包括了具体的信息技术使用方面所需要达到的目标。这些目标包括：

1. 开放性

开放性是指远程教育系统在技术应用方面应该满足足够开放的要求。远程教育系统中使用的应该是具备了开放标准的技术，能够更好地与其他的远程教育系统中使用的技术衔接起来，促进远程教育系统之间的相互合作。

2. 可靠性

远程教育系统的可靠性目标是远程教育系统运行的必要保证。只有远程教育系统在运行的过程中是可靠的，不会出现不稳定的现象，才能够保证教学过程的顺利进行。

远程教育系统的可靠性涉及学校基础设施的可靠运行，包括网络基础设施、电力供应、服务器的运行等。而管理平台的可靠性，意味着学生注册系统的稳定运行，网上办公系统的可靠性要求等。教学平台的可靠运行则意味着教学材料能够正常地发放给学生，以及实时交流工具的稳定使用等。

3. 可扩展性

这反映出远程教育系统在规划时，首先应该考虑主流的产品和技术、大家认可的管理架构体系，这样在技术进一步发展时，就可以获得及时的升级保障，同时也为借鉴其他远程教育机构的办学经验提供了可能。

4. 良好的适应性

适应性指的是在不同的环境条件下，平台都可以正常运行。从技术方面来看，主要是当教学方法、教学内容改变时，这些远程教育系统的平台仍能够提供高质量的教学服务。

5. 技术先进性

技术的先进性是指在进行远程教育系统规划时，首选国际上最先进的、主流的、成熟的技术。对于最先进的技术而言，应用的人较少，这有助于促进远程教育系统内部的变革，促进教师不断改进教学方法。而主流的技术则可以为远程教育系统降低技术方面的成本提供保证。成熟的技术则意味着相应的配套软件设施都齐全，这样便于系统拓展出更多的新的教学应用模式。

3.3.3 远程教育的管理目标

1. 可管理性

可管理性在软件工程中是一个软件维护的重要概念，它反映出在软件系统被操作到一个令人满意的水平时，员工所需要付出的精力。这种精力付出越多，则可管理性越差，反之可管理性越好。

软件工程中对该概念的界定，在远程教育系统中也是适用的。当一个远程教育系统中人员的配置、所使用的媒体技术等因素变得越来越复杂时，可管理性问题就出现了。

在远程教育系统中，这种可管理性的要求就是要使整个系统中各因素间的关系清楚明了，整个系统的复杂性能够维持在一个可以接受的水平。在一定的复杂性程度上，通过比较所有参与人员所需要付出的精力来衡量系统的可管理性。如果需要付出的精力越多，则说明可管理性越差。但是如果在一个远程教育系统中，每个人都不需要付出多少精力就可以轻松完成任何一项任务，则又可能说明这个系统出现了人员配置上的浪费。因此在可管理性与系统运行的效率方面，必须有一个最优的选择方案，这样才能保证整个远程教育系统的成本效益比最合适。

（1）可管理性的标准。

在各种可管理性的标准中，切实可行、可以量化的标准是可管理性指标得以实现的基础。可管理性的标准主要体现在三个方面：简单、直观、实用。

对于一个远程教育系统而言，其结构应该尽可能简单。往往简单的远程管理系统，其结构清晰明了，对于整个部门的运作，无论是领导还是普通的工作人员都能够一目了然，知道什么可以做，什么不可以做。反之一个太过复杂的系统，则往往导致整个系统中的内部因素太过多样化，因素之间的关系也变得异常复杂。这将给整个系统带来非常大的不确定性。

为了实现这种简单性的要求，一个远程教育系统最好采用层级结构，将整个远程教育系统分成三个层次，分别对应核心层、管理层、教学层。这三个层次构成了三个不同的子系统，层次之间可以形成服务与被服务的关系，且每一层的功能对于另一层次是透明的，这样系统就可以被简化成更简单的子系统。对于每一个子系统，又可以进行类似的简化，最终满足基本要求。

直观性的要求则是要体现整个系统的结构清晰、直观。这种直观性与抽象性是相对立的。通常一个抽象的系统往往包含了一系列更复杂的子系统，系统中的管理人员以及普通教师若不经过专业的训练，对抽象系统的管理功能就难以理解，这样一些管理措施的执行就很容易出现偏差。

直观性的要求意味着，系统的各功能结构都有具体的事物与之对应。如一个机构的设置，我们可以看到它的办公室，且办公室的功能职责都非常明了地列了出来。办公室人员分工明确，每个人的座位上都有姓名以及职务的标记等。对于教师和学生来说，远程教学平台则应该是直观的、容易使用的。无论是教师还是学生，都不需要经过特别的培训就能够使用这些平台。

实用性指的是远程教育系统的任何一个构成部分都应该有实用的功能与之对应，这个部分做什么和不做什么都是十分清楚地被界定出来的。同时每一个部分为什么存在，在系统运行时，这些部分将产生什么样的结果也是在实践中可以看得到的。

例如学习与媒体研究中心，其功能就是要对远程教育中的学习与媒体之间的应用关系、学习理论、新的媒体技术等方面进行研究和应用。这一部门的运行结果是可以看得到的，就是远程教育中出现的新技术，教师可以将这些新技术应用到教学中，构建出新的教学方法。

（2）可管理性的量化公式。

借助软件工程的概念①，在远程教育系统中，可管理性可以表示为：

$$M = \frac{T}{\sum_{i=1}^{n} w_i t_i s_i}$$

在上述公式中，M 表示可管理性，数值越大表明可管理性越好；T 表示整个远程教育系统运行的周期，单位为"小时"，如一年的时间为 8 760 小时；w_i 表示第 i 个部门在系统中所占的权重，反映的是在所有部门完成任务所需的总重复次数中，这个部门所占用的重复次数的比例；t_i 是第 i 个部门完成任务所需的时间；s_i 表示第 i 个部门完成工作需要的步骤。

上述公式表明，如果整个远程教育系统运行的周期是固定的，则系统的可管理性由以下两个因素决定：

①每个部门完成自己的任务所需要的时间。如果所需的时间越长，则系统的可管理性越差。

②每个部门完成任务所需要的步骤。如果步骤越多，则越容易出问题，这会导致整个系统的可管理性变差。

当然除了上述两个因素外，每个部门所占的权重也会影响到系统的可管理性。通常那些完成任务需要时间越长、任务越复杂的部门所占的权重越大，进而整个系统的可管理性就会越差。例如一个远程教育系统在进行规划时，初步预计试运行的周期是一年，其中划分了十四个部门，包括办公室、教务科、学习与媒体研究中心等。每个部门完成任务所需时间以及所占权重如表 3－1 所示：

---

① Candea G. Toward quantifying system manageability ［A］. *Proceedings of the 4th Workshop on Hot Topics in System Dependability* ［C］. *USENIX Association*，2008.

表 3 - 1   某远程教育机构的管理工作

部门	任务重复次数	权重	时间	步骤
教务科	2	0.10	1	100
教育技术研究所	2	0.10	1	80
图书馆	2	0.10	0.8	20
学习与教学媒体中心	2	0.10	0.8	10
多平台广播机构	1	0.05	0.8	10
高等教育研究和信息中心	1	0.05	0.8	10
评估管理	2	0.10	0.1	100
证书管理	1	0.05	0.1	100
学生注册管理	1	0.05	0.1	100
计划和发展管理	1	0.05	1	5
教学和学生服务管理	2	0.10	1	100
大学办公室	1	0.05	1	100
商业发展部门	1	0.05	1	50
海外管理部门	1	0.05	0.8	20

表格中的时间和步骤以教务科为 1 和 100 作为归一化标准，以便设定其他部门所需要的时间和步骤。具体操作时，可以按照教务科完成教务管理任务所需要的步骤来计算。在一个完整的学年中，教务科要完成排课、安排教师上课、进行教学检查、安排考试等工作，并且按照需要对这些工作再细分到每一个环节，这样就可以计算出完成这一学期的任务所需要的步骤。

由表 3 - 1 的数据可以计算出整个系统的可管理性为：$M = 210$

如果采用了网络技术，实现网络化办公和网络化教务管理，则教务科等部门完成工作所需的步骤显著减少，但是媒体和技术相关部门完成任务所需的步骤则显著增加，如表 3 - 2 所示：

表 3 - 2   某远程教育机构实现网络化管理以后的管理工作

部门	任务重复次数	权重	时间	步骤
教务科	2	0.10	1	30
教育技术研究所	2	0.10	1	100
图书馆	2	0.10	0.8	20
学习与教学媒体中心	2	0.10	0.8	100
多平台广播机构	1	0.05	0.8	10

（续上表）

部门	任务重复次数	权重	时间	步骤
高等教育研究和信息中心	1	0.05	0.8	10
评估管理	2	0.10	0.1	20
证书管理	1	0.05	0.1	20
学生注册管理	1	0.05	0.1	20
计划和发展管理	1	0.05	1	5
教学和学生服务管理	2	0.10	1	20
大学办公室	1	0.05	1	20
商业发展部门	1	0.05	1	50
海外管理部门	1	0.05	0.8	20

重新计算以后，得到可管理性为：$M = 289$

可以看出系统的可管理性有显著的增加。

（3）提高系统可管理性的途径。

通过上述分析可知，为了提高远程教育系统的可管理性，可以从以下几个方面着手：

①不断积累管理经验。通过管理经验的积累，可以将一些比较小的步骤进行整合，整合以后的步骤数量可以迅速减少，从而增强系统的可管理性。

②运用数字化技术，实现管理的自动化。其目的也是减少每个部门执行任务的步骤，这一工作虽然可能导致另一些部门如媒体管理部门的复杂性，但是却可以显著增加整个系统的可管理性。

③促进整个系统各部门的功能更加清晰直观。这样可以减少每个部门完成任务所需的时间，从而在一定程度上增强系统的可管理性。

④每个部门都应该完成实际的应用功能。使所做的工作有助于其他部门工作的进行，这样也有助于促进系统可管理性的提高。

2. 可执行的规章制度

管理目标的实现还要通过各种规章制度来实现。这些规章制度的约束，是促进各部门之间相互协调的必要措施。

规章制度的制定也是一个系统完整性的要求。因为形成了一个系统，也就意味着这个系统中的所有部门都必须遵循相同的约束机制。通过这种约束机制，每个部门就可以按照系统的要求完成某一部分的工作，实现系统的部分功能。当所有部门的工作都协调一致时，系统的整体输出结果就是可以预期的了。

当然，规章制度的制定还要有可执行性的要求。也就是说，不能够制定太高的标准，太高的标准会导致一些部门无法完成自己的工作，进而影响到其他部门的正常运行。

3.4 因素分析

3.4.1 学习者分析

远程教育系统中的学习者与全日制学校中的学习者有所区别。分析学习者的目的是为了了解远程教育系统中学生的基本情况，以便为处理运行过程中有关学习者的问题提供基本的依据。

学习者分析包括了宏观分析和微观分析两个层面。其中宏观分析主要分析学习者所处的社会文化和教育的背景，应用于远程教育系统规划过程中。而微观分析则涉及学习者今后面临的教学过程，主要应用在教学设计中。

学习者的宏观分析涉及以下几个方面的要求：

1. 学习者的文化背景

远程教育系统中学习者的文化背景差异比较大，总体上可以划分为两大类：发达国家和地区的学习者、发展中国家和地区的学习者。

发达国家和地区的学习者接受的现代科技知识的水平比较高，具备比较开放的多元文化的特点。因此在远程教育系统规划时，如果提供多样化的技术和教学内容，则教育实施的过程中所遇到的阻力会比较小。

而发展中国家和地区的学习者正面临着文化转型的要求，他们在接受新文化的冲击时，面临着一个比较艰难的适应性的问题。

如在发达国家，妇女的地位普遍较高，远程教育中的女性学生所占的比重比较大，而且在学习的过程中，女性的学习主动性也比较强。但是在一些人口众多的发展中国家，女性参与远程教育学习的积极性就受到一定的影响。

2. 学习者的社会背景

社会的发展对于学习者参与远程教育也会有比较大的影响。一个社会如果仍然秉持保守的观念，社会对学习者接受教育的态度，也将决定学习者今后在参与远程教育学习时能否获得持续向上的动力。

在一个社会中，如果人们参与远程教育学习的目的不是为了提升自己的知识层次，而是为了获得通过其他途径无法获得的学历证书等表面的东西，那么在这样的社会中，远程教育学习的有效性就很难得到保证。

在一些不发达地区的远程教育系统中，就曾经出现过这样的奇怪现象：在远程教育系统组织的期末考试中，学生们普遍采用抄袭的方式来完成考试。当教师采用了比较严厉的措施对抄袭的学生进行惩处时，这些学生通过上访等方式要求更改处罚决定，因为他们觉得整个社会的风气就是这样，自己不抄袭就吃亏了。在这样的远程教学过程中，学习有效性根本就不存在。

3. 学习者的教育背景

学习者的教育背景反映的是其已经接受的教育情况。这些教育包括学校教育、社会教育和家庭教育三种。在义务教育得以普及的情况下，学习者的教育背景基本都处于比较高的层次。而在一些国家和地区，义务教育没有普及，这就要看社会教育和家庭教育这两种教育形态对学习者的影响。即便是在学生没有接受到足够的学校教育的情况下，凭借良好的社会教育和家庭教育，学习者也可以通过远程教育这种方式来有效提高自己的知识水平。

在"二战"时期，美国的很多老兵由于在年轻的时候投入到反法西斯的战役之中，失去了在学校接受教育。"二战"结束以后，美国政府通过函授教育的方式，向这些老兵提供远程教育。现在看起来，效果还是不错的。

3.4.2 教师分析

教师是远程教育系统中的一个重要因素，对教师的分析主要从教师的知识水平、能力水平和情感水平三个方面来进行。

教师的知识水平包括专业学科知识和教育教学知识两个方面。

每一个学科的教师都应该具备足够的专业学科知识，这些专业知识掌握得越多越好。然而由于教师数量庞大，不可能所有教师都达到科学家的水平，因此教师的专业知识只要高于所教专业一定程度即可。而在教师教学过程中，其专业知识水平还可以不断提高。

相比较于专业学科知识，教师的教育教学知识水平则应该达到并超过教师资格准入的要求，且对于所有学科的教师来说，其要求都是一致的。教师的教育教学知识涉及教育教学理论知识、组织教学的知识等。

教师的能力水平反映出教师的教学能力、表达能力、组织教学能力、研究能力、信息获取能力等。

教师的情感水平涉及教师的专业理想、情操、意志、性向、自我意识等方面。

与普通高校不同，远程教育机构中的教师主要分成两部分，一部分是远程教育机构中的专职教师，另一部分主要是从其他高校聘用过来的兼职教师。

如在广州市中小学教师继续教育网中，很多教师就是从广州地区高校中聘用的。他们负责网络课程的制作以及教学等工作。另外还有一些是具备了丰富基础教育经验的中小学教师，他们可以在远程教育过程中提供更加贴近基础教育教师需要的教学内容。

在进行远程教育系统规划时，要对兼职教师的情况有一个比较充分的了解。如在机构中专职教师的比例有多少？能否从普通高校聘用教师？有多少具备了研究生学历的企业高管愿意兼职远程教育教师的工作？教师的知识水平、能力水平和情感水平能否达到要求？远程教育系统能为教师提供专业发展的机会？这些都是值得仔细考虑和规划的内容。

3.4.3 媒体分析

在远程教育系统中，媒体处于一个非常重要的地位，因此远程教育规划的过程中，还要对未来将要应用的媒体进行仔细的分析。

媒体分析过程可以从以下几个方面着手：

1. 媒体的类型

远程教育系统中可以选择的媒体类型非常多，包括文字印刷媒体、数字音频媒体、数字视音频媒体、计算机网络媒体、移动媒体等。

目前远程教育系统普遍使用计算机网络媒体，因此网络媒体往往是一个标准的配置。但是在使用网络媒体时，还要考虑其他媒体的结合使用。如在一些偏远地区，现代科学技术无法应用，则可以先通过文字印刷媒体起步，并保留今后扩展升级的接口，在适当的时候，再升级到移动电话系统，最终升级到计算机网络媒体。

2. 媒体的功能

不同媒体具备的功能是不一样的。

文字印刷媒体具备适应面广、传送技术多样化等特点，可以在任何一个地方使用。同时，文字印刷媒体还适合表达各种抽象的知识，因此对于一些哲学、文学、数学类的课程，这种媒体是比较合适的。

数字音频媒体的优点是可以通过声音直观表达，比文字印刷材料要好。且数字音频的传输对于带宽资源的要求小、存储容量大、播放设备需求简单，同时适用面也比较广，可以通过网络、移动电话、邮寄等方式进行传播。

数字视音频媒体的直观性最好，学习形式灵活多样。特别是在我国，随着村村通工程的实现，利用同步卫星通信技术，能够将电视节目传播到偏远的山区，这也为数字视音频媒体在远程教育中的应用打下了坚实的物质基础。数字视音频媒体也可以在网络中传播，在很多网络课程中，通常都会安排视音频教学材料供学习者灵活选用。目前数字视音频媒体制作技术也在迅速发展。虽然同其他教学材料的制作方式相比，还有一定的难度，但是通过在各种设备上安装的数字视音频采集设备，很多教师都能够借助摄像头、智能移动电话、数码照相机、数码摄像机等设备制作简单的视音频教学材料。

计算机网络媒体最突出的功能在于交互性和全球通信能力。现在的国际互联网已经将全世界的计算机连接在一起，实现了全球资源的共享，为远程教育向海外拓展提供了保证。而通过多媒体计算机网络技术，多媒体信息也得以在上面传输，为教学过程提供了更为丰富的信息呈现形式。

移动媒体虽然也使用了计算机网络技术，但是从功能上来看，跟计算机的直接联网还是有所区别的。移动媒体在远程教育中的应用，可以形成全新的移动学习方式。而移动媒体还具备更广泛的用户基础。2012年底中国的移动电话用户已经突破11亿，这意味着在中国几乎每一户家庭都至少拥有一部移动电话，其中还有很多是智能移动电话。利用这些智能移动电话，希望中国的远程教育在未来能够上升到一个新的台阶。移动媒体的突出功能在于可移动性。这就是说，学习者可以在任何时间、任何地点进行学习，完全突破了时空和网络连接线的限制。

3. 媒体的教学应用方式

如何将不同的媒体应用到教育教学过程中？具体的媒体教学方法有哪些？这是在远程教育规划时就要考虑的问题。从宏观层面来进行规划，未来可以考虑采用四种教学方式：函授教学、广播电视教学、网络教学、移动教学。具体选择哪一种方式，则需要根据成本效益、学习者的特点以及教师的情况来确定。

4. 媒体作为交流的平台

除了分析如何将媒体用于远程教学的过程以外，使用何种媒体来实现教师、学生、管理人员之间的相互交流也是在媒体分析时所要考虑的。远程教育系统的交流也是基于媒体的。除了总部和分部的管理人员以外，教师与教师之间、学生与学生之间普遍是基于媒体进行交流的。不同的媒体具备的交流功能也不一样。邮寄的方式效率低、周期长，目前除了用来传送一些印刷文件以外，基本上不再作为交流的平台。广播电视媒体由于单向传播，也不适合作为双向交互的平台。现在可以选用的作为交流平台的媒体主要是网络媒体和移动媒体。

5. 媒体作为管理的工具

这一功能主要采用网络媒体来实现。利用数字化网络管理平台，可以实现网络办公、网络教务管理等功能。而利用云计算技术，则可以实现学生作业的收集和评定。利用物联网技术，未来可以更加有效地对实验设备、学生信息和教师信息进行管理。移动媒体也可以作为管理的工具，利用移动媒体来实现管理的好处就是可以在移动的过程中来管理远程教育系统。如一些移动的学习中心，通过安装在汽车上面的无线收发装置，可以随时收集教学点的信息，并发放各种通知和材料等。

3.4.4 传播分析

远程教育规划中的传播分析是一种宏观层面的分析，与大众传播媒体的传播效果分析类似。主要集中在以下几个方面：

1. 传播主体分析

远程教育中的传播主体是远程教育机构。要获得比较好的传播效果，可以从主体的可信度和动机两个方面来看。

通常一个大型机构的传播可信度会比较高。而一个不太知名的民营教育机构，由于起步较晚，大众的认知不足，从而影响人们对该远程教育机构的接受程度，进而影响到教师的聘用和机构的招生等问题。

另外，一个远程教育机构在教学质量方面的落实情况，也会影响到这一机构的可信度。因此，这一方面要跟其他措施紧密结合在一起，大力提高远程教育机构的办学质量、学生学习的有效性。

从传播主体的动机来看，则涉及开办远程教育的目的是否明确，办学方向是否正确。一个没有明确办学目的的远程教育机构，期望未来完全依赖市场帮助，自行调节，是没有多少精力放在提高教学质量上的。

2. 传播技巧分析

远程教育规划还要注意传播技巧。适当的传播技巧对于远程教育系统无论在平台的构建、教学有效性的提升，还是在市场拓展方面，都会有比较大的促进作用。

3. 传播对象分析

远程教育机构传播对象主要是进入远程教育机构的学生。除了在学生这一因素分析中所涉及的各种问题以外，在传播对象分析中，还要注意学生在接受信息方面的各种特点。

另外，远程教育机构作为有着较大影响的教育机构，还要注意公众的反应，使远程教育机构在整个社会文化体系的建设方面起到积极的促进作用。

3.4.5 教学信息分析

从宏观层面上对教学信息进行分析，就是要从整个远程教育机构的办学目的出发，了解社会发展的需求，规划好在未来远程教育办学过程中应该传授哪些学科的知识，提升学生哪个层次的能力水平，培养学生什么样的情感等。当然也要了解存在哪些需要管理的教学信息等。

在学科知识、学习技能和能力、学生情感等方面，可以参考普通高等院校的培养目标。也要注意远程教育的特色，包括学生远程学习的特色，以及成人学生的特点等。

从学生远程学习的特色方面来看，所学习的知识主要包括基础知识和技能培训方面的内容。虽然如同英国开放大学、日本放送大学这样的办学机构还提供研究生教学，但是目前这种高层次的教育在远程教育系统中所占的比重还是比较小的。

就成人学生的特点来看，远程教育提供的教学主要侧重于与学生的工作实践紧密相关的内容，所学的知识能够在实践中马上得到应用。

而在教学管理方面，远程教育机构的教学管理也与普通高校的教学管理有很大的区别。这表现在虽然一些必要的教学管理信息仍必须存在，如学生注册信息、基本的教务管理等，但是在远程教育系统中，学生规模大，教师流动量大，教学过程不需要课室，取而代之的是演播室、服务器等，因此教学管理方面更多是涉及信息技术的应用。

3.4.6 文化分析

文化分析用来确定远程教育系统所处的文化背景。不同的文化背景对于远程教育机构的运行有着非常大的影响，直接左右了远程教育的方向。

文化分析中霍夫斯泰德（Hofstede）的维度理论可以作为参考[1][2][3][4]。霍夫斯泰德理论认为不同文化可以由五种维度来决定，分别是权力距离维度、个人主义和集体主义维度、回避不确定性维度、男性化和女性化维度、儒学动力维度。

权力距离这一个维度反映的是一个社会如何对待不平等现象。一个有着比较大的权力距离的社会，这种不平等会随时间的推移而变成权力和财富的不平等。个人主义和集体主义维度则反映出两种不同的社会价值取向，是个人本位还是社会本位。如果是个人本位则重视个人的发展，而社会本位则重视个人对社会发展的促进作用。回避不确定性反映的是社会成员风险承受的情况。男性化和女性化维度指的是两种性别在社会中所扮演角色的重要性。儒学动力维度反映一个社会的整体风气，包括尊老爱幼等文化的传承。

远程教育系统属于社会文化的重要组成部分，不同社会形态中的远程教育也处于这样

---

① Hofstede G., Hofstede G. J., Minkov M. *Cultures and Organizations：Software of the Mind，Revised and Expanded 3rd ed* ［M］. McGraw – Hill, 2010.

② Hofstede G. *Culture's Consequences：International Differences in Work – related Values* ［M］. Sage Publications, Incorporated, 1980.

③ Hofstede G. *Culture's Consequences：Comparing Values，Behaviors，Institutions and Organizations Across Nations* ［M］. Sage Publications, Incorporated, 2001.

④ Hofstede G., Hofstede G. J., Minkov M. *Cultures and Organizations* ［M］. McGraw – Hill, 1991.

的五维空间中。远程教育在五维空间中的不同位置决定了远程教育的不同文化属性。

3.5　成本分析

3.5.1　成本分析的重要性

远程教育系统涉及非常多的技术方面的因素。虽然没有了规模庞大的固定投资，但是在技术方面的投资会随着学生规模的扩大而不断增加，远程教育系统的成本也不断上升。因此，几乎所有远程教育系统的规划都十分重视成本分析。

具体来说，成本分析的重要性集中体现在以下几个方面：

（1）对于特定的投资项目，要考虑所构建的远程教育系统的成本是否合适，以便获得足够的成本效益比。

（2）通过成本分析，可以对不同的项目作出比较，从而获得最优的规划方案。

（3）通过成本分析，可以更加清楚系统中不同因素的配置是否获得优化、哪些地方占据了比较大的成本、可以在哪些方面来削减成本开支等。另外也要考虑到哪些地方的成本仍有优化的空间。

（4）通过成本分析还可以更好地进行资源的优化配置。远程教育中的资源数量非常庞大，在远程教育实施的过程中，如果出现了重复建设的问题，则会影响到远程教育系统的成本效益，通过成本分析可以准确定位哪些地方是需要进行资源配置和优化的、哪些资源是可以共享的。

（5）有助于控制投入。一些技术方面的投资如果不加以适当控制，可能导致今后的维护成本迅速上升，成为一个成本支出的"黑洞"。在规划的时候就做好分析，做到心中有数，今后在技术发展的时候，就可以随时进行调控了。

（6）促进远程教育系统的改革。有了非常科学的成本分析方案，就能够准确判断出系统在哪些地方需要改革、哪些地方出现了问题等。一旦时机成熟，这些方案就能有效促进远程教育系统的改革。

3.5.2　多种项目的比较

不同的项目在远程教育系统中的占比是不同的。影响远程教育成本支出的项目主要包括以下几大类[1][2][3]：

1. 人力成本

人力成本在远程教育中占据了主要地位。人力成本主要包括了教师、管理人员、教学服务人员等方面的开支。这些人员构成是互相影响的，因此，人力成本主要考虑两个

---

[1]　高澍苹. 远程教育的成本构成及变化趋势——来自北京大学医学网络教育学院的实证分析［J］. 开放教育研究，2005，11（5）：17~23.

[2]　勾学荣. 远程教育的成本分析［J］. 北京邮电大学学报（社会科学版），2005，7（4）：9~13.

[3]　Rumble G. *The Costs and Economies of Open and Distance Learning*［M］. Routledge，1997.

因素：

第一，生师比，即学生与教师数量的比例。普通教学型高校的生师比达到 1：20 以上，而远程教育使用了远程传播媒体技术，学生的规模通常不会受教师数量的严格制约，但仍需做适当的控制。一般来说，远程教育办学机构的生师比是普通教学型高校生师比的 4 倍左右。不过随着对远程教育理论的深入研究，一些远程教育机构中的生师比又有缩小的趋势，目的是为满足教师和学生之间更加充分的互动交流的需要。因此，科学的生师比结构将是未来远程教育发展的一个重要特点。

第二，教学服务管理人员和教师的比例。由于远程教育机构的管理工作比较重，教学服务管理人员和教师之间的比例可以比普通高校稍大一些，并且同远程教育机构的类型有关。通常在各地设置了很多分部的远程教育机构，其教学服务管理人员的数量会配置得比较多一些。

2. 硬件设施成本

硬件设施成本包括了总部和分部办公地点、机房、演播室等设施的建设和维护经费。这一部分经费中办公大楼、机房、演播室的建设通常是一次性投入，不过在建设好以后还存在一定的维修和管理的成本。

另外，由于现在远程教育系统中网络设施应用的非常普遍，而网络技术的运营和维护成本都比较高。特别是随着技术的发展，还会涉及网络技术升级换代的问题。随着学生规模的扩大，所需要的网络带宽以及服务器的数量都需要不断提升。网络技术的另一个重要的特点是折旧率非常高，一些服务器用了几年以后就会被更快的服务器所取代。因此这一部分的成本是不断变化的。

3. 教学资源成本

这部分成本在远程教育系统中占 30% 左右。远程教育中资源成本包括了学习资源的建设、教材建设、课程设计和制作等方面的投资。与其他项目相比，这一部分的成本在制作阶段比较高，然而由于可以随时进行复制，并能够满足多用户访问的需求，随着学生数量的增加，这一项目的人均成本会显著降低。

教学资源还有一个特点就是人力成本增长很快。在发达国家，一些印刷教材的价格已经达到了几百美元，而国内的印刷教材的价格也在迅速上升。解决的方法就是尽可能使用数字化的方式来制作教材，并通过网络出版发行。

4. 资源传送成本

资源传送的过程也是需要成本的。除了硬件设施以外，印刷材料的发放、网络带宽的获得等都需要一定的投入。

传统邮寄方式的资源传送成本比较高，且随着印刷材料邮寄数量的增加，这一成本还会迅速增加。而广播电视材料的传送，其投资是一次性的，且随着学生规模的扩大，人均资源传送成本会显著下降。网络视频材料的传送主要涉及资料的上传成本，而学生的上网费用是传送成本的主要构成。如果学生所在地区的网络接入费用比较高，则这种成本会有所增加。与前面的两种成本相比，网络资源的平均传送成本随着资源数量的增加会有很明显的下降趋势。

5. 管理成本

这部分的成本主要集中在考试管理和质量评估两方面。

考试管理包括考卷的印刷、邮寄、监考、差旅等方面。由于学生规模较大，相较于普通高校的低成本，考试管理是一些远程教育系统中管理成本支出的主要项目。

质量评估则涉及对招生市场的数据分析、生源状况调查分析、学生学习情况分析、学习效果分析、退学率统计分析、毕业率数据分析、毕业生就业情况数据分析、对课件使用的满意度分析等多个方面。这些数据的收集要通过问卷调查、深度访谈、现场观察等多种方式进行。而由于一些远程教育系统中的学生分布广泛、数量庞大，这一部分的成本也成为远程教育系统管理成本的一个重要组成部分。

3.5.3 成本的计算

在人员方面成本支出计算公式：

$$TC_{people} = \left[TC_1 + \sum_{i=2}^{n} TC_i (1 + r_{xi}) \right] / n$$

其中 TC 表示每年总的投资成本；i 为第 i 年；$n = 4$，表示本科学习用时 4 年；r_x 为经费修正系数，与评估质量结果有关。

远程课程成本计算公式：

$$TC_{course} = \left[\sum_{i=1}^{n} N_{ci} C_{mi} + (N_{c(i-1)} C_{m(i-1)} r_{c(i-1)}) / f \right] / n$$

其中 N_c 为当年新制作课件的数量，C_m 为每门课程的制作成本，r_c 为学生对课件的不满意度，f 为修订频度。

硬件设施成本计算公式：

$$TC_{infrastructure} = \sum_i TC_i / t_i$$

其中 TC_i 为第 i 项硬件设施的投资成本，t_i 为第 i 项设施的折旧年限。

发送成本计算公式：

$$TC_{send} = \sum_{i=1} TC_{sendi}$$

而每个分项的发送都与学生规模有关，公式为：

$$TC_{evaluation} = TC_{course} N_{students} N_{course}$$

其中 TC_{course} 为每位学生每门课程考试的成本，$N_{students}$ 为学生的人数，N_{course} 为课程数。远程教育每年分摊的总成本计算公式：

$$TC = TC_{send} + TC_{evaluation} + TC_{infrastructure} + TC_{people} + TC_{course} + TC_{other}$$

其中 TC_{other} 为其他需要计算的投资额。

3.5.4　汇率问题

在远程教育系统的成本分析中，另一个值得注意的问题就是汇率问题。

在 20 世纪 70 年代，由于外汇受到管制，汇率问题不是特别严重。然而随着改革开放的深入，与世界各国的联系越来越紧密，这时就会涉及成本核算过程中的汇率问题。

在成本分析过程中，汇率问题主要涉及以下几个方面的内容：

1. 不同汇率的统一

远程教育系统的成本计算涉及比较复杂的因素，对于一些大型的开放大学，如英国的开放大学，其学生分布在世界各地，因此学生的学费会涉及其他货币单位。这就存在如何将不同的汇率统一进行计算的问题，确保成本核算的货币单位是统一的。

在国内，这种核算方式主要以设备的来源为依据。如果其中大部分为进口设备，那么采用美元来进行计价会比较方便。而如果主要从国内购买设备，则采用人民币来进行计价。

2. 汇率的变动问题

这也是国际采购，或国内采购设备的时候会碰到的问题。这种汇率变动不光影响到直接从国外进口的设备，同时也会影响一些国产设备。因为很多的国产设备中也包含了大量进口的零部件，这些零部件的成本会随着汇率的变动而变化。

汇率变动影响最大的是国际学生的学费以及聘用外籍教师的成本。目前人民币有升值的趋势，因此这一部分的成本在不断下降。而如果人民币出现了贬值趋势，则这一部分的成本就可能会上升。学生成本的上升和下降则会影响到远程教育系统海外招生的情况。通常人民币升值对于聘用海外教师有利，而人民币贬值则对于招收更多的海外学生有利。

3. 汇率的变化对资源建设的影响

由于一些软件设计与制作工具采用国外的专业设计制作软件，这种情况下制作教学软件成本就会随着汇率的变化而变化。另外，操作系统的价格也会因为汇率的变化而产生变化。而一些海外优秀的网络课程，随着汇率的变化，其引进版本的价格也将出现变化。

4. 汇率变化引起的风险

由于在成本规划时采用的是一种汇率，而远程教育系统运行过程需要一定的时间。如果这一段时间汇率出现非常大的变化，就会与当初的规划方案出现很大的差异。这种差异将增加投资的风险。

例如需要购买额度为 100 万美元的设备，在规划时，按照 1：6.23 的汇率，需要大约 623 万元人民币的投资。然而在远程教育系统实施的过程中，美元出现了贬值，汇率为 1：6，结果只需要投资 600 万元人民币就可以购买到相同的设备，这样可以节约 23 万元人民币。这种情况下，如果当初采用人民币进行预算，可以有效地降低成本，但如果人民币贬值，则可能出现投资不足的问题。这就为远程教育系统未来的运行带来了不确定性，而这种不确定性就会增加远程教育系统规划时所面临的风险。要解决这一问题，除了准确预估未来的汇率变动以外，还可以通过套期保值的方法来进行规避。

3.5.5　确定选择的方案

按照最佳的成本效益比来进行计算，最终将需要落实的远程教育系统投资建设的方案确定下来。

所谓的成本效益比，就是所投入的成本与获得的收益之间的比值。收益的计算以产生的效益为主。这些效益包括了学生学习的有效性、学生规模、产生的社会效益等。

3.6　实施步骤

3.6.1　选择远程教育的类型

在成本效益比计算出来以后，确定了远程教育系统投资建设的最佳方案，这时就可以规划远程教育的实施阶段了。在规划远程教育的实施阶段，首先要确定的是信息传输的类型。

网络时代的远程教育主要使用网络技术。在网络作为最基本的远程教育系统配置的前提下，可以考虑采用多种不同的远程教学类型。最基本的是函授的方式。在这种类型中，可以采用传统的方式来进行材料的邮寄，这种方式有一个好处就是可以提供实验箱的邮寄。也可以采用电子邮件、文件上传等方式提供多媒体材料以供学生下载。另一种则是广播的方式。利用现有的数字电视系统可以通过有线电视频道广播教学材料。由于可以采用点播的方式，学生在学习时就能灵活控制教学节目的播放。

师生之间强有力的交互是网络环境中开展远程教育活动的基本方式。利用计算网络提供的交互环境，可以形成多种不同的网络远程教学的方法和模式。如果确定了要广泛使用网络这种方式来进行教学，就应该考虑不同的网络教学方法的应用要求。这些方法包括网络课程的方法、网络探究式教学方法、网络合作学习方法、博客反思的方法、网络虚拟社区的方法等。每一种网络教学的方法和模式都有自己的特点。其投入的硬件成本基本上都差不多，但是在教学材料的制作、教学材料的传送以及教师组织教学的成本方面会出现比较明显的差别。在已经确定好了宏观成本规划的前提下，应该根据实际情况来进行灵活选择。

不过远程教育机构主要是在宏观层面上来确定信息传输的类型，具体的网络教学方法和模式需要依赖教师根据实际的情况，在教学设计过程中进行灵活的选择。

3.6.2　确定机构

确定机构形式是远程教育系统运行之前必须作出的重要选择。机构在远程教育系统中起到了非常重要的作用，在实施远程教育规划时，应慎重考虑由什么样的机构来执行。

3.6.3 是否需要面授

在远程教育系统实施的过程中，是否需要面授也是必须考虑的一个重要因素。因为面授会带来额外的成本，如果需要采用面授这样的方式，则在规划的过程中还要考虑面授地点的安排。面授地点若是固定的，需要纳入固定资产的成本；若是租用的，则需要纳入资料传送的成本。

3.6.4 学生注册和评估

1. 学生规模

分析学生注册成本所需要考虑的是学生的规模。学生规模的变化除了对远程教育的成本有比较大的影响以外，还对学生注册和评估的工作量与成本支出有一定的影响。

2. 注册途径

注册方式的选择跟学生注册的规模以及远程教育机构使用的技术有密切的联系。如果学生的规模比较大，而远程教育机构能够使用的技术也足够先进，就可以采用先进的网络化注册管理平台来完成学生的自动注册和管理。

学生注册管理的功能又是跟整个网络教育教学管理平台整合在一起的。在学生注册完成以后，学生的信息就会传递到其他的功能部件之中。如在教师上课的过程中，对学生进行评价，所获得的平时成绩等也会直接记录到学生的数据库中，这样极大地提高了学生信息管理的效率，有效降低了管理的成本，提高了整个系统的可管理性。

3. 学习成绩登记

由于在远程教育管理平台中，成绩登记管理与学生注册登记功能模块是整合在一起的，因此教师可以直接将学生的成绩登记到学生的数据库，就可以实现学生学习期间成绩的登记功能。

4. 学生的毕业

学生毕业时，所有资料的归档、总评成绩的计算、已修学分的查询等操作都可以通过系统自动实现。当然对于每一个学生还要结合教师所做的定性评价，最终给予学生毕业与否的决定。

5. 评价学生

评价学生主要有三种方式，分别是诊断性评价、形成性评价和总结性评价。其中诊断性评价是在学生学习一门课程开始时进行的评价。在这一评价过程中，教师将对学生的起点水平进行评价，以便决定下一步教学的方案。而形成性评价则是在教学过程中进行的评价。这样的评价一方面有助于促进学生的学习，同时也是学生平时成绩的一个重要组成部分。总结性评价则是要判断学生最终能否通过这门课程的考核。

6. 学生的证书

学生毕业以后，需要颁发毕业证书和学位证书。这一过程涉及很多的手工操作，使得远程教育系统中学生管理的成本增加。

3.7   系统管理

3.7.1   系统的运行

在系统实施的过程中，需要对系统进行管理，使管理工作有效地进行下去。

远程教育系统一旦启动就很难停止。协调好各因素之间的关系，使得远程教育系统能够有效地进行下去，包括学生顺利注册学习、教学工作有效进行等，都需要各因素的配合。除了大量使用网络管理平台来确保整个系统的管理工作的落实以外，人的因素更是不可忽视的。毕竟计算机只能够处理已经预估到的情况，对于一些突发事件、一些环节的调整，计算机管理系统就不能够快速反应，这时候就要通过人工的方式进行干预，最终确保系统的平稳运行。

3.7.2   管理人员构成

国内远程教育机构的管理人员主要由以下几个方面的人员组成：

1. 核心层

由教育部高等教育司司长以及其他工作人员组成。

2. 管理层

主要包括：

（1）校长、党委书记。为校长服务的包括了校长办公室的其他工作人员、工会主席以及工会的工作人员等。

（2）教务处长、继续教育处处长、招生办公室主任及其相关工作人员。

（3）考试中心处长主任、教学资源管理处处长、教学评估办公室主任及其相关工作人员。

（4）人事处处长、财务处处长、对外合作与交流处处长及其相关工作人员。

3. 教学应用层

主要由教学服务和教学应用两大部分的工作人员组成。

（1）教学服务方面。

①学习支持服务中心主任、学生工作处处长、信息管理处处长、图书馆馆长、出版社社长、音像社社长和汉语国际推广中心主任及其相关工作人员构成。

②一些规模比较大的远程教育机构为了促进远程教育的学术研究，还专门组织相关人员创办远程教育方面的学术杂志。

③后勤管理中心主任、保卫处处长及其相关工作人员等。

（2）教学应用方面。

①文法学院院长及其他工作人员、教师；经济管理学院院长及其他工作人员、教师；工学院院长及其他工作人员、教师；教育学院院长及其他工作人员、教师；外语学院院长及其他工作人员、教师；农林医药学院院长及其他工作人员、教师。

②其他直属学院院长及其他工作人员、教师；继续教育学院院长及其他工作人员、教师（培训中心）；现代远程教育研究所所长及其他工作人员、研究人员；科研处处长及其他工作人员；广播电视中等专业学校校长及其他工作人员、教师；其他独立学院院长及工作人员、教师。

3.7.3 管理机构

国内一些大型的远程教育系统的管理机构主要由以下几个部分组成：

1. 核心层

核心层主要是教育部高等教育司。

2. 管理层

主要由以下几种类型的机构组成：

（1）校长办公室、学区综合管理处、党委办公室、纪监审计办公室、工会、发展规划办公室、新闻宣传办公室。

（2）人事处、离退休办公室、财务处、对外合作与交流处。

（3）教务处、继续教育处、招生办公室、考试中心、教学资源管理处、教学评估办公室。

3. 教学应用层

主要由以下几种类型的机构组成：

（1）文法学院、经济管理学院、工学院、教育学院、外语学院、农林医药学院。

（2）直属学院、继续教育学院、培训中心、现代远程教育研究所、科研处、广播电视中等专业学校。

（3）独立学院。

（4）学习支持服务中心、学生工作处、信息管理处、图书馆、出版社、音像社、汉语国际推广中心。

（5）杂志社、后勤管理中心、保卫处。

3.7.4 专业设置

远程教育系统的专业设置可以参考普通高校的专业设置。在设置时可以按照学科的划分来设置，也可以按照市场的需求来进行设置。无论哪一种专业设置方式，都必须符合国家规定的各门学科专业划分的标准。在相应的一级和二级学科中，选择适合自己的学科设置方式。

3.7.5 其他人员

除了管理人员、教师以外，在远程教育系统运行中，还涉及其他的教学支持和服务人员的配置。如物业管理、保安等服务人员的配置。

活动建议

1. 案例分析：分析一个机构的可管理性。

2. 案例分析：估算一个远程教育系统的办学成本。

3. 行动研究：规划一个远程教育系统。

习题

1. 什么是远程教育规划？

2. 远程教育规划包括了哪些步骤？

3. 远程教育规划的步骤与霍尔方法论之间有什么关系？

4. 远程教育规划的原则是什么？

5. 举例说明远程教育系统为何需要较好的可升级性？

6. 远程教育规划有哪些模型？不同模型之间有什么关系？

7. 远程教育规划的层次模型有何特点？与远程教育系统层次模型之间有什么关系？

8. 如何进行远程教育系统的需求分析？

9. 远程教育系统的教学需求可以分为哪几个方面？

10. 远程教育系统面临着哪些管理需求？

11. 从哪些方面分析远程教育系统今后的发展需求？

12. 为何需要远程教育实体？

13. 什么是远程教育的目标分析？

14. 远程教育有哪些应用目标？

15. 远程教育的技术目标涉及哪几个方面的要求？

16. 如何实现远程教育的管理目标？

17. 远程教育系统的可管理性标准有哪些？

18. 如何进行远程教育系统因素分析？

19. 进行远程教育系统文化分析的意义是什么？

20. 成本分析在远程教育规划中有哪些作用？

21. 远程教育的成本主要体现在哪几个方面？

22. 在实施远程教育时需注意哪几个方面的问题？

23. 进行系统管理时应注意哪些问题？

4　技术和媒体

教学目标
 1. 了解各种远程传播技术的基本原理；
 2. 掌握常用远程传播技术的使用；
 3. 探讨不同远程传播技术的应用。

本章重点
 1. 数字化信息技术的原理和使用；
 2. 社会网络的类型。

本章难点
 1. 数字视音频材料的编辑和制作；
 2. 云计算；
 3. 物联网。

4.1　函授技术

4.1.1　邮政系统

寄信是一种非常古老的信息传播方式，中国古代就已经有了非常完善的邮政系统。邮政系统的发展历史可以分为四个阶段：

1. 古代邮驿

关于古代邮驿系统最早的记录来自 3 400 年前殷商遗址中甲骨文的记载①②③。这个时期的邮政系统当然不能跟现代邮政系统相比，只是一些驿站兼职中转而已。古代的邮驿系统主要通过骑兵来进行信件的传递。这种传递方式并非普通老百姓能够享受得起的，一般的老百姓还是要通过熟人捎带的方式来递交信件。由于骑马的速度不够快，后来出现了长城烽火台这样的快速信号中转传递方式。这种方式有着特殊的军事应用价值，并不适合普通信件的传递。

2. 近代邮政

1477 年，法国路易十一建立的皇家邮政标志着近代邮政系统的创建④。在这一时期，

---

① 臧嵘. 中国古代驿站与邮传 [M]. 天津：天津教育出版社，1991.
② 马楚坚. 中国古代的邮驿 [M]. 北京：商务印书馆国际有限公司，1997.
③ 刘广生，赵梅庄. 中国古代邮驿史 [M]. 北京：人民邮电出版社，1999.
④ Siegert B. *Relays：Literature as an Epoch of the Postal System* [M]. Stanford University Press，1999.

邮政系统由国家专营，国家开始发行邮票，邮资也采用均一的体制，极大地方便了普通信件的邮递。

3. 现代邮政

与近代邮政的区别在于，现代邮政已经成为多种业务的综合体，涉及金融、速递、邮务等多种业务。同时引进了先进的通信技术，结合电子邮件、网络通信工具以及移动通信工具，促进了邮政业务效率的极大提高。

4. 数字技术

在函授教学过程中，已经不再完全依赖邮政系统了。对于那些完全以信息形式存储的材料，还可以使用多种数字技术来完成教学材料的发放。这些数字技术包括电子邮件、文件上传和下载、对等网、流媒体技术等。

4.1.2　教学材料的邮寄

在早期的函授教学过程中，所邮寄的教学材料主要是讲义和教材。到了20世纪70年代，英国开放大学开始邮寄实验箱，供学生在家里进行实验操作。而发展到现代，邮寄的材料向电子产品等方向发展，如光盘、半导体存储卡等材料。

由于速递业务的迅速发展，现在的教学材料邮寄的速度也有很大的提高。通过速递公司，一些教学材料可以在一两天之内就从北京邮寄到广州，这在过去的邮政系统中是很难做到的。

教学材料还可以利用网络来发放。通过电子邮件来发送课件也成为一种高速、可靠的教学材料发放方式。早期的电子邮件不能够发送很大的附件，这在一定程度上限制了某些教学课件的发放。不过现在云存储技术已经从根本上解决了这一难题，容量几个G的附件也可以通过网络转发给学生。

4.2　数字视音频广播技术

4.2.1　无线电技术

英国物理学家麦克斯韦在1873年提出了麦克斯韦方程组，进而推导出了电磁波的波动方程。利用该波动方程，麦克斯韦预言了电磁波。随后赫兹通过实验证实了电磁波的存在。到了1895年，俄罗斯物理学家波波夫发明了世界上第一台电报机。到了1920年，第一个商业广播电台的出现，标志着无线电技术开始获得广泛应用。

人能够听到的声音信号频率比较低，只有 $20 \sim 20\,000$ Hz 的范围。这一频率范围的电波信号传输的距离不够远，在空间中传播了一定距离以后，很快就衰减消失了。而多个音频信号的同时传播还存在相互干扰的问题。

然而，如果我们能够提高电波信号的频率，无线电波信号就可以传播很远。因此音频信号的远距离传播问题，可以通过将音频信号调制到更高的无线电波信号上面发送出去的方法来解决。

模拟信号的调制过程可以采用两种方式，一种是调制无线电波信号的幅度，简称为"调幅"；另一种则是调制无线电波信号的频率，简称为"调频"。

调幅方式涉及调制无线电波的幅度问题。如果由振荡电路产生的无线电波信号本身的幅度是恒定不变的，且有幅度变化的音频信号叠加到了无线电波的信号上，那么无线电波信号的幅度将会被改变。调幅以后的无线电波信号将同时包含原始的无线电波信号和音频信号。这一调幅的无线电波信号由于频率合适，因此可以传播得很远。在远程接收端，通过低通滤波电路将原始的无线电波信号过滤掉，剩下的就是音频信号了。调幅方式电路简单，且对原始无线电波信号的频率要求不太高，因此主要应用在低成本、低质量的音频信号传输方面。

调频则是另一种模拟信号的调制方式。利用音频信号的振幅变化，来改变无线电波的频率，这样就实现了调频广播。由于调频广播需要占用比较大的频带，因此调频广播的频率通常都比较高，要使用甚高频调频波段。这一波段也同时供电视信号传播使用。当然调频方式也可以用来传输数字信号，目前有线电视系统的互联网宽带接入采用的就是这种方式。

除了上述两种无线电波调制技术以外，在数字信号的传播过程中，使用最多的还是调相技术。与上述两种调制方式不同，调相技术利用数字信号改变无线电波在某一个时刻的相位。由于数字信号只有 0 和 1 两种取值，因此在无线电波中，这种相位的改变非常明显，且容易区分和实现。

4.2.2　数字化视音频技术

1. 数字音频技术

音频的数字化涉及以下三个步骤：

（1）声电转换。

这一过程的作用是要将声音的机械振动信号转换成电信号。所形成的声音的电信号就是我们所称的"音频"信号。要实现声电转换，可以使用传声器。

（2）模数转换。

经过声电转换以后所获得的音频信号也是模拟信号，因此还需要经过模数转换电路，将其转换成数字音频信号。模数转换电路由取样、保持、量化和编码四个部分组成。

（3）数字音频压缩。

经过了模数转换以后获得的数字音频信号文件非常大，为了节约存储空间，并以更高的速率来传送高保真音频信号，就要采用数字音频压缩技术。

2. 数字视频技术

视频的数字化涉及以下三个步骤：

（1）光电转换。

人眼能够看到的是光学信号，要获得视频信号必须经过光电转换过程。这一过程将光学信号转换成电信号。

（2）模数转换。

视频信号的模数转换过程与数字音频信号的转换一样，也需要经过取样、保持、量化、编码四个步骤，只是由于视频信号的频率较高，需要更高频率响应的模数转换电路。

（3）视频压缩。

刚从模拟信号转换过来的数字视频信号带宽非常大。为了适应数字电视系统的信号传输要求，必须对数字视频信号进行压缩。早期的压缩方式是 MPEG－1，这种方式适合于 VCD 等低清晰度设备的使用。目前已经有了更高压缩比的 MPEG－4 等压缩方式。通过这种压缩技术可以获得更高清晰度的数字视频文件。

4.2.3　数字音频信号的远距离传播

早期的模拟音频信号的远距离传播主要采用中短波和甚高频调频波段。音频信号传播的信道单一，灵活性少。而采用了数字音频信号以后，则可以通过更加多样化的数字信道来进行传播。

数字音频信号可以使用的信道包括：

1. 无线电波信道

利用无线电波信道，并对其进行数字化，这样可以将数字音频信号远距离传播出去。既可以使用中波频段，也可以使用短波频段。

2. 卫星通信

利用同步通信卫星可以传输数字电视节目。在传输电视节目的同时，利用少量的频带就可以传输数字音频节目。这些数字音频节目可以通过数字机顶盒接收下来在电视机中播放。

3. 计算机网络

将互联网作为数字音频传输的通道来传输音频信号，可以更有效地将数字音频信息整合进网络传输的内容之中。这种方式是目前使用得最为普遍的数字音频传输方式。

在网络中传输数字音频节目与前面两种方式不同，前两种方式是直接在物理层通过对音频信号进行模数转换和编码来进行传播。由于发送设备和接收设备的复杂程度不同，这些数字音频信号的传输过程为单向传输。而在网络中，则可以在网络应用层上实现数字音频信号的传输，同时发送和接收数字音频信号的技术基本相同，因此可以实现双向交替的数字音频传输，传输技术更加先进。

在网络中数字音频传输的方式包括以下几种：

（1）网络电台。

通过设置专门的数字音频服务器向网络提供数字音频播放服务。通过专门的数字音频接收客户端程序可以接收这些电台广播的信号。网络电台的客户端程序种类繁多，既包括专门的网络电台客户端，也包括那些网络视频播放器，这些视频播放器同时具备了接收网络电台节目的功能。

（2）数字音频文件下载。

即使不采用专门的流媒体传输技术，数字音频文件经过压缩以后已经变得非常小，因此可以像普通的文件一样在网站上供教师和学生上传和下载。这种方式特别适合教师发放自己录制的教学辅导音频文件。学生的音频作业文件也可以通过这种方式发送给教师。

（3）即时聊天工具。

通过腾讯等公司提供的即时聊天工具，打开麦克风，可以与对方进行实时通话。这一过程传输的也是数字音频。与网络电台不同，即时聊天工具采用的是对等模式，即数字音频的发送方和接收方地位相同。通信的一方既作为服务器向对方发送数字音频，同时也作为客户端，接收对方发送过来的数字音频。

4. 移动电话

移动电话无疑是目前最好的数字音频传输技术。早期的移动电话只能够传输音频信号，现在的移动电话已经朝着智能化的方向发展。目前，移动电话采用的是码分多址（CDMA）技术，利用这种技术，可以对调制以后的数字音频信号进行编码，以便区分不同移动电话发送出来的音频信号。

由于该技术的商业化很成功，成本低廉，使得用户数量急剧增加。现在的数字移动电话用户已经超过了固定电话用户，因而利用移动电话来传输数字音频，开展远程教学活动是一种非常直接的方式。

4.2.4 数字视频信号的远距离传播

模拟视频信号的传输主要采用甚高频和超高频两个波段。由于模拟信号无法进行压缩，因此模拟视频信号需要占用比较大的带宽。同时由于模拟信号在传输过程中的信号衰减和干扰，导致视频在播放的时候容易出现清晰度下降、颜色失真等问题。为了解决这些问题，全世界出现了十几种彩色电视的制式。其中最著名的三种分别是 NTSC 制、PAL 制和 SECAM 制。这些不同制式的彩色电视相互之间不兼容，导致一个国家的电视机到了另一个国家就不能够正常接收电视信号。

采用了数字视频技术以后，就可以较好地解决这一问题。同数字音频的传输技术一样，数字视频的传输也可以采用多种途径来实现。

（1）旧的模拟信道。

要传输模拟视频信号，每个电视频道需要占用 6.5 MHz 的频带，这也就意味着不能够使用中短波来传输电视节目。因此，在电视技术出现以后就先后使用甚高频和超高频两个频段。其中甚高频频段比较窄，所以能够传播的电视频道数量较少，后期开发出来的超高频频段则可以容纳更多的电视频道。

利用模拟信道也可以传输数字视频信号。现在的有线电视系统中所传输的数字电视节目就是利用了这两个频段。数字节目在模拟信道中的传输仍然采用调频的方式，即在发送端将数字视频调制到甚高频或者超高频无线电波之中，在接收端进行信号的解调、解压缩、数模转换以后，就可以获得电视机能够播放的模拟视频信号。

由于采用了 H.264 等先进的数字视频压缩技术，使得现在的有线电视系统中能够传输的数字电视节目可以达到几百个，远远超过了模拟电视节目的频道数量，且相邻两个频道节目之间不会出现互相干扰的现象。

而随着高清电视技术的发展，现在的数字电视节目也逐渐向画幅为 16∶9 的高清节目方向发展，这将大大改善用户的收视体验，也为传播高清晰度的教育电视节目打下了物质基础。当然由于有线电视系统数字化改造以后，还可以富余出大量的频带，目前数字电视网络还为用户提供宽带互联网接入服务。

（2）网络视频服务器。

像数字音频广播一样，网络视频服务器也可以使用网络来传播数字视频信号。可以采用两种方式来实现数字视频的网络播放。

一种是客户—服务器模式。在这一模式中，网络电视台为服务器端，如同电视台的演播室一样，服务器端的程序负责将视频信号通过网络发送出去。用户的计算机则可以安装专门的网络客户端程序，利用该程序就可以接收网络电视台播放的节目。当然也可以使用浏览器，通过安装视频播放插件来进行播放。为了减少对互联网带宽的占用，目前网络视频的播放一般采用 IP 多播的技术。

另一种是对等网的模式。在这种模式中，互联网上的每一台计算机都同时作为服务器和客户端。作为服务器角色的时候，负责将接收到的视频文件传播给其他的计算机。而作为客户端的时候，则用来接收其他计算机发送过来的数字视频。

（3）数字视频文件。

数字视频文件也可以像普通的数字文件一样，存放在万维网服务器上供用户下载。如果视频文件不大，这种方式无疑是一种非常灵活的视频文件传输方式。然而由于采用了面向连接的 TCP 协议，导致信号的传输机制变得很复杂，这在一定程度上影响了数字视频的传输效率和速度，因此不太适合比较大的数字视频文件的传输。

（4）即时聊天工具。

现在，很多即时聊天工具都具备了视频通话的功能。利用计算机上安装的摄像头，就可以将一端的视频图像传输到另一端。

随着网络带宽的不断增大，这种视频通话的方式也逐渐成为一种常用的网络即时通信方式。同时具备了多方视频聊天功能的实时通信工具，还可以代替远程视频会议系统，开展远程视频会议研讨教学。

（5）移动设备。

一些智能移动电话和平板计算机也开始增加这种视频通话的功能。利用无线网络接入的方式，用户可以通过在移动电话或者平板计算机中安装的视频通话软件与对方进行实时视频通话。同直接使用 CDMA 技术进行语音通信相比，这种通过无线网络接入进行视频的方式成本低廉、使用灵活，是今后移动设备发展的一个重要方向。

4.2.5　利用数字视音频广播技术发布教学材料

要利用数字视音频广播来发布教学材料，首先要做的工作就是进行数字视音频教学节目的制作。

1. 数字音频节目的制作

数字音频的制作过程分为录音和编辑两个步骤，其中数字音频的录制可以通过以下方式：

（1）数字录音笔录制。

数字录音笔录音质量高、录音时间长、便于携带，因此适合于各种需要录音的场合。不过录音笔只能够录制声音信号，容易与画面脱节。

（2）直接通过计算机录音。

选择优质的电容式传声器，能够获得更高质量的录音效果。另外如果计算机中安装有音频编辑软件，则可以一边录音一边进行数字音频的编辑。

（3）通过专用的录音设备进行录音。

这种设备具备更强的专业性，可以设置录音的各种参数，因此适合更高质量声音的录制。

数字音频的编辑可以通过专用的音频编辑软件来进行后期的编辑制作。这些软件能够实现声音的剪切、复制、粘贴、混声、降噪等多种功能，满足数字音频教学材料的基本制作需求。

2. 数字视频节目的制作

数字视频节目的制作过程包括了摄像和编辑两个步骤。

摄像过程主要采用数码摄像机来完成。目前制作数字视频教学材料可以使用的摄像机包括：

（1）家用数码摄像机。

这种摄像机重量轻、体积小、便于携带。适合野外实习、学生探究等教学活动，也便于学生练习。对于清晰度要求不太高的网络课程视频节目，这种家用数码摄像机成本低廉，是一种不错的选择。

（2）专业数码摄像机。

这种摄像机体积稍大，但是成像质量较高、拍摄图像稳定、对焦准确，是一些专业机构，如电教馆、远程教育中心比较普遍使用的视频录制设备，适合于高质量的网络课程视频以及教育电视台节目的拍摄需求。

（3）广播档数码摄像机。

虽然这一类摄像机价格昂贵，但是图像质量最高，表现力非常强，是电视台以及大型远程教育机构使用的设备，可以用来录制各种高清晰度的数字视频教学材料以及面向大众的科普节目。

在进行数字视频制作时，另一项技术也不可忽视，这就是虚拟演播室技术。利用虚拟演播室技术可以打破时空限制，将远处或者虚拟的景物"搬"到演播室中，与演播室的教师合成。

在后期编辑制作方面，目前有多种类型的视频非线性编辑软件可供使用。比较简单的视频非线性编辑可选用操作系统附带的软件。如 Windows 8 操作系统附带的"Windows Live 影音制作"。这种软件的优点在于操作简单，编辑视频材料的速度很快，同时由于其充分考虑到了网络视频传输的要求，所输出的视频文件的大小也比较适合上传到各种视频网站。如果要制作高质量的数字视频，并增加灵活的视频特技，则可以使用专业的视频非线性编辑软件。

3. 利用数字广播电视播放教学材料

根据数字广播电视信号传输的单向性特点，这种教学材料的发布方式会有固定的时间限制。一般情况下，学生接收教学材料应该按照节目表预定的时间打开收音机或电视机，进行实时收听或收看。

不过随着数字广播电视技术的发展，现在的数字音频接收装置以及数字电视等都已经能够适应学生更灵活的时间安排，可以结合录音和录像设备，将所播放的节目录制下来。对于数字音频广播，现在的半导体存储技术已经能够存储几十个小时的数字音频节目，因此学生可以将一整天的节目全部录制下来，在需要的时候有选择地进行播放。对于数字电视节目，则可以通过数字电视点播的功能，随时重播教学节目。

4. 利用网络进行节目的播放

网络视频服务器的播放更加灵活，教师将教学材料预先放在视频服务器中，学生可以在任意时间通过网络来播放节目，完全摆脱了广播电视的局限性。另外，数字视音频节目还可以结合文本来进行播放，即提供给学生查看文本文件中文字材料的功能。当然也可以通过网络论坛的方式，留下自己收听收看数字音频和视频节目的感想与体会，与教师和其他学生进行讨论。

目前教学上可以使用的视频网站分为两大类：

一类是专业的视频网站。这类视频网站专门为视频播放而设计，因此对视频材料的播放进行了优化。目前这些视频网站对普通用户是免费开放的，教师可以将自己制作的教学材料上传到这些网站，然后在自己的课程网页中提供视频材料的链接，实现教学视频材料的播放。

另一类为专用的视频网站。如果提供远程教学的机构实力较强，也可以自己安装视频服务器，将教师的视频材料统一编排索引，然后直接放入教师的课程网站之中。这种方式的优点是可以避免商业广告对学生学习的影响。

5. 利用即时聊天工具进行直播

利用即时聊天工具的视频通话功能，可以将现场的视频图像直播出去。这种方式只需要拥有即时聊天工具的账号，并安装相应的客户端程序就可以实现。由于即时聊天工具使用得非常广泛，因此具有较好的群众基础，推广应用的阻力较小。

6. 利用网络摄像头进行直播

通过在教室或者演播室中安装网络摄像头，以及安装专门的视频服务器，就可以通过网络摄像头实现视频直播。目前这种服务器已经固化到了网络录像机的硬件之中，用户只需要将网络摄像机的一端连接到摄像头，另一端连接到互联网中，互联网上的计算机就可以通过该网络摄像机的 IP 地址来访问摄像头中的直播节目。由于 IP 地址不容易记住，还可以通过动态域名的方式，将一个域名动态解析到该 IP 地址，这样在互联网上直接通过该域名就可以访问视频直播节目。

7. 利用远程视频会议系统进行直播

同即时聊天工具和网络摄像头不同，视频会议系统是一种专用平台。采用这种平台能够以最高的效率进行视频的直播并且能以最低的成本通过远程视频会议讨论教学工作。

8. 利用电视台演播室进行直播

这种方式使用得最为普遍，是电视节目制作的一个重要组成部分。通过演播室直播，教师可以在演播室中模拟课堂教学的情景，直播出去的教学过程现场感更强，远程教学体验更加真实。在演播室直播过程中进行深度访谈，则有助于学生参与到整个教学的过程中，与访谈的嘉宾共同思考一些问题。通过连接演播室外面的现场实景，可以使学生有更加直观的学习体验。

4.3 多媒体技术

4.3.1 多媒体计算机

多媒体计算机是 20 世纪 90 年代的一项重要发明。多媒体技术能够呈现出文本、图形、图像、动画、视频、音频等多种媒体信息，并将这些信息通过超链接的方式连接在一起，利用计算机来控制。

早期多媒体计算机的配置比较低，只能够播放 VCD 清晰度的图像。而随着技术的发展，现在的多媒体计算机已经能够播放高达几千线的高清晰度视频。这样的视频甚至是过去的广播档摄像机也无法达到的。

多媒体计算机需要一定的硬件支持，包括显示卡、中央处理器、声卡、大容量的移动存储器等设备。而在软件方面则需要最新操作系统的支持。多媒体计算机分为台式、笔记本两大类。这两大类的计算机应用范围略有区别。不过随着技术的发展，这两种类型的计算机的功能有相互替代的趋势。

4.3.2 平板计算机

平板计算机是 21 世纪的一项重要发明。利用平板计算机技术，可以将计算机的硬件集成到一个超薄的空间中。平板计算机的显示屏较大，便于在上面进行手写和翻阅电子书籍。且其重量很轻，一台苹果公司出产的 iPad，其重量大约为 600 克，便于携带，这为移动学习提供了极大的方便。

与其他的设备，如笔记本计算机相比，平板计算机的电池续航能力更长。iPad 充满电以后，可以持续使用 10 多个小时，这解除了阅读学习的后顾之忧，也为远距离携带 iPad 提供了可能。iPad 还可以连接到苹果网上商店，下载各种教育软件，支持远程学习的需要。对于网络上常用的文档，平板计算机也提供了足够的支持。同时，平板计算机的运行速度更快，其性能接近笔记本，因此更加适合处理一些功能复杂的课件的播放问题。

新版的平板计算机还支持 3G 上网，这样即便是在没有无线网络接入的条件下，也可以随时随地连接到网络上进行学习讨论。

4.3.3 移动电话

由于移动电话具备语音通话和可代替固定电话的功能，使得移动电话一出现就引起了人们的广泛重视。而随着移动电话成本的下降，在一些地区移动电话已逐渐取代固定电话，成为人们的基本通信工具。与平板计算机一样，智能移动电话也具备了重量轻、电池续航时间长、可随时随地上网等特点，因此移动电话也是一种常用的移动学习工具。

与平板计算机不同之处在于移动电话为了满足便携性的要求，通常屏幕都比较小，这在一定程度上限制了其呈现的内容。

目前，移动电话的功能还在不断扩展，除了具备语音通信、发送短信、上网等功能以外，一些移动电话还是性能优异的数码照相机和摄像机，这有助于学生在学习时随时记录各种原始资料。

4.4　网络技术

4.4.1　计算机网络技术

现在的计算机网络能够将不同类型的计算机连接在一起，形成一个信息传播和共享的网络。早期的计算机网络功能单一，通常只能够在非常慢的速度上传输文本信息。随着互联网技术的发展，计算机在各个领域都得到了非常广泛的应用，这反过来又极大地促进了计算机网络技术的发展。

现在的计算机网络技术采用分层体系结构，即 TCP/IP 体系结构。TCP/IP 体系结构将网络分为四个层次。最底层是网络接口层，涉及各种局域网的标准。往上一层为网络层，这是计算机网络与电话网络最重要的区别所在。在计算机网络的网络层中，各种数据被拆分并被封装成了数据包的形式，这些数据包沿着各自不同的路径向目的地转发过去。即便是其中任何一条路径出现了故障，也不会严重影响数据包的通信过程。网络层之上为传输层。传输层的作用是提供一条如同电话线那样的连接链路，让两台计算机仿佛是直接同对方进行数据通信，这种通信方式被叫作端到端的通信。当然实际上在传输层并不存在这样的连接链路，用户感受到的只是一条逻辑上的链路而已。计算机网络的最高层，就是面向用户的应用层。应用层中包含了用户浏览网站、发送电子邮件、上传和下载文件等所需要的功能，这些功能以协议的方式存放于应用层中。

4.4.2　万维网

万维网是 20 世纪 90 年代由英国物理学家 Tim – Burners Lee 发明的。与过去的网络通信方式相比，万维网采用了超链接的方式来连接网络上的超文本信息。随着技术的发展，万维网又引入了多媒体信息，这样利用万维网就可以实现全球多媒体信息的联网。

在万维网中，每一个页面、网址都有一个唯一的 URL 地址。通过对该地址的访问，就可以确定该网页在网络中的位置。通过鼠标点击超链接，就可以在网络上迅速访问该资源。

目前，万维网是互联网中最基本的信息链接和浏览的方式。通过万维网还可以实现电子邮件的访问、文件的上传和下载等功能。随着网络应用的深入，万维网的浏览过程中也出现了很多的安全问题。现在有一种安全的连接方式来访问万维网资源，这可以显著增强用户访问网上银行、登录账号等的安全性。

结合数据加密和签名等技术，在万维网上还可以实现电子商务功能。我们现在广泛使用的各种 Web 2.0 系统大部分也是建立在万维网上的。

4.4.3　电子邮件

相对于万维网，电子邮件是网络中使用比较早的一种信息传输方式，电子邮件的转发速度很快，其基本原理与电话语音信号的传输有很明显的不同。

传统的电话系统采用的通信方式是电路交换，而电子邮件的转发则是基于互联网的但过程更像传统的邮政系统。每个电子邮件服务器如同一个邮局，当用户发送过来的电子邮件到达服务器以后，服务器就会在这封电子邮件的首部加上自己的信息将其转发出去。这相当于传统邮政系统给一封信件加盖邮戳，这个过程一直持续到电子邮件被接收方接收下来为止。

电子邮件发送与接收的基本协议是 SMTP 协议，利用这一协议可以实现电子邮件在邮件服务器之间的转发。如果需要将电子邮件接收到本地计算机中，可以使用其他的协议来进行辅助。若使用诸如 Outlook 等邮件客户端程序，则需要使用一种叫作 POP3 的协议，其全称为邮局协议。若直接使用浏览器来接收，则可以使用 HTTP 协议，目前这种方式使用得最广泛。

4.4.4　实时通信工具

早期比较有名的实时通信工具叫作 ICQ，利用该工具，网络用户可以直接在所安装的客户端程序中输入简短的文本信息，并即时发送给对方。

现在使用最广泛的是腾讯 QQ。虽然 QQ 工具现在还保留了与当年 ICQ 类似的界面，但增加了很多新的功能。其中包括实时视音频信息的传播、群组的设置、QQ 空间等。另外这些实时通信工具还整合了很多社会网络的功能，如微博、社交网络等。

4.4.5　社会网络技术

社会网络服务（SNS）是用户构建自己的社交网络、拓展社交关系的网络在线服务。在这种网络中，用户必须拥有自己的账号。而为了让其他成员了解自己的真实信息，通常用户注册账号时应使用真实身份。不过这种要求在一些社会网络中并不是必要的。

目前社会网络还在不断发展，其中学术合作型的发展趋势比较引人注目。这一类型的社会网络之所以能够得到比较快速的发展，原因在于学术研究正趋向于多领域、跨学科、跨国家和地区的合作，传统的学术交流已经难以满足这样的需求，很多学者开始注意到社会网络工具在其中的应用。

在教学中应用比较广泛的是基于实时通信工具的情感纽带型的社会网络。通过 QQ 的群组功能，新生在入学时就可以建立自己的 QQ 群，新的通知可以马上在其中发布，而新生对教学有何疑问，也可以在 QQ 群中提出来与其他学生分享讨论。

4.4.6　云计算技术

云计算是指使用各种硬件和软件的计算机资源，提供用户远程存储、运行软件和计算等服务①。

在云计算技术中，所有的远程资源都可以为云计算服务。目前应用比较广泛的是软件服务（SaaS），即用户在本地使用远程的软件完成相应的工作。如在线办公系统、在线文档技术等。通过这种在线软件服务，用户本地计算机不需要安装这种软件，直接通过浏览器运行远程软件，并将结果保存在远程服务器上。由于能够提供云计算服务的硬件和软件资源非常丰富，看起来就像一大块云一样，故被称作"云计算"。

云计算分为三个层次：架构、平台、应用。其中"架构"提供了云计算所需要的最基本的硬件和软件设施，满足网络高速访问的需求。"平台"提供了云计算所能够实现的最基本的功能。"应用"则用来向远程用户提供具体的资源，如在线文档的编辑、网络存储等。

4.4.7　物联网

物联网是互联网新的发展方向，通过安装在各种物体和器件中的传感器、射频识别码标志等，将所有的物体连接上互联网。这样在互联网中进行信息交流的就不仅仅限于人与人、人与计算机、计算机与计算机了，而是任何一个可以被识别的物体。这也正是物联网英文名称的含义：Internet of Thing②。

物联网技术可以用来解决远程教育过程中难以通过旧的方法来解决的问题。使用物联网技术以后，可以对那些无法直接发布到网上的信息进行处理，构建相应的物联网，然后连接到网络课堂之中。

物联网最直接就是在教学实验演示和学生实验操作等过程中的应用。将实验仪器中各部分的传感器通过物联网连接到互联网上，教师和学生可以精确地记录实验过程中的所有数据。

物联网有助于一些比较危险的实验教学。如火灾现场，通过在火灾现场的关键部分安装传感器，并连接上网，使学生了解火灾造成的危害。在医学实验过程中，将一些传感器连接到互联网上，则有助于远程学生更全面地把握实验的整个过程，清楚了解各种参数的变化。另外，通过物联网技术还可以将实验设备中的一些关键部件连上互联网，教师便可通过互联网获取学生实验过程的数据，对学生在实验过程中出现的问题及时给出解决方案。

活动建议

1. 实训：网络数字音频广播。
2. 实训：数字视频的编辑与制作。
3. 功能分析：平板计算机的教学功能。

---

① Mell P. , Grance T. The NIST definition of cloud computing（draft）［J］. *NIST Special Publication*，2011，800：p. 145.

② Ashton K. That "Internet of Things" thing［J］. *RFiD Journal*，2009（2）：pp. 97 – 114.

习题

1. 邮政系统的发展可以分为哪几个阶段？其对于函授教育的发展有何促进作用？
2. 如何利用数字视音频广播技术来发布教学材料？
3. 什么是社会网络服务？从交往目的来看，社会网络可以分为哪几类？
4. 什么是云计算技术？云计算的结构包含了哪几个层次？
5. 什么是物联网？物联网在远程教育中有何应用价值？

5 课程的设计与开发

教学目标

1. 理解教学设计的概念；
2. 应用系统化教学设计方法进行教学设计；
3. 区分不同的课程开放模式的特点；
4. 进行网络资源的归类和检索；
5. 掌握不同类型远程教育课程的特点和开发方法。

本章重点

1. 教学设计；
2. 课程开发模式、方法；
3. 网络资源。

本章难点

1. 远程教育课程的教学设计；
2. 课程的开发；
3. 网络资源的索引。

5.1 系统化教学设计

5.1.1 教学设计的概念

系统化教学设计指的是应用系统方法对教学进行设计的过程。系统化教学设计的第一个要点就是使用系统方法，这在本书第一章中已有介绍。其次是对教学进行设计。这一过程涉及需求分析、目标分析、内容分析、教学过程设计、媒体设计以及教学内容设计、教学结构设计、教学评价设计等。若将系统的方法体现到教学设计的过程中，也可以从时间、逻辑、知识三个维度来进行。

在时间维度方面，反映了教学设计的具体进程。按照教学设计进程的特点，可以将教学设计过程分成若干个阶段，分别对应了霍尔系统方法中时间顺序的七个阶段：规划—设计—研制—生产—安装—运行—更新。因此在教学设计的时间顺序方面，对应的七个阶段包括：教学设计的总体规划—教学设计大纲的确定—获得教学设计的整体框架—进行教学设计—形成教学设计方案—实施教学设计—评估修改。

在逻辑维度方面，霍尔理论包含的七个顺序分别是：明确问题—设计评价指标体系—

系统综合—系统分析—优化—决策—实施。对应于教学设计的过程，则包括以下七个步骤：明确教学设计要处理的问题—教学目标的制定—教学因素的综合—教学任务分析—教学结构的优化—教学设计方案的确定—实施教学设计方案。

在知识维度方面，遵循的顺序是：知识—理解—分析—综合—评价。这五种不同类型的知识，其顺序按照知识的难易程度进行排列。

5.1.2 教学设计的理论

教学设计有多种方法，目前影响比较大的是 ADDIE 方法和 Dick & Carey 的方法。

其中 ADDIE 模型的特点是把教学设计的过程划分为五个环节[①]。ADDIE 的五个环节可以是一种线性的步骤，即整个教学设计的顺序为：分析—设计—开发—实施—评价。也可以是非线性的结构，如树状或网状结构，这给教学设计过程带来了很大的灵活性。

Dick & Carey 的教学设计模型包含十个步骤，这十个步骤分别是[②]：确定教学目标、进行教学分析、分析学习者、编写绩效目标、开发评价工具、制定教学策略、开发和选择教学材料、设计和进行教学的结构化评价、修改教学、设计和进行总结性评价。

从系统方法出发，结合教学过程的特点，教学设计的过程可以从多个维度同时着手进行。这样就可以反映出教学设计更为细致的环节。如图 5 - 1 所示，系统化方法三维坐标中的任意一点都将反映教学设计的具体进展情况。

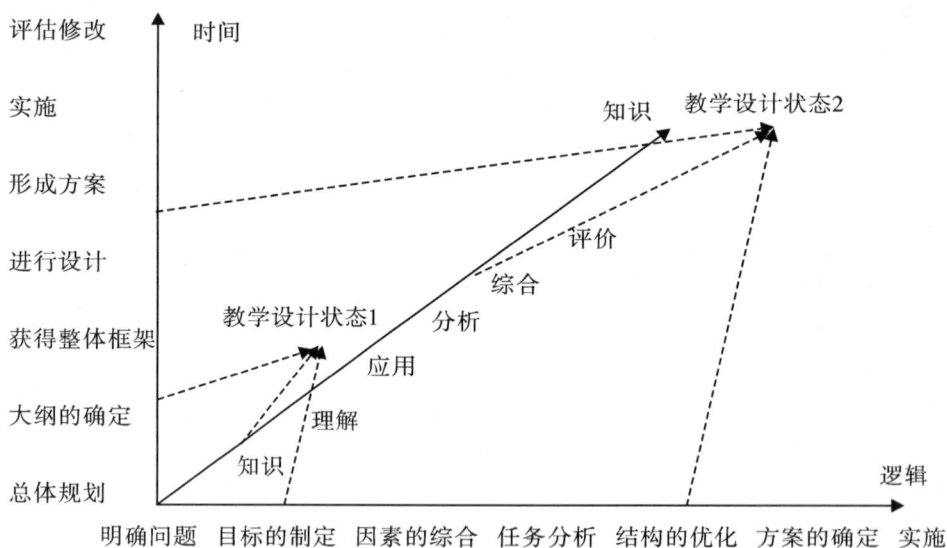

图 5 - 1 教学设计的进展情况

然而在实际的教学设计过程中，不同维度的进展情况是不同的，并非所有的教学设计都要达到三个维度的最大值。造成这一现象的原因与所面对的教学设计类型有关。按照所

---

① Kearsley G. *Online Education：Learning and Teaching in Cyberspace* ［M］. Wadsworth Thomson Learning, 2000.

② Dick W., Carey L., Carey J. O. *The Systematic Design of Instruction* ［M］. Pearson, 2005.

面向的不同课程类型来进行归类，远程教育系统中的教学设计可以划分为以下几大类：

1. 知识传授型教学设计

在这类教学设计过程中，对知识这一维度而言，一部分教学设计侧重于理解这一层次，而另一部分教学设计则能够达到综合和分析这一层次，少量将目标定位在评价这一层次。这与学生的知识基础和所具备的认知能力有关。

知识传授型的课程主要促进学生对知识的理解和掌握。教师需了解学生已有的知识水平，学生习惯于使用哪些信息来进行学习，并通过对教学案例的分析来促进学生理解。因此在时间维度方面，这一类的教学设计主要侧重于教学总体框架的设计。而在逻辑维度方面，则侧重于教学因素的分析和教学结构的优化。

2. 演示教学设计

这一类教学设计在知识维度上侧重于应用型的知识，通过演示操作，提供给学生实验操作方面的知识。因此在演示教学过程中，教师要做好实验操作演示，向学生清晰明确地传递具体步骤。

时间维度上，这一类型教学设计主要侧重于教学设计的具体方案。而这一方案应该是具备了非常清晰的环节和步骤，防止因演示过程出现错误的操作而导致学生产生错误的理解和应用。而在逻辑维度方面，则更重视教学目标的制定，确保每一个教学目标都能够落实到行为目标上。

3. 探究型教学设计

探究型教学要促进学生进行探究和发现。这样的教学过程所对应的知识维度位于最高层次"评价"上。探究型教学具备更高的认知特性，需要学生根据环境和资源条件自主地进行知识的建构。

在教学设计时，时间维度方面主要侧重于教学设计的总体规划，获得教学设计的整体框架。由于学生探究发现时可能出现各种不确定性，详细的教学设计方案的获得往往是比较困难的。

逻辑维度方面，在探究发现型的教学过程中，行为目标是不可取的，而更高层次的认知目标又难以表述出来。因此这一类教学活动的教学设计主要侧重于教学因素的分析和教学任务的分析。

4. 面向问题的教学设计

面向问题的教学是要促进学生利用已有的知识来解决实际问题。在知识维度上主要集中于"应用"的层次。另一些教学活动则需要学生具有分析解决问题的能力。因此教学过程还可以达到"分析"的层次，少数则可以达到"评价"的层次。

面向问题的教学通常系统性比较强，解决问题的方法和思路也比较清晰，因此在时间维度方面，其侧重点在于教学方案的形成，并对学生解决问题的情况进行即时评价。在逻辑维度方面，教学目标的制定、教学任务和结构的优化等教学设计工作都是值得重视的环节。

5. 合作学习设计

合作学习的特点就是学生能够借助计算机等媒体相互合作，共同完成学习任务。其中比较典型的如利用维基百科平台来进行合作学习，共同对一些知识进行补充并经过审核，最终完成某项学习任务。

在知识维度方面，要求学生能够对每个人所增加的知识进行评价，可以达到"评价"的层次。

在时间维度方面，由于学生在合作过程中的不确定性增加，教学设计主要侧重于总体规划，大致规划出学生通过合作以后可以获得的结果。

在逻辑维度方面，具体的行为目标也是很难制定出来的，这就要明确需要处理的问题，如需要对哪些知识进行完善和补充；以及各种教学因素的综合与教学任务的分析，如合作学习过程中，将使用哪些技术来进行支持，学生如何分组，学生相互之间的评审工作如何开展。教学任务也可以在教学设计过程中明确下来，即在学生进行合作学习时，需要明确哪些任务是必须完成的，哪些任务是可选择的，哪些任务是需要个人完成的，哪些任务又是可以多人合作完成的。

6. 实践活动教学设计

实践活动教学包括参观、旅行、见习、实验等多种形式。实践教学的特点在于学生要不断参与实践，在参与实践的过程中，要综合运用所学的知识去解决实际生活中所面临的问题。

在知识维度方面可以达到综合这一层次。一些实践活动要求学生能够收集数据，并对这些数据进行分析、评价得出结论，这部分实践教学内容在知识维度上将涉及评价这一层次。

实践教学过程，通常涉及一些技能性比较强的内容。因此在时间维度方面，需要一个比较完整的教学设计方案，明确实践教学过程中的每一个环节应该如何进行。

在逻辑维度方面，除了完整的教学方案以外，无论是行为还是认知目标都应该被详细地制定出来，并规划好整个实践活动的结构。做到准备充分，才能够确保实践教学活动的成功开展。

5.1.3 远程教育课程的教学设计

采用 ADDIE 教学设计的方法，远程教育课程的教学设计分为以下五个步骤：

1. 分析

分析步骤是要构建出整个远程教育课程系统的框架。通过分析，可以了解系统中各因素的需求问题。其中包括：

（1）课程本身的需求。这包括了远程教育课程在运行结束以后，输出的结果如何。

（2）课程运行性能的需求。这一需求同远程教育课程未来能否有效运行有关。课程能够顺利运行，学生在学习时能够有效地连接到课程、获取课程传递的各种信息，这是课程教学最基本的保证。

（3）学习方面的需求。涉及在远程学习过程中，学生学习的具体需求。包括需要使用什么资源、能够提供哪些学习方法、学习环境如何等。

（4）学生的需求。包括了学生发展的需求、学生学习知识的需求、学生增长技能和能力的需求、学生交往合作的需求等。

2. 设计

设计过程要处理好以下几个方面的问题：

（1）学习目标的确定。

课程设计过程中最重要的一个环节就是确定合适的学习目标，合适的学习目标直接决定了学习者在今后的学习过程中，所要达到的课程的基本要求。

学习目标可以采用行为目标的表述方式。这种行为目标对应了可观察到的行为，可操作性强。然而行为目标对于那些需要高级认知能力的知识而言，则难以满足需求。这可以通过制定认知目标的方式来对学习目标进行描述。虽然认知目标的可操作性比较弱，但是通过系统的方法，按照不同的远程教育的教学模式，这些认知目标还是能够准确地描述学习者所达到的结果。

（2）任务完成测试方案。

教学目标往往是同教学评价紧密联系在一起的，在学习目标确定下来以后，便可以形成各种测试学生能否达到学习目标的方案。这种测试形式主要是形成性评价。

由于目标设计已经满足学生应该达到的某门课程最终目标的要求，因此也可以预先设计总结性评价方案，以便确定学习者能否通过这门课程的标准。这种先行设计评价的方式，与落实教学设计方案的顺序略有区别。在落实的过程中，形成性评价贯穿于整个教学的过程，而总结性评价则是在课程学习结束以后进行。

（3）学习步骤的设计。

学习步骤的设计主要涉及学生学习课程需要采用的步骤和环节。在远程教育系统中，学生的学习步骤因为所实施的教学方法的不同而有所差别。对于一般的网络课程来说，学习步骤是比较固定的，包括登录系统、浏览课程信息、学习课程材料、搜索课程资源、完成学习活动、获得教师评价、改进学习等。

而对于利用社会网络来开展的学习活动，其学习步骤则要灵活得多。如在参与协作学习时通常需要经过下面的几个步骤：明确学习目标、明确问题、进行分组、分配角色、搜索资源、补充知识、进行知识审核、完成任务、进行总结等。

根据不同的学习类型，在教学设计过程中，有目的地安排各学习步骤所需要的支持与服务，是促进学生有效学习的重要途径。

（4）学习者的起点知识分析。

学习者的起点知识，包括学习者使用远程教育系统的基本能力，也包括学习者已经具备的课程所需要的基础知识。分析学习者的起点知识可以从知识、技能和情感三个方面来进行。

知识方面，按照知识、理解、应用、分析、综合、评价等知识层次，来判断学生是否具备进一步学习相关知识的可能性。一般来说，为了让学生达到理解的目的，其起点知识是已掌握的基本概念、名词等知识类目标层次的内容。而要达到应用层次，则学生应该先具备理解层次的起点知识。其他的依此类推。

技能方面，最基本的就是上网的能力和技巧的运用。学生应该能够以完全自主的方式使用互联网，浏览远程教育系统开设的教学网站，并能够利用网络搜索各种网络教育方面的资源。更高一个层次则是使用远程教育系统的基本技能，这应该在学生进入远程教育系统时，通过相应的课程辅导方式来完成。另外在涉及具体的课程时，一些课程的特别要求也是学生必须了解的。

情感方面，学生应该对本课程感兴趣，愿意主动学习，并通过该课程的评价。情感方面的起点情况可以通过问卷调查的方式来获得。教师在上课之前，通过网络平台提供的问卷调查功能，了解学生在情感方面是否达到了基本的起点目标的要求。

（5）顺序和结构化教学方案的形成。

虽然远程教育系统中的平台已经提供了很多结构化的功能，教师的想法都可以很好地落实到教学过程中，但是如果教师能够准备一个顺序化和结构化的教学方案，对课程的顺利进行将非常有帮助。

3. 开发

开发过程的目的是要将分析和设计两个阶段获得的方案落实到具体的课程中，并最终开发出一个实用的网络课程。在该课程中，教师可以按照已有的教学方案来进行教学。开发过程包括五个步骤：①选择教学方法；②选择教学媒体；③确定教学资源；④设计教学活动；⑤安排形成性评价。

4. 实施

这是开发方案的具体化过程。在这一过程中，教师可以开展各种教学活动。实施过程包括五个方面的要求：①学习的管理；②教学材料的发放和教学资源的索引；③不同教学方法的应用；④形成性评价的实施；⑤不断改进不恰当的措施。

5. 评估

评估是对前面各步骤落实的情况进行总结评价，以便了解教学设计的效果。评估的方法和种类也非常多。

从评估落实的阶段来看，分成诊断性、形成性、总结性评估三种；从评估的参照情况来看，还可以分为相对性和绝对性评估；而从是否进行数据处理来看，又可以分为定性和定量评估；从主体和客体两方面来看，可以分为自我评估和他人评估。

在远程教育教学设计过程中，对分析、设计、开发、实施四个步骤进行评估，上述多种评估的形式都可以采用。

从评估落实的阶段方面来看，诊断性评估的目的就是要在进行教学设计之前，对课程设计的基础进行分析，看有没有可能进行系统的教学设计。这种诊断性评估可以从以下几个方面来进行分析：

（1）课程教学的内容属于哪一个层次？

（2）教师的教学设计能力如何？是否需要安排专门的教学设计人员或有经验的教师进行辅导？

（3）课程教学方法有哪些？需要进行哪种类型的教学设计？

（4）学习者的情况如何？

而形成性评估，则可以落实到教学设计的每一个阶段。在每一个阶段随时进行评估，及时发现问题，并对教学设计方案进行改进。形成性评估主要涉及以下几个阶段：

（1）分析阶段，主要评估对各种需求的分析是否到位。在学习者需求分析这一方面，最初的分析结果是学习者采用远程教育这种形式来进行学习，其主要需求就是获得一个文凭。然而在实际的教学设计方案落实的过程中发现，很多学生采用远程教育这种方式，主要还是为了补充自己的知识，期望获得与其他同学交往的机会等。这就要及时修改这一部分的需求分析。而这一环节出现了改动，必然会影响到下面的设计、开发和实施三个环节。

（2）设计阶段，主要评估学习目标的设定是否合理，是否能够满足学习者的要求；测试学生的方案是否准确反映了学生学习的目标，是否能够准确地评价学生已经达到的课程目标；评估学习步骤的设计是否合理，教学结构设计是否合理等。

（3）开发阶段，主要评估教学方法是否选择得当，是否满足了远程教学的需要，教学媒体的选择是否合适，是否适合教学内容的传输等。如最初开发时准备使用视频直播教师的讲课实况，而在教学过程中发现，学生对网络课程中合作学习过程非常感兴趣，这时可以适当调整媒体的使用情况，增加维基百科平台，学习者可以对一些知识和概念提出自己的看法，并对其他人的看法进行评价。

在开发这一环节，还要评估教学资源的选择是否合适，涉及的教学活动是否能够更加有效地实现教学目标，形成性评价过程是否能够有效地安排等。

（4）实施阶段，主要评估学习管理过程是否能够达到最高的效率，是否能够促进学习有效性的提高，教学材料的发放是否正确无误，所有学生是否都能够完整地接收到这些教学材料，教学资源是否都做了索引优化等。另外也要评估教学方法在应用过程中，教师和学生是否都能够很好地接受，各种评价的实施过程是否都能够做到准确无误，对考试作弊等行为是否有相应的惩罚措施，以及在实施过程中，教师和远程教育机构是否能够获得有效的反馈信息以便改进教学设计等。

5.2 课程设计与开发模式

5.2.1 概述

课程设计与开发模式是远程教育系统中的一个重要概念。不同的课程设计与开发模式可以获得不同的远程教育课程，且应用面也不同。通常课程设计与开发模式可以分为目标模式、过程模式、情景模式三种。

目标模式是通过面向目标的方式来设计与开发一门课程。通过设置相应的课程目标，在后期开发的过程中，按照目标制定的框架来对课程进行开发。其优点在于目标的制定清晰、可操作性强，便于教师和机构合作进行课程的设计与开发。

过程模式则是一个面向过程的模式。在这种模式中，远程教育课程按照设计与开发过程的实际需要来进行开发。如果在开发过程中出现了新的变化和新的因素，还可以对课程的设计进行改进。过程模式的优点在于设计与开发过程比较灵活，适应性强。特别是在远程信息传播技术不断发展的情况下，能够更有效地在课程设计与开发的过程中应用新的技术。

情景模式则是根据社会文化环境等因素对教学的影响来进行课程开发。通过情景模式来设计与开发课程，需要从多方面分析课程所处的文化环境，确定应该设计与开发什么样的课程。

5.2.2 目标模式

目标模式将目标作为课程设计与开发的基础和核心，强调在课程设计与开发时，要先确定目的、目标，然后再利用精确表达的目标来进行评价。其中博比特在 1924 年提出了比较系统的目标模式课程设计与开发的方法[①]，具体的步骤包括：人类经验分析、职业分析、导出目标、选择目标、制定详细的规划。这种模式是一种工业化的模式，最早源自 20 世纪 30 年代。而将这种工业化的模式应用在教育科学中，就形成了课程设计与开发的目标模式。

经典的课程设计与开发的目标模式是泰勒提出来的。在其著作中，泰勒指出课程设计与开发的四个基本问题是：学校应该达到哪些教学目标、学校应该提供哪些教育经验才能够达到这些目标、这些经验如何才能够有效地加以组织、如何确定这些目标正在实现[②]。按照这样的要求，在不同的教育系统中应用目标模式来设计与开发课程通常可以采用以下几个步骤：

（1）课程目标的设置。

作为首要的步骤，课程目标确定的来源有三个，分别是学生本身、当代校外社会生活和学科专家建议。

另外在设置课程目标的时候，由于上述三个来源比较广泛，涉及的目标也存在精华与糟粕共存的现象，因此还必须利用哲学和心理学的理论来构建过滤机制。通过这两个过滤机制，可以达到对目标取其精华去其糟粕的目的。

（2）学习者经验选择。

这一步骤要对学生学习经验进行选择，以便达到预先确定课程目标的要求。学习经验主要包括了那些学习者在课程学习过程中应该学习的内容、参与的各种活动等。泰勒认为学生学习经验的选择主要受到各种权威的影响。选择学习经验时，可以考虑遵循五个原则：提供机会原则、满足感原则、量力性原则、多经验同时作用原则、多样性原则[③]。

提供机会原则意味着学生经验的选择可以提供学生足够多的机会去实现课程目标所包含的内容；满足感原则意味着学生能够在实现课程目标的过程中获得满足感；量力性原则意味着所选择的学习经验应该在学生力所能及的范围之内，既不要超过学生的能力，也不要太低于学生的学习水平；多经验同时作用原则意味着在选择学习经验时，应用多个经验可以同时达到一个课程目标；而多样性原则则意味着一个经验也可以用来实现多个课程目标。

（3）组织学习经验。

选择了学习经验以后，可以有效地对这些学习经验进行组织，经过组织后的学习经验更加系统化、结构化，便于有效实施各项教学活动。

泰勒认为，学习经验有组织要素和结构要素。组织要素包括了概念、技能和价值。结

---

① Bobbitt J. F. *How to Make a Curriculum* ［M］. Houghton Mifflin Company，1924.
② Tyler R. W. *Basic Principles of Curriculum and Instruction* ［M］. University of Chicago Press，1969.
③ Tyler R. W. *Basic Principles of Curriculum and Instruction* ［M］. University of Chicago Press，1969.

构要素则包含了三个层次，分别是核心课程、广域课程、个别学科，这样的层次结构与一般系统分层的基本方式一致。

（4）进行教学评价。

通过教学评价可以获得有关课程实施的有效反馈信息，而评价也是判断课程设计与开发是否达到目标的基本方式。因此目标模式的课程设计与开发还应该包含评价阶段。

评价的方式则包括了诊断性评价、形成性评价和总结性评价三种。诊断性评价用来判断课程设计与开发之前应该准备的一些基础性的材料；形成性评价有助于在课程设计与开发过程中，随时根据实际情况以及课程设计与开发过程的要求进行改进；总结性评价用来判断课程设计与开发的成败与否。利用评价来了解课程目标的完成情况，可以采用笔试、谈话等评价方式。

将这种目标模式应用到远程教育课程的设计与开发领域，则可以通过以下的步骤：

（1）课程目标的设置。

远程教育课程目标的设置来源于三个方面：一是学生本身的需要。学生进入远程教育系统学习，会对远程教育系统提出系列要求，这些要求可以作为远程教育课程设置的目标。二是来自整个社会发展的需求。社会的发展、改革对人才的规格提出了相应的要求，远程教育系统作为教育系统的一个组成部分，必须服务于社会。社会对远程教育系统提出的要求可以作为远程教育系统课程目标设置的一个基本依据。三是通过组织专家学者研讨，获得更加系统化的课程目标。

（2）学习经验的选择。

按照泰勒提出的五个原则，要选择可提供给学习者的学习经验、学习材料及资源，可以从以下几个方面进行考虑：

①寻找那些能够给学习者提供更多机会去实现课程目标的材料。如案例分析的方式就比单纯提供理论知识的方式效果好。通过案例分析，学习者对学习变得更加有兴趣，也有助于学习者更好地运用所学的理论知识。

②尽量选择那些能够使学习者在学习过程中获得成就感的学习经验。通过这些学习经验，学生可做到学以致用，获得成就感。也能够更好地激发学生的学习动机，提高学生的学习兴趣和学习的主动性。在远程教育课程设计的过程中，那些跟学生的现实联系得比较紧密的知识更容易使学生获得达到课程目标的满足感。

③要按照学生的实际能力来提供学习经验。虽然远程教育中的学生基本为成年人，学习主动性比较强，但是如果提供的学习经验远远超出了学生的接受能力，往往会导致学生无法跟上教学进度，最终影响课程目标的完成。

④注意课程目标与学生的学习经验并非是完全一一对应的关系。也就是说，并非一个学习经验只能够达到一个课程目标。可以注意在课程设计的过程中，考虑通过多种学习经验的提供，利用不同的途径让学生达到相同的目标，实现举一反三、触类旁通的效果。

⑤除了可以采用多个学习经验和知识点来达到同一个课程目标以外，还要注意，即便是一个学习经验或者知识点，也是可以同时作用于多个课程目标。如在介绍胰岛素概念时，除了可以促进学生认知目标的完成以外，还可以实现情感方面的课程目标。

（3）组织学习经验。

这一步骤是要将已经确定的学习经验进行系统化。如可以将这些学习经验或知识等按照学科分门别类，设置远程教育系统的不同专业。每一个专业又可以按照知识的逻辑关系、基础与应用的关系，设置每一届学生的培养计划。而在结构方面，则可以按照学生知识结构的不同，设置专业基础课程、专业选修课程、专业必修课程、公共必修课程、公共选修课程等。

（4）进行教学评价。

在远程教育中，教学评价有着特殊的意义。教学评价是保证学生学习有效性的一条有力措施。在远程教育系统中，教学评价既可以采用笔试的方式，也可以采用网络评价、论文、报告等方式。其中笔试的成本比较高，目前正朝着网络评价的方式发展。利用课程的网络教学平台，教师可以采用多种形式灵活地对学生进行评价，有效地促进学生学习有效性的提高。

5.2.3 过程模式

对于高层次的学习来说，课程目标的表述比较困难，所以一些人士提出用过程模式来弥补目标模式的不足[①]。

同目标模式相比，过程模式更适合那些高层次认知目标的课程领域，强调的是不需要通过目标来描述预先设定的知识。因此，若采用过程模式来进行课程设计与开发，其主要工作集中在内容和过程这两个方面。

过程模式也是一种发展模式。通过这种模式，一方面促进了课程的发展，促使课程的内容能够符合学生认知规律的需求，同时也可以促进学生的个性发展，提高学习的有效性；另一方面，这种过程模式也有助于促进教师的专业发展。

过程模式没有一个固定的步骤，而是要根据课程内容的变化、学习者的身心发展、教师的专业发展等方面的要求来进行课程设计。

在远程教育课程设计与开发的过程中，应用过程模式可以考虑以下几方面的要求：

（1）可以用描述性的句子来表述课程的一般性目的，不需要用详细的目标来描述课程，更不宜使用行为目标。

（2）注意在教学过程中的讨论环节，要促进学生对一些有争议性的问题进行深入的讨论。

（3）在讨论的过程中，教师应持中立的态度，不应该将自己的观点强加给学生，更不应该要求学生必须接受教师的观点。

（4）教学方法上，主要采用讨论、探究、反思等方法。

（5）注意不同观点的存在。在课程实施的过程中，注意多种观点的同时存在和相互补充。

（6）教师要注意教学的质量，承担相应的责任。

---

① Stenhouse L. *An Introduction to Curriculum Research and Development* ［M］. Heinemann London，1975. p. 46.

5.2.4 情景模式

情景模式与文化分析有密切的联系，主张从文化角度来诠释课程，进行课程设计。因此情景模式主要分析社会文化环境对课程设计的影响。其中史克北（Malcolm Skilbeck）提倡的情景分析模式比较有代表性[①]，其将课程设计分成五个主要步骤：分析情景、设定目标、设计课程方案、实施课程方案、评估。

在远程教育课程设计与开发过程中运用情景模式来进行设计，就是要注意学生所处的社会文化背景，探讨在不同的社会文化背景中，学生应该学习的知识、增长的能力、培养的情感等。

在进行课程的文化分析时，可以注意外在因素和内在因素之间的关系。从外在因素来看，随着信息社会的到来，网络技术的发展带来了整个社会文化价值观的变化，远程教育课程的内容和教学方式也相应变化。另一方面全球化浪潮的到来，使各国之间的文化交流更加密切。以前，相互之间不能交流或很少交流的文化之间产生了激烈的碰撞，文化方面的冲突必然也会影响到远程教育课程的设计与开发。

国家对于学习者的要求也将影响到远程教育课程的设计与开发。如美国总统奥巴马提出向东亚国家学习，期待美国的文化中也能够融入一定的儒家文化。同时东亚地区也在不断借助西方文化来充实和发展已有的传统文化。这些都将对远程教育的课程内容、教学方法、教学模式、课程理论等方面产生重大的影响。

家庭对学习者的期望，远程教育系统中雇主对员工的期望，都将影响到远程教育课程的设计与开发，以便在课程内容与满足家长、雇主期望之间取得相应的平衡。

课程所涉及的学科要求，也会对课程设计与开发产生影响。作为一个大的学科中的某一门课程，必须遵循这一学科的规律。

就教育方面来看，整个大的教育系统对远程教育系统又有制约作用，必然也将对远程教育课程的设计与开发产生重要的影响。教育系统对远程教育系统课程设计与开发的影响主要体现在教育体制的差异、教育机构的要求，以及各种教育政策和法律法规的制约作用等方面。

从内在因素来看，则涉及学生本身已有的知识、能力、情感等。教师也是课程设计与开发情景模式中的一个重要的内在因素。在教学的过程中，教师的知识水平、能力、情感等也会影响到课程内容和教学方法的选择，以及教学目标的制定等。另外，内在因素还包括了远程教育学校及其管理机构、硬件设施、资源管理等。而已有的课程体系经过多年的运行，积累了非常丰富的经验，对于新的远程教育课程设计与开发也将产生重要的影响。

5.2.5 课程设计与开发的一般步骤

按照不同课程开发设计模式的要求，这里将三种模式结合在一起使用，最终获得以下六个基本的课程设计与开发的步骤：

---

① Skilbeck M. *Curriculum Reform*：*An Overview of Trends*［M］. OECD Publishing，1990.

95

1. 课程目标的设置

课程目标与学习目标、教学目标不同，课程目标是对课程应该达到的基本要求的描述，具有高度的概括性。每一门课程都有自己的课程目标，课程目标的确定最终将制约着教学目标的制定。

2. 教学材料的选择

这一步骤是要确定在课程设计与开发的过程中，需要提供给学习者什么样的学习材料或经验，而教学材料提供的依据是教学目的和教学大纲等。教学材料可以通过多媒体提供，这是远程教育课程的一个重要的特点。不同的远程教育课程所提供的教学材料的形式又有很大的区别，同时教学材料不仅包括呈现出来的各种信息，还包括了组织学生参与的各种活动。

3. 教学设计

可以利用多种教学设计方法来对教学过程进行设计。进行教学设计的目的是为了促进教师有效地开展教学活动，提高学生学习的有效性。教学设计的方法很多，这里使用 AD-DIE 的教学设计方法来对不同类型的远程教育课程进行教学设计。值得注意的是，ADDIE 教学设计方法既可以采用线性的方式，也可以使用非线性的方式，这样教学设计的步骤和顺序就具备了非常大的灵活性。

4. 分析促进学生发展的环节

课程设计与开发除了要满足目标模式的要求以外，还要注意课程的开发最终是要促进学生的发展。因此一门课程被设计和开发出来以后，还应该注意可以在哪些环节促进学生的发展。这些发展包括了学生的身体发展和心理发展两个方面。

5. 进行课程评估

课程设计和开发的过程需要不断进行评估。课程评估过程可以在课程设计与开发之前进行，也可以在课程设计与开发的过程中进行，还可以在课程设计与开发结束以后进行。然而课程设计与开发的评估更注重发展性评估，也就是利用课程的评估来促进课程设计与开发更加有效率和高质量地进行。

6. 课程设计修改

如果在课程评估时发现了问题，就可以对课程的设计方案进行修改。修改以后的课程设计方案能够更好地适应远程教育的需要，促进教学过程高质量、高效率地进行，提高学生学习的有效性。

5.3　网络资源

5.3.1　网络资源的分类

在远程教育课程设计与开发的过程中，网络资源提供了课程设计与开发的物质基础。只有建立在丰富、优质的网络资源基础上的远程教育才能够有效地满足学习者的学习需求。当今的网络资源非常丰富，且随着网络运行时间的增加，这些资源的积累也会越来越多。

按照行业类别来划分，网络资源可以分为：

（1）教育类资源。主要包括各种远程教育机构的网站、高等院校网站、基础教育网站、民办教育网站等。

（2）学术类资源。包括了数字图书馆、专业数据库、专业杂志、学术社区等。

（3）公益类资源。各种公益机构的网站、维基百科、开源代码社区等。

（4）商业类资源。各种商业网站、技术网站、商业门户网站、社交网站、搜索引擎等。

（5）政府机构类资源。联合国组织、各国的政府网站、军事网站等。

按照使用语言来划分，网络资源可以分为：

（1）汉语类资源。包括中国大陆、中国台湾、新加坡等地区的网站，也包括那些提供了中文版本的其他国家的网站。

（2）英语类资源。包括了美国等使用英语的国家的网络资源。

（3）其他语言。使用其他语言的地区提供的网络资源。

按照功能来划分，网络资源又可以分为：

（1）教育教学资源。这一类资源主要用来满足各种教育教学功能的需求，学习者可以直接通过这类资源来进行网上学习。这类资源有些采用免费公开课的方式，如麻省理工学院的网络公开课；有些则是专门的机构开设的课程，需要注册登陆才能够学习。

（2）搜索引擎。通过搜索引擎，可以输入关键词搜索网络上的各种资源。搜索引擎已经成了整合网络资源、进行资源索引的重要工具。

（3）数字图书馆、专业数据库等。随着有关技术的发展，数字图书馆逐渐取代传统的图书馆，而传统图书馆也逐渐开始了数字化的工作，如谷歌数字图书馆。专业数据库网站也是重要的教学和学术资源的来源，这一类网络专业数据库的出现，使得教师和科研人员只需要连接到互联网，并利用互联网的资源搜索功能，就可以查阅到自己所需要的论文资料。

（4）社交类网站。这一类网站主要提供各种社会交往的工具和平台。如 QQ、校友录、Facebook 等。

（5）网上虚拟社区。用户可以在虚拟社区中进行各种交流活动。这类网站主要采用博客和论坛等形式来构建虚拟社区，社区中成员的交流活动是整个虚拟社区运行的基础。如科学网、天涯等。

（6）门户类网站。这一类网站主要提供某一方面资源的门户入口，用户可以通过门户网站概览某个方向几乎所有的资源。门户类网站又可以分为：

①商业门户类网站，如网易、搜狐等。

②政府门户网站，如美国航天局的网站等。

③教育类门户网站，如中国教育与计算机科研网等。

④技术类门户网站，如微软公司的网站等。

（7）传统媒体的网站。这一类网站的主要工作是实现报纸、广播电视等媒体的信息网络化，是报纸、广播电视等媒体的功能在网络上的延续。网络提供了读者、观众与编辑人员进行交流的平台。如华盛顿邮报网站、中央电视台网站等。

（8）电子商务平台。主要满足电子商务活动的需求，可以进行网站购物等活动。如淘宝、京东商城等。各种网络资源都可以作为教育资源使用，为远程教学中的教师和学生提供参考。

而对于比较专门的教育教学类资源来说，还可以进一步划分。如按照教育的层次来划分，网络资源又可以划分为：基础教育、中等教育、中等职业教育、高等教育、成人教育、远程教育等多种网络教育资源。按照专业方向来划分，则可以划分为：语文资源、数学资源、物理资源、化学资源、生物资源、历史资源、地理资源等。按照学术层次来划分，可以将这些资源划分为：科普类资源、技术类资源、学术研究资源等。

5.4　电视课程的设计与开发

5.4.1　电视课程概述

电视课程是一种利用视频制作技术进行制作，并利用多种平台进行传播的课程。目前，电视课程的制作技术涉及数码摄像机的录制技术和非线性编辑软件的后期制作技术。而传播电视课程的平台可以是无线电视系统，也可以是有线电视系统，现在采用网络来传播电视课程也成为一种比较常用的方法。

电视课程发展得比较早，在教学中的应用也积累了丰富的经验。在教学应用中电视课程可以起到以下几个方面的作用：

1. 是一种面向大众的信息广播类课程

由于电视是一种大众传播媒体，其传播面非常广，适合于一些基础性教学材料的广播需求。

2. 能够远距离传播信息

远程传播信息也是电视课程的重要特点。利用这一特点，早期的广播电视大学通过播放电视课程的方式来进行远程授课，解决了函授教学过程中教学材料不直观的问题，同时学生也有身临其境、置身于课堂教学过程中的感觉。

3. 能够提供更加直观的材料

电视能够传输动态的图像和声音信号，因此所传递的教学内容更加直观具体，便于对一些抽象概念的理解。教师在制作电视课程教学材料时，也可以通过电视特技的方法来介绍一些比较抽象的内容。

4. 适应性较强

电视课程可以适应于各门学科的教学。既可以用电视课程来传播人文社会科学的资料，也可以用电视课程来进行数学、物理、化学等自然科学课程的教学。

5. 可使用的技术非常成熟

现在电视课程不光可以使用无线或有线电视系统，还可以使用网络来进行传播。在数字有线电视系统中，电视课程采用 VOD 点播的方式，可以做到按需播放，这样学生就可以在合适的时间段收看课程。而利用网络 IP 多播等技术，可使网络视频课程的清晰度高，且播放流畅。目前很多网络公开课都采用了这种电视课程的形式，利用摄像机将教师讲课的实况录制下来，并在网络上进行播放，受到学生的普遍欢迎。

6. 学习方式灵活

电视课程的学习方式也比较灵活，既可以满足学生在家里自学的要求，也可以满足学生在学习中心集体学习的需求。

7. 清晰度高

电视课程的另一个值得注意的特点就是，节目的清晰度越来越高。现在的蓝光 DVD 已经可以达到几年前电影院电影屏幕的清晰度。这样高清晰度地呈现信息，有助于教师在电视课程中更清晰地展示细节，而这些细节则有助于如生物学等自然科学课程的授课。当然更高的清晰度也意味着可以提供给学生更好的画面艺术方面的体验。

5.4.2　电视课程的类型

电视课程有以下几种类型：

1. 图解知识型

图解知识型的电视课程充分利用电视画面的特点来表现知识。在图解知识型的电视课程中，要利用电视画面的各种后期制作技术，结合视频特效的应用，实现画中画、画面叠加、动画等效果。这种类型的电视课程表现力比较强，能够有效地向学生传授各种知识、培养学生的能力。图解型电视课程的设计和制作的要求高、投资大，适合一些抽象内容的展示，通常用各种重点和难点知识来介绍。

2. 直播课堂型

这种电视课程使用得比较普遍。直播课堂型电视课程是通过设置在演播室或课堂中的摄像机，将教师讲课的实况拍摄下来，然后通过广播电视频道或网络将其播放出去，既可以采用直播的方式来进行教学，也可以将教学实况录制下来，然后经过适当的视频编辑处理，增加一些视频特技，以弥补课堂直播教学的不足。

在网络视频传输过程中，直播课程还可以跟动态演示的演示文稿、网页等结合在一起。当教师的讲授进入某一个阶段时，网页可以自动翻到相应的页面播放大纲并进行动画演示，起到图解教学内容的作用。在这种电视课程中，学生可以灵活控制视频的播放，对于教师讲解存在疑问的地方，也可随时回放仔细分析。

3. 演示型

通过演示型的电视课程，可以对一些技能进行全方位的演示操作。利用网络视频，学生也可以暂停视频播放，仔细观察分析。演示型电视课程的主要特点是可以利用推、拉、摇、移等运动方式，从不同的角度来展示一个操作过程，通过广播电视频道或网络来进行播放，促进学生技能方面的学习。

4. 技能训练型

利用摄像机的反馈功能，即学生用摄像机记录自己的技能训练过程，然后重播以便获得反馈信息，及时改进自己的技能运用方式。早期的模拟摄像机技术只能在本地播放，随着网络技术的发展，学生也可以通过各种网络视频平台，如视频会议系统、实时通信工具等，将自己的技能训练过程利用摄像头拍摄下来，并通过网络传播出去。这样既可以获得自我评价的信息也可以获得其他同学以及教师的评价信息，能够更有效地促进学生技能训练质量的提高。

5. 视频会议型

这一类电视课程主要是利用各种网络视频传输系统来开展视频会议的教学。视频会议系统提供了教师和学生进行视频交流的机会，其效果类似于在一个会议室中开展教学讨论。在这种电视课程类型中，教学主要采用讨论课的形式，可以针对一些重点难点问题进行讨论教学，也可以开展头脑风暴式的讨论，提高学生的发散思维能力。其优点在于交互性比较强，缺点在于对网络传输带宽的要求比较高。

6. 角色扮演型

通过扮演特定的角色，或者用戏剧表演等方式来开展教学活动。这种方式形式多样、教学过程生动活泼，是一种比较好的教学应用方式。

在早期的互联网发展过程中，有一种叫作 MUD 的工具。利用这种工具，学习者可以登录到 MUD 社区，然后扮演某一个角色与其他的参与者进行对话。不过这种方式没有采用视频来进行，过程比较抽象。

现在可以利用网络视频的方式来进行这种角色扮演，其过程就如同戏剧表演一样，参与的所有学生都可以更加直观地看到其他学生的情况。如在一个远程视频会议系统中，学生可以分别扮演科学家、经济学家、社会学家等角色，然后就某个话题发表自己的看法。而在一些语言类教学过程中，学生则可以通过实时视频通信系统，扮演一段影片中的角色，进行对话操练。除了利用实时视频传输系统外，学生也可以将自己表演的片段上传到网络与其他学生进行分享。

5.4.3 电视课程设计原则

随着电视传播技术的发展，早期设计电视课程时应该注意的要求，现在已经不再是必要的了。如早期的电视课程在设计时需要注意画面的清晰度，多采用近景和特写的镜头。而现在随着高清晰度电视机逐渐走向普通家庭，且通过网络的方式也可以传输高清晰度的视频，在这种条件下，电视课程的设计将变得更加灵活多样。电视课程在设计时应注意以下几点要求：

1. 适合电视课程的特点

与其他类型的课程有所不同，电视课程主要以运动的图像来展现教学内容。因此在设计电视课程时要注意表现的内容应具备足够的动态性。

如对于一门课程，如果只需要呈现静态画面来进行远程授课，那么只需要设置一些静态网页就可以达到要求；如果只需要少量的动画，也可以通过演示文稿的形式将其直接发放给学生，便能达到相同的效果。

动态性包括了以下几个方面的含义：

（1）画面的动态性。即在电视课程中所表现出来的画面应该是动态的，如教师在讲台上授课的过程就具有动态性的特点。

（2）有声音配合。伴随有声音的解说，即便是呈现静态的画面，也必须随着声音的解说而进行切换，这样的画面也具备了动态性的特点。

（3）直播的内容。如新闻实况等，直播的内容更新速度快，采用数码摄像机可以及时记录并播放出来。在网络上还可以通过微博的形式将这种实况内容实时传播出去。

（4）有播放顺序要求的内容。如果一个教学内容必须按照一定的播放顺序播放，这种情况下，学生无法控制，可以考虑采用视频的方式来进行呈现。当然这种方法并不是唯一的。

2. 结合教学方法的应用

在设计电视课程时要注意教学方法配合的问题，不同教学方法对应的教学材料是不同的。如果仅仅是通过电视系统将电视课程播放出去，这时教师的教学方法都安排在电视录制的节目之中。设计这种电视教材时要注意，在现场录制过程中教学方法的选择。因为电视教材在播放的时候，教师已经无法与学生进行面对面的交流了，所以在录制节目的时候，教师要考虑如何将适合单向信息传播的教学方法融入课程的讲授过程中。现在一种比较好的方法就是采用课堂直播的形式，教师通过与真实课堂中的学生，或演播室模拟课堂中的学生进行相互交流，可以在一定程度上弥补单向信息传播的不足。

另一些电视课程由于没有出现教师的形象，教师就无法通过自己的讲解或模拟学生的方式来运用教学方法，在这一类型电视课程中的知识表达应该更清晰准确、通俗易懂，同时还可以利用其他技术辅助教学。如在网络上传播这样的视频课程，可以考虑利用网页文本或静态图片来辅助教学。

3. 注意内容设置方面的要求

尽管所有的知识都可以采用电视课程这种形式来进行传播，但是在实际的教学过程中，有一部分适合电视课程这种方法，有一些则适合其他的方法。

一般来说，可直播的，且形象直观的动态图像和声音，适合使用电视课程来进行传播；而一些比较抽象的内容，则可以考虑结合其他的方式进行配合，充分发挥各种技术的优点来设计和开发远程教育的课程。

如对一些抽象概念的学习，可以通过网页、演示文稿的形式，供学生仔细思考分析。而电视课程则用来进行案例分析，让学生将抽象概念与具体的事物联系在一起，促进学生对抽象概念的理解。

4. 运用电视特效表达内容

在设计电视课程时还可以注意各种电视特效的使用。过去要在视频中使用特技效果需要比较复杂的技术，现在利用一些视频非线性编辑工具，普通教师经过简单的训练都可以实现，如画中画、色键抠像等视频特技的运用。因此在编辑电视教材的时候，尽可能多地运用这些视频特效，以提升电视教材的表现力。

5. 良好的构图质量

在设计与制作电视课程时，电视画面质量的高低也是影响电视课程教学效果的重要因素，而构图的好坏则影响到电视画面所呈现出来的内容是否准确。

电视画面的质量主要受到数码摄像机的影响。目前可以使用的数码摄像机主要有广播档的摄像机、专业摄像机和家用摄像机。如果是远程教育机构专门安排人员制作的电视课程，则可以按照机构承受能力的不同，选择广播档或者专业摄像机进行制作。对于普通教师自行录制的电视课程片段，可以使用高清晰度的家用摄像机，但要注意防抖措施，最好使用三脚架协助拍摄。

在拍摄时，还要注意构图等方面的问题。远程教育机构的电视课程制作人员在这方面有专业训练，因此构图方面并不会出现问题。然而随着普通教师自行制作电视课程的机会越来越多，很多教师在制作时往往会忽视画面构图这一基本要求，特别是动态画面的构图，一旦画面出现运动，构图就可能出现严重缺陷。这需要教师平时多练习才能获得比较好的效果。虽然拍摄出来的视频材料已经具备了足够高的清晰度，但是在后期制作时，仍要注意方法的应用，如果不恰当地进行视频编辑，则还是有可能导致清晰度严重下降。

6. 色彩搭配的准确

设计电视课程时，色彩搭配的问题也是值得注意的，电视画面色彩的搭配涉及电视画面艺术性的高低。电视课程画面艺术性的高低则会影响到学生通过视频进行学习的效果，进而影响到学习的有效性。色彩搭配在课程设计的时候就应该表达清楚，以便在拍摄和后期制作的过程中能够更准确地表达教师的想法。

7. 电视表演的适度性

电视课程在设计时往往会涉及一些艺术表演的成分，这也是电视课程艺术性要求的重要组成部分。之所以会出现这些表演性质的内容，是因为在拍摄的时候会涉及各种经济性和技术性方面的因素。如为了节约开支，利用演播室布置的场景进行拍摄；也可能选用了电视台的工作人员来充当学生。而在虚拟演播室技术不断获得应用的情况下，利用一些虚拟的场景，也需要一定的表演技巧。

虽然不同表演方式的应用可以增加电视课程的吸引力，但是这种表演应该适度，也就是必须在严格的科学性和教学性的要求下进行适度的表演。表演是为教学服务的，不能够因此出现科学性的错误。

5.4.4　电视课程设计与开发的步骤

电视课程传播面广，传播效果较好。按照不同类型的电视课程设计和开发的要求，电视课程的设计和开发包括了以下几个步骤：

1. 电视课程目标的设置

在这一步骤中，需要设定具体的电视课程目标。电视课程目标可以分为行为类目标、认知目标、文化类目标、发展类目标四种。

对于行为类的目标，需按照可以进行评价的方法来设计。所谓可以进行评价，就是存在一个行为标准可以进行测评。如"通过课程的学习，使得学生能够认知到我国在世界上的地位和作用"，这样的表述就是可以进行测评的；而如果表述为"通过课程的学习，使得学生能够增强民族自豪感"就属于比较高层次的认知目标。因此在制定这种行为目标时，通常包括行为实施的条件、行为过程、行为的结果三个部分。

对于技能训练性的内容，采用行为目标是比较合适的。而对于那些需要更高层次的认知能力的目标，可以采用认知目标来进行表述。

与行为目标不同，认知目标通常用比较抽象的动词来描述，如懂得、了解、掌握等。采用了这些词语来描述目标以后，课程设计需要针对更高级的认知过程进行评价。而对学生的评价也主要通过定性的方式来进行。

文化类的目标是要考察该课程与整个社会文化需求是否一致，涵盖了以下四个方面：

①适应性，即能够适应社会文化的需求。

②发展性，即促进整个社会文化的发展。

③多元性，即能够适应多元文化的要求。

④科学性，即能够适应科学文化的发展需求。

发展类目标是为了促进学生的身心发展以及教师的专业发展。

从学生的身心发展这一方面来看，课程设计应该设置那些能够促进学生身体发展、认知发展的目标。在身体发展方面，课程目标能够呈现多元化的信息，这些信息需要学习者多种感官的参与。例如一些技能性和实践类的活动，有利于学生身体的成长。在认知发展这一方面，则要促进学习者能够向着更高的认知层次发展，能够培养他们批判性的思维能力。

从教师的专业发展这一方面来看，课程设计还要考虑到在教学过程中，教师是否能够在专业知识、专业技能、专业情感等方面得到促进和发展；是否能够提供给教师多种专业发展的形式；是否有助于教师之间的相互交流，有助于教师开展教学研究工作等。

2. 进行教学材料的选择

教学材料的选择可以从多方面来进行。首先，对于一些已经有很好基础的课程，可以从国家对有关专业设置的基本要求、教学计划、专业培养目标等方面来综合考虑。其次，要考虑到社会文化方面的因素，达到适应、促进、引领社会文化发展的目的。再次，还要考虑到电视课程的特点，选用那些适合采用视频来进行传播的教学材料。最后，就是要考虑到远程教育的特点。与普通高校不同，远程教育办学系统所面对的学生、采用的教学方法、使用的教学技术都有自身特点，在选用教学材料时也要针对这样的特点来进行。

另外随着网络技术的发展，电视课程在网络中的传播也会涉及不同的信息呈现出结构不同的问题。一般来说，单纯的视频适合表现过程，并将抽象的问题具体化。另外视频材料还能够进行直播，可以将现场实景通过学生的客户端进行直播。而通过现场录制的方式，还可以积累各种素材，满足后期编辑的需求。

但是这种纯粹的视频是动态的，即便学生能够灵活地控制播放过程，要想如同观看照片那样仔细观察细节还是有点困难的。因此在设计教学材料时，纯粹的视频主要用来满足表现过程、进行直播的需要。

另一类需要仔细阅读观察的材料，比如文字、实验数据等，可以利用网页辅助呈现。学生在收听收看视频的时候，暂停下来，仔细阅读文字材料，观察分析图片，可以获得比较好的学习效果。

3. 电视课程的教学设计

对电视课程进行教学设计也遵循系统化教学设计的方法和步骤，采用了 ADDIE 方法以后，可以将电视课程的教学设计划分为分析、设计、开发、实施、评估五个步骤。在进行电视课程设计和开发时，注意到教学设计各环节在课程设计中的具体安排，对于促进教学设计的不断改进有极大的帮助。

（1）分析。

在分析这一步骤，需要了解电视课程教学过程中，教学应用的整体框架以及各种因素的需求。电视课程教学应用的整体框架涉及教学过程中各种因素之间的相互作用关系。按照各因素相互之间的关系不同，可以形成电视课程中不同的信息传播方式，这些信息传播方式大致可以分为以下几种类型：

①展示过程。

这对应了图解型的电视课程教学。通过视频来展示一个动态的过程，或者采用视频将抽象的问题直观化，有助于促进学生对抽象知识的理解。这种方法的特点在于，教师是教学材料的制作者，而学生则通过媒体来进行学习。

②课堂直播。

利用摄像机实时记录课堂教学的实况，然后在网络上直播，或者对课堂教学进行录制，再利用电视系统或网络将课堂教学过程播放出来。在这种教学方法中，教师通过媒体与学生交流信息。

③演示技能。

在这种信息传播方式中，学生利用摄像机等设备进行技能训练录像，然后利用网络进行重播，供自己和其他学生观看，以获得反馈信息。在这种方式中，学生和媒体之间有比较多的交互，学生不断向媒体输入信息，也不断从媒体中获得反馈信息。

④远程视频会议讨论。

教师和学生可以利用远程视频会议系统进行实时讨论。在这种信息传播方式中，媒体构建了实时视频传输环境，在这一环境中教师和学生之间发生了比较直接的相互作用。

⑤角色扮演。

在这种信息传播的过程中，学生扮演某个角色，然后利用该角色发表自己的各种看法，与其他同学以及教师进行视频交流。角色扮演过程中，主要是学生之间的相互交流，媒体则起到一个工具的作用。利用摄像机可以满足学生记录影像的需求，而网络则可以将学生的影像传播出去。

（2）设计。

在设计这一个环节中，按照 ADDIE 教学设计方法的要求，涉及电视课程学习目标的确定、任务完成测试方法、学习步骤的设计、学习者起点知识分析、形成顺序和结构化教学方案等步骤。

与课程目标有所不同，电视课程的学习目标主要针对学生，期望学生能够达到一个什么样的水平，主要涉及行为目标和认知目标的制定。学习目标的确定与课程目标的确定是从属关系。

任务完成测试方法则是要制定出具体的评价措施，如设计制作出相应的试题库以及每道试题对应的评分标准等。这些试题库能够满足测评学生是否达到学习目标的基本需求。

在学习步骤的设计方面，则注意不同的电视课程教学方法导致的学习步骤安排方面的区别。

学习者起点知识分析则要分析学生使用电视课程进行学习时，已经具备了哪些起点知识，这些知识是否足够完成所需的教学任务。对于采用视频图解、直播、角色扮演等方法来进行的电视课程教学，学习者的起点知识与电视课程内容所依赖的知识之间具有一定的关联性。对于技能训练以及远程视频会议等方法的应用，除了课程内容前后知识之间的关联性以外，还涉及学生是否掌握足够的视频编辑和制作方面的知识。

从顺序和结构化教学方案的形成这一环节来看，不同的电视课程教学方法的应用所涉及的环节是不同的，因此每一种教学方法的应用，要有不同的教学方案与之对应。

（3）开发。

在开发这一环节，主要确定电视课程教学法、选择合适的媒体、确定教学资源、设计教学活动、安排形成性评价等。

电视课程教学方法包括了图解教学法、直播教学法、演示教学法、技能训练法、视频会议法、角色扮演法等。每一种教学方法针对的教学内容是不同的，应该按照教学目标来选择不同的教学方法。

在选择合适的媒体方面，要依据教学方法的不同灵活地进行选择。对于图解教学法，可以使用视频、文字、图片相结合的方法来进行；而直播教学法，可以只选择视频，也可以选择文本等其他信息进行配合；演示教学法主要采用视频方式；视频会议法可以结合文本和画图板等传输媒体来进行辅助；角色扮演则主要以视频传输为主。

教学资源方面可以是已有的录像资源，也可以是网络方面的资源，还可以按照课程的需要进行制作。

教学活动则依赖于已选择的教学方法、媒体和资源。教师可以根据实际情况，安排自学、辅导、讨论、探究等多种活动。

安排形成性评价方面，则主要考虑可通过哪些方式来进行课程学习的评价，如可通过讨论发言的情况来进行评分，还可以通过论文或卷面考查的形式等。电视课程由于普遍采用了视频信息来进行教学，因此评价方面可以侧重于让学生提交视频，也可以通过远程视频会议系统记录学生的讨论情况来实施形成性评价。

（4）实施。

在实施方面，主要考虑电视课程的学习管理、教学材料的发放、教学资源的索引、不同教学方法的应用、形成性评价的实施、不恰当措施的不断改进等方面的内容。

在电视课程的学习管理方面，要注意收集学习者的各种信息。这些信息包括参与课程学习的情况，这可以通过一些网络教学平台来完成。通常一些网络教学平台都能够记录下学生的登录信息，并将这些信息自动记录到课程学习的记录文件中。而在参加远程视频会议等其他形式教学活动时，学生视频会议讨论的情况也是教师在教学中期望能够记录的信息。因此平台中还应该具备一定的视频管理能力。如通过缩略图的功能，对学生的讨论情况进行截图，并存储到数据库中，以便教师在讨论结束后及时对学生进行评价。另外，学习管理还涉及对学生作业的管理和参与其他学习活动的管理等。

在教学材料的发放方面，电视课程的教学材料主要通过电视系统或网络平台进行播放。也可以通过邮寄光盘、半导体存储卡来进行发放。教学资源的索引则涉及如何利用搜索引擎以及各种资源索引工具，对网络上的视频资源进行索引归类，以便在教学过程中按照需要将这些资源及时提供给教师和学生使用。

不同教学方法的应用指的是图解、直播、演示、技能训练、视频会议和角色扮演等多种方法的应用。这些方法在实施时要注意具体的操作性问题。如图解的方法通常与抽象的文字材料配合在一起，这样既可以提供给学生抽象材料以便归纳总结，也可以提供视频满足直观的需求。其他的教学方法也有类似的特点。

在形成性评价的实施方面，则要注意形成性评价与总结性评价的不同，实施形成性评价的目的是要促进学生的学习。因此在实施时除了可以采用多种形式以外，还要及时将评价的信息反馈给学生，让学生知道自己的学习存在哪些不足。

而在改进不恰当的措施这一方面则是在设计实施过程时要加以特别注意的。任何一个设计方案都不可能是完美的，总是可能存在这样或者那样的问题，最有效的方法就是在实践中及时进行改进。因此在教学设计的方案中应该预留出改进的空间，以便在发现不足时，及时对一些细节进行调整。当小的调整达到一定程度以后，就可以修改设计方案，以便适应新的教学条件的需求。

（5）评估。

教学设计的过程本身也需要不断进行评估，评估的结果将作为改进电视教学设计的基本依据。评估的过程可以落实到每一个环节之中，可以一边设计一边改进，也可以在设计完成之后进行。这样可以对电视课程教学设计进行整体评估，了解教学设计是否达到最初预期的效果。

4. 分析促进学生发展的环节

在电视课程设计与开发时，注意学生的发展问题是电视课程获得不断改进和发展的动力所在。对于学生发展的分析主要集中在学生的身体和心理发展两个方面。

在身体发展方面，可以注意远程教育系统中学生的特点。远程教育系统中的学生都已经成人，绝大部分都已经工作，因此采用远程教育这种方式主要是弥补知识的不足。而在这种教师和学生处于物理分离状态的教学过程中，所进行的课程设计与开发很容易只注意知识的学习而忽视学生的身体发展。要改进这一问题，可以在课程教学的各个环节中增加一些活动类和实践类的内容，提供给学生一些在家里或办公室就可进行体育锻炼的节目。除了体育锻炼的节目以外，音乐欣赏等节目也有助于学生的身体发展。

在心理发展方面，尽管学生已经成人，但是人的成长过程有阶段性的特点。中国古代伟大的教育家、思想家孔子就指出："吾十有五，而志于学。三十而立，四十而不惑，五十而知天命，六十而耳顺，七十而从心所欲，不逾矩。"反映的就是人在成年以后心理发展的阶段性特点。在远程教育课程设计与开发时，可以注意到学生发展的这些阶段性特点，有针对性地进行课程的设计与开发，安排课程教学内容和方法等，可以有效促进学生的心理发展。

5. 进行课程评估

与网络课程相比，电视课程教学发展的历史较长，也积累了很多的经验，在电视课程设计时，课程评估是改进课程设计的有效途径。

进行课程评估，可以在课程设计开始时，预先估计电视课程可能存在的各种问题。如现有的摄像条件如何、演播室是否准备充分等。这种诊断性评估，有助于后续的电视课程设计工作的有效进行。而在课程设计与开发的过程中，也可以进行发展性评估，以评估促进课程设计与开发过程的深入进行。

课程的发展性评估一方面要考虑课程设计过程本身存在的问题，如在每一个环节中，是否都能够按照预定的要求实施下去？而如果某个环节出现了问题，则又如何进行改正？不断按照一定的标准对课程设计与开发进行评估，有助于发现并改进课程设计与开发过程中存在的问题。

电视课程的发展性评估也要考虑课程的设计与开发是否有助于促进学生的身心发展和教师的专业发展。包括电视课程的教学材料是否能够满足学生身体和心理发展的需要，也包括在实施电视教学的过程中，教师能否得到有效的专业发展等。

6. 课程设计修改

在评估的过程中，如果发现存在问题，则可以对存在问题的环节进行修改。修改可以是有针对性地修改某一个环节，也可以是全面的修改，这种全面的修改会涉及电视课程设计过程中的所有环节。修改后将获得一个全新的课程设计方案。

5.5　网络课程的设计与开发

5.5.1　网络课程的特点和类型

与电视课程不同，网络课程呈现的信息更加丰富，同时网络课程的交互性更强。网络课程主要通过网页来呈现教学内容。其特点如下：

（1）网络课程的载体是计算机网络，这是与电视课程的主要区别。

（2）网络课程采用超链接的形式对各种资源进行连接，形成知识之间的网状结构。

（3）网络课程利用多媒体信息来呈现教学内容。这些多媒体信息包括文本、图形、图像、动画、视频、音频等。

（4）网络课程的教学可以采用同步和异步两种方法。

（5）网络课程的教学可以通过已有的网络教学平台来实现。

网络课程的类型比较多。按照教师和学生之间的关系来看，网络课程可分成两种类型：同步课程和异步课程。

同步课程的特点在于教师和学生同时在线，学生在学习过程中碰到任何问题都可以通过网络教学平台提交给教师，教师及时予以解答。其优点在于教师与学生之间的交互性强，能够及时解决学生在学习过程中出现的各种问题。目前这种教学方式在远程教育课程中使用得比较广泛。而结合 QQ 等实时聊天工具，还可以有效地整合其他方法并应用于教学过程中，促进学习有效性的提高。这种同步教学的方法也有缺点，就是不能满足不同时段上网的学生的需求。特别是海外学生，如果这些海外学生位于不同的时区，就很难按照同步教学的需要来开展教学活动了。

异步课程主要通过网络存储功能，将课程内容存储在服务器中，学生通过教师存储的教学材料进行自主的学习。学生也可以通过论坛或者留言本提出问题。目前的实时通信工具也具备保存留言的功能，教师在不同的时间段上线都可以看到学生的留言，并作出准确的反馈。异步课程的优点在于适应性较好，能够满足学生随时随地学习的要求。缺点就是教师和学生之间的交互性差，教师的反馈信息有延迟的现象，学生的问题不能够得到及时解决。

5.5.2 网络课程的结构

网络课程的结构主要分成以下几个部分：

1. 网络课程平台

这是网络课程运行的基础性平台。在这个平台上，可以实现网络课程全方位的管理。目前这种网络平台主要有三种，一种是收费的商业网络课程平台，如 Blackboard 平台等；第二种是免费的教学平台，如 Moodle 平台等；第三种则是学校自行开发的网络教学平台，具备适合于一个学校特点的功能，如麻省理工学院的开放课程平台等。

2. 教学资源系统

教学资源系统中最主要的功能就是上传课件。利用这样的系统，教师可以将视频文件、音频文件、演示文稿、Word 文档、PDF 文件等上传到平台，供学生下载浏览使用。由于不需要了解网站的制作原理，这样的资源管理系统容易使用，教师上传资源也非常简单方便。

3. 教学管理系统

主要满足课程教学过程中各种教学管理方面的需要。这些管理功能包括添加不同的角色、教学活动的安排、学生作业的收取和批改、学生成绩的登记和评分等。

4. 学生活动系统

学生活动系统主要用来安排各种教学活动，在网络课程中各种教学方法的应用也主要通过这一系统来完成。学生活动系统通常可以实现组织学生就某一个话题进行讨论、提供给学生进行学习练习、探究活动的选题、相互合作完成某个任务的主题等功能。

5. 网站管理系统

网站管理系统用来实现对整个网络教学平台的管理，这一功能通常由网络平台的管理员来完成。当然对于普通教师来说，按照管理员分配的权限不同，教师也可以拥有一些比较简单的网站管理权限。如查看学生登录的日志、增加或者删除部分功能等。

5.5.3 网络课程设计原则

在设计网络课程时应注意以下几个方面的原则：

1. 自主学习原则

自主学习原则是网络课程设计最基本的要求。由于采用了远程教育的形式，教师和学生在物理时空层处于分离状态。而在远程教育层，则又可以采用同步课程和异步课程两种形式。这时候教师应该摒弃与学生能够实现无阻挡交流的想法，毕竟技术的能力总是有一定局限性。因此教师在课程设计时，应多考虑学生自主学习的需求，尽可能多地设计一些环节让学习者自主进行探索、研究、发现知识。

2. 多媒体信息呈现原则

网络课程的内容应该按照不同课程内容的需要，合理安排多媒体材料，不应该简单地使用文字来呈现内容。如语言类课程可以考虑多使用音频材料；文学艺术类可以考虑多使用视频资料；而一些理论性比较强的知识，则可以考虑使用直播视频的方式。

3. 活动丰富原则

在设计网络课程时，应考虑多安排各种学习活动。这些学习活动可以让学生学习的主动性明显增强，一些形式生动活泼的网络活动，还可以提高学生对课程学习的兴趣。在网络课程中可以提供的活动形式包括论坛讨论、探究、反思、作业提交、形成性测验、实时文本聊天、远程视频会议等。

4. 多种评价方式结合原则

在网络课程中，学习评价起到了一个非常重要的作用，也是学习有效性的有力保证。由于计算机网络具备了信息处理功能，利用网络教学平台还可以实现对学生参与多种评价方式获得的评分进行综合处理。这样在学生最终的总评成绩中，就可以包含多种评价方式获得的评分，不再出现一次考试就确定学生学习结果的状况。多种评价方式的结合，也有助于更加全面、科学地评价学生的学习。这对于有着不同学习习惯的学生来说，能够获得更加平等的参与评价的机会。

5. 资源性原则

这一原则要求在网络课程设计时，要充分发挥网络资源的优势。教学过程不应仅局限于课程本身提供的教学材料，尽可能全面地对网络上相关的资源进行索引，学生在学习时也可以随时链接到网络课程平台以外，参考这些资源进行学习。

6. 科学性原则

科学性原则要求网络课程在传递知识和各种资源时，不应该出现科学性的错误。网络课程本身的课件材料由教师直接提供，教师是把关人，因此这一方面的科学性是可以得到有效保证的。然而那些链接到外部的资源，则可能出现科学性的错误，教师在进行资源索引时要仔细甄别。另外也可以通过协作学习平台，让学生就一些容易混淆的问题进行协作讨论，共同寻找、补充正确的知识，这也是一种比较好的网络课程教学应用方法。

7. 技术性原则

技术性原则要求网络课程的制作技术应该是先进的，网络课程制作技术的应用应该是熟练的。由于现在的网络课程都通过平台的方式来实现，技术性的要求就是教师对网络课程平台能够熟练使用。这可以通过集中培训以及教师在制作和使用网络课程平台时不断增强相关的知识和技能来实现。当然对于一些网络课程平台，如果给教师更灵活的技术发挥的空间，那么教师还可以对自己设计的网络课程进行适当的技术提升，以便获得更好的信息传播效果。

8. 艺术性原则

该原则指的是网络课程的呈现应该能够满足一定的艺术审美需求。如文字的排版、颜色的搭配、视频和照片的构图等多方面的要求。

5.5.4 网络课程的设计与开发步骤

网络课程的设计与开发包括了以下几个步骤：

1. 课程目标的设置

同电视课程一样，网络课程的设计与开发目标也可以分为行为目标、认知目标、文化目标、发展目标四种。

在行为目标和认知目标的设置方面，网络课程的目标最终是可以落实到网络教学平台中，并将这些目标与具体的某个功能模块整合在一起。如课程目标"通过课程的学习，使得学生能够认知到我国在世界上的地位和作用"。设置好以后，学生可以登录网络课程提供的作业提交平台，完成选择题的练习，上传制作好的 Word 文档、视频材料等，提交给教师进行批改。网络教学平台的功能丰富，每一个目标都可以对应一个或多个活动模块来实现，这是电视课程等方式难以实现的。

在文化目标的设置方面，网络课程也有自己的特点，即必须充分考虑到伴随着互联网的发展而形成的影响力比较大的网络文化。因此在进行网络课程设计与开发时，要考虑网络课程如何适应网络文化，并能够引领网络文化向着一个更高、更健康的层次发展。

在发展目标方面，网络课程也可以如同电视课程一样促进学生的身心发展。同电视课程有所区别的是，网络课程中学生的发展具备更加明显的自主性特点。在教师专业发展方面，网络课程的设计与开发可以考虑结合多种教师专业发展的网络化方法进行。如通过同伴互助、专家引领、教学研究、教学反思等多种方法。这也正好结合了网络平台的优点。

2. 进行教学材料的选择

网络课程不是课本的简单搬家，对于教学材料应当根据需要进行适当的改进，或增加一些新的材料。在改进和新增教学材料的过程中，可以做以下几个方面的考虑：

（1）教学大纲的要求。

新增的教学材料不应该超出教学大纲的要求。如果一些材料确实超出了教学大纲的要求，这时一定要在网络课程中进行详细的说明。

（2）网络课程的特点。

与以文字为主的教材不同，网络课程以多媒体形式呈现教学内容。因此在网络课程中补充的资源应该是多媒体形式的，这样才能够更有效地与其他教材相互配合使用。

（3）远程教学的特点。

利用网络课程可以实现远程教学。然而无论是同步课程还是异步课程，教师和学生在物理空间上都是相互分离的，因此教师和学生之间如何有效地交流信息是在网络课程设计与开发时应该考虑的一个重要的问题。

（4）考虑内容的要求。

在选择以何种形式来表达内容时，要考虑到不同的多媒体信息的表现能力。一般来说，文字适合表达抽象的概念；视频适合表示过程；图像适合仔细观察某种现象；动画能够将一个抽象的过程结构化；音频则适合表现语言和声音类的内容等。

（5）考虑网络文化的因素。

网络课程也是网络文化的一个重要组成部分，网络课程中教学材料的增加也会影响网络文化的建设。因此网络课程中应该选择那些能够促进网络文化积极健康向上发展的材料。

3. 网络课程的教学设计

（1）分析。

在网络课程教学设计的分析环节，一方面要构建网络课程教学应用的整体框架结构，通过这样的框架结构，能够了解网络课程未来的应用方式；另一方面还要分析网络课程教学应用过程中各种因素之间的相互作用关系，这些相互作用关系形成了不同的网络课程教学应用模式，包括了同步教学模式和异步教学模式。

在同步教学模式中，教师和学生通过网络课程平台紧密地联系在一起。而在异步教学模式中，学生与网络教学平台、教师与网络教学平台之间的交流则更加密切一些，但教师与学生之间的交流出现了延迟的现象。

（2）设计。

网络课程教学设计的第一个环节是网络课程的教学目标的确定。网络课程的教学目标主要为行为目标和认知目标。这两大类目标确定好以后，就可以落实到网络平台所提供的各种模块之中。并利用这些模块有效地结合评价等措施，来判断学生达到目标的情况。

网络课程教学设计的第二个环节是任务完成测试方法的确定。就是设置网络试题库和试题的评分标准。目前网络平台中的试题库可以提供多种形式的试题，包括选择题、填空题、判断题、问答题等。如果这些形式不能够满足要求，还可以通过提交文档的方式来实现。

第三个环节是学习步骤的设计。在这一个环节中，教师要设计出如何让学生进行网络课程学习的步骤。很多网络教学平台中也提供了这个功能，主要是通过限制访问的方法来实现。就是按照教师设定的教学日历，在特定的时间段中显示某部分的辅导材料，学生也只能够在规定的时间内提交作业、完成各种活动。这种网络教学平台安排的学习步骤是具有一定的强制性的，这可以有效地保证整个班级学习步调的一致性，保证课程教学过程的顺利进行。

第四个环节是学习者起点知识分析。在这个环节中可以通过安排一次诊断性测验，来了解学习者的基本情况和已经掌握的起点知识等。当然也可以通过在课程论坛中的讨论来进行定性的分析。网络课程中学习者的起点知识包含了网络教学平台的使用知识。这样的起点知识是必要的。虽然网络课程采用了比较简单的界面，然而这样的界面对于初学者来说还很陌生，如果不经过适当的培训，学习者在后续的学习过程中可能就会出现严重的不适应的现象，影响学习有效性的提升。

第五个环节是形成顺序和结构化教学方案。现在的网络教学平台都具备了一定的教学设计功能，因此教学方案的顺序化和结构化就显得非常重要，这种顺序化和结构化是将教学设计方案落实到网络课程教学过程中的有力保证。

（3）开发。

在开发这一环节，主要工作是确定网络课程的教学方法、选择合适的媒体、确定教学资源、设计教学活动、安排形成性评价等。

网络课程中的同步教学和异步教学两种方法的选择，主要依据课程的具体内容以及教师和学生的时间安排来确定。对于一些探究、反思的教学内容，需要学生独立自主完成学习任务，此时通过异步教学方式能够取得比较好的效果。而如果教师和学生都能够保证同时在线，则可以使用同步教学的方式。

在媒体方面，主要按照教学内容的需要，灵活地选择不同的多媒体信息来呈现教学内容。当然在选择媒体时还要考虑现实的要求。如果条件不允许使用视频的方式，则可以考虑使用其他的多媒体信息来替代。

在教学资源方面，则可以充分发挥互联网丰富的教学资源优势，在课程内容方面进行适当的引用，也可以对不同的资源进行索引，以供学习者参考。

网络课程教学活动的设计也可以结合网络平台来完成。在很多的网络平台中，都设计有完善的教学活动功能，教师只需要简单地进行鼠标的点击和拖放，就可以在课程的某一个环节中迅速地添加一个教学活动安排。

安排形成性评价也是网络教学平台很容易实现的功能。网络平台提供的形成性评价形式多样、内容丰富，能够结合系统的数据库进行平时成绩的汇总和登记等。

（4）实施。

在学习管理方面，教师可以通过网络平台来管理学生的学习。如收集学生的注册信息、了解学生其他课程的学习成绩，记录学生完成的形成性评价成绩，以便与期末考试成绩组合在一起，形成总评成绩。还可以通过学习管理系统保存学生提交的作业，教师对作业的评分也将记录在学生管理系统中。

在教学材料的发放方面，网络课程的教学材料主要通过网络教学平台来进行发放。为了保护版权，很多的网络教学平台并不允许学生将这些材料复制保存到本地计算机上。当然如果教师希望提供一些文件供学生下载，则可以通过文件传输协议或者电子邮件的方式向学生发送。

在教学方法方面，主要考虑综合应用同步和异步两种教学方法，另外一些功能比较强大的网络教学平台还提供了其他教学方法来配合使用。如在 Moodle 教学平台上就提供了一个简单的维基百科系统，利用该系统学生可以开展合作学习。

在形成性评价的实施方面，利用网络教学平台来完成也是比较方便的。学生登录平台以后，就可以按照教师安排的活动来完成形成性练习。如果是选择题、判断题，平台自动给出学生的评价结果，学生也可以及时获得评价信息。如果是上传文件等方式，则需要教师手工批改，学生获得反馈信息将会延迟。

在网络课程教学不断深入的过程中，教师如果发现了问题，则应该有足够的余地来改进自己的教学设计方案，从而实现更加有效的网络课程教学。

4. 分析促进学生发展的环节

网络课程在设计与开发时也要重视学生的发展问题。网络课程中能够促进学生发展的环节主要体现在知识的学习以及参与各种网络课程的活动。这与电视课程的要求基本相同。

然而网络课程也有自己的一些特点，这些特点表现在交互性和合作性两个方面。

从交互性方面来看，网络课程避免了一些视频课程单向信息传输的问题，能够满足学生在学习的过程中发表自己看法的需求。这对于学生身心的健康成长是很有帮助的。由于学生不是机械被动地接收教学信息，能够发挥学习的主动性，对接收到的内容进行评价，这对于学生形成完整的人格很有帮助。

而从合作性这一方面来看，网络课程给学生提供了相互合作的良好平台。学生可以在这样的平台上，与其他学生充分交流学习的心得体会，并利用合作学习平台共同完成一些学习任务，这可以有效地培养学生的合作精神。

基于上述两个特点的考虑，在网络课程设计与开发时，应尽可能提高网络课程的交互性与合作性，努力设计开发出能够促进学生之间交流与合作的功能模块。

5. 进行课程评估

网络课程也需要进行不断评估，这样才能够完善网络课程的设计与开发，促进网络课程的有效应用。

网络课程的评估可以在课程设计与开发之前进行，这种评估为诊断性评估。利用诊断性评估，可以了解需要什么样的网络课程、目前制作网络课程已经具备了哪些技术方面的条件等。

网络课程评估应用最多的还是发展性评估。发展性评估在网络课程设计与开发的过程中进行。阶段性的发展性评估形式多样，评估的人员组成也可以很灵活。教师在设计与开发网络课程时，每一个很小的环节都可以进行这样的评估，了解网络课程设计与开发的每一个环节是否符合课程目标的要求，是否达到了促进学生发展的目的等。网络课程的发展性评估还要考虑网络课程设计与开发能否有助于促进教师的专业发展。

而通过专家组评估方式，则是提高网络课程专业性的有效方式。通过专门的时间和地点，集中对网络平台中正在运行的网络课程进行专家会诊，指出其中存在的问题，然后将意见提交给教师，可以帮助教师改进自己难以发现的问题，确保课程在今后教学的过程中得到更加有效的应用。专家组的成员可以是网络课程的专家，也可以是网络技术、网络教学平台的专家，还包括了一些有着丰富经验的制作网络课程的教师等。

在网络课程设计与开发结束以后，还可以进行总结性的评估。这一评估一般由专家组来完成，主要是对已经设计与开发好的网络课程进行一次最终的评估，看其是否符合设计与开发的要求。如果不符合，应该拒绝将其放到网络平台上，并进行适当的修改。

6. 课程设计与开发修改

在形成性评估和总结性评估得出了需要修改的结论以后，就要对网络课程设计与开发进行修改，可以是部分内容或者模块的修改，这样网络课程整体结构还可以保留下来。而如果需要全面修改，则网络课程的整体结构就会产生比较大的调整。这种大幅度的调整需要投入大量的时间去完成，因此应该尽量避免这种大幅度修改。解决的方法就是在发展性评估过程中，及时发现和解决问题。

5.6　社会网络课程的设计与开发

5.6.1　社会网络的功能

社会网络在教学中的应用也越来越广泛，一些课程甚至可以全部采用社会网络来进行教学。社会网络也属于 Web 2.0 的理念，通过丰富的用户体验，让用户能够更加自由地使用互联网。

在教学过程中，社会网络具备很多网络课程所不具备的信息传输的特点，能够满足学习者相互合作的需要。社会网络具备以下几个方面的功能：

1. 实时通信

利用实时通信工具以及微博可以实现实时通信的功能，其中实时通信工具的实时通信功能更强，而微博等社会网络的实时通信功能稍弱一些，但是两者在社会网络中所起的作用是不同的。如 QQ 这样的实时通信工具主要实现了点对点的通信；而微博这种实时通信则实现了点到面和面到面的通信。

2. 群体合作

社会网络可以实现群体之间的相互合作。在一些社会网络平台上，参与的人员可以对整个群体作出自己的贡献，并与其他的成员进行分享。而其他的成员也可以从别人分享的经验中获得启发，然后作出自己的贡献。

3. 社会交往

社会网络的另一个重要的功能就是满足群体社会交往的需求。通过社交网络，特别是一些实名的社交网络，可以向成员提供足够的个人信息。而计算机也能够根据成员提供的个人信息，在数据库中进行自动匹配，从而为每一个成员寻找到与自己的兴趣、爱好、研究方向基本相同的成员，并提供深入交流的平台。

4. 信息共享

通过微博这样的社会网络，可以将一个成员的信息上传到网络上，满足信息共享的需求。这种信息共享的特点也在逐渐改变已有的社会文化结构，对社会的发展产生深远的影响。在远程教育系统中，这种信息共享有助于学生以最快的速度获得各种教学方面的信息，同时也可以通过其他成员索引的资源来支持自己的学习。

5. 构建虚拟网络与现实世界的桥梁

网络本身是一个虚拟世界，在网络上包括了各种虚拟社区、论坛、网络学校等组织。利用社会网络可以将这些虚拟世界的成员与现实世界有效地衔接在一起。如通过社会网络，所有学生都紧密联系在一起。在现实世界，则可以按照社交网络形成的组织结构，进行进一步的学习和参与活动的分工。

5.6.2　社会网络的类型

社会网络的种类繁多，有广义和狭义之分。从广义上来看，只要能够促进群体之间相互合作、信息分享、社会交往的网络工具都可以称为社会网络。而狭义的社会网络仅仅指社交网络。

从使用的网络技术构成来看，广义的社会网络系统主要包括社交网络、微博系统、实时通信工具三种。

按照所解决的问题来进行划分，广义的社会网络又可以划分为通信类社会网络、合作解决问题类社会网络、社会交往类社会网络、信息和资源共享类社会网络、沟通桥梁类社会网络。

从交往的目的来看，广义的社会网络可以分为以下几种类型：

1. 情感纽带型社会网络

这一类社会网络主要满足个体情感交流的需要，用来表达自己的看法，并期望自己的表达能够获得其他人的认可。这种情感型的社会网络包括 QQ 群组等。

2. 社会交往型

这类社会网络满足了网民在网络上进行社会交往的需要，因此也被称作社交网络。所谓的社交网络可以界定为那些能够通过网络的方式提供给用户进行社会交往的网络技术。这种社会交往指的是与社会接触，与其他人交流感情和信息。通过这种社会交往，用户能够找到一种情感上的归属感，并将自己纳入一个群体之中。社交网络包括 Facebook、人人网等。

3. 消息广播型社会网络

这一类社会网络的特点就是以最快的速度将自己获得的消息在网络中传播出去。这种方式强调的是消息的快速传播。这一类社会网络包括 Twitter、新浪微博等。

4. 知识共享型社会网络

这一类社会网络主要满足个体与其他用户共享各种知识，并合作解决一些专业性很强的问题的需要。这类社会网络注重知识的积累与传播，包括了维基百科、百度百科等。这类网络还包括一些开源项目网站，如 Moodle 项目网站，在该网站上可以参与该项目，然后对项目的源代码作出自己的贡献。也可以下载程序，安装调试，并指出软件运行过程中存在的问题。而维基百科和百度百科则允许所有成员共同对百科知识进行修改，增加自己认为合适的内容。当然，为了保证百科条目的正确性，要安排专业人士甄别把关。

5. 专业型社会网络

这一类社会网络的特点就是面向特定的群体，如教师、学者等。现在已经有一些针对教育领域的社会网络，这种社会网络专门提供教育方面的交流与分享，包括教师之间的交流。另外面向不同专业领域的虚拟社区也属于这一类，如一些专业的博客平台，发展初期主要用来取代个人网站。博客平台有一个宿主网站，宿主网站通过建立虚拟社区使所有博客用户可以相互交流，这便形成一种比较强的情感纽带，如"科学网"等。而如同 Linkedin 这样的网站则是为了满足专业人士相互之间建立联系的需要。

6. 办公型网络

这种网络也具备上述社会网络的多种特征，因此也属于一种社会网络。这种网络办公平台的特点在于通过一种层级的结构，可以使参与网络办公的所有个体都能够获得比较一致的行动指令。这是一种整体性的体现，其整体性是由于开设网络办公系统的机构所决定的。如当一个机构作出了某项决定的时候，通过网络办公系统发放通知，就可以令所有的个体产生一致的行动。

7. 连接桥梁型网络

这一类社交网络用来连接网络虚拟世界与现实世界，以便用户能够在网络和现实中灵活地切换自己的角色，促进现实世界中人与人之间的交往。同时，现实世界中的人际交往反过来又促进了人际关系在网络世界的发展。这一类社会网络包括了实时聊天工具、虚拟社区等。

如一些专业人士频繁使用网络来开展科学研究，在网络中接触到了很多的同行，为了在现实世界中也能够与这些同行进行交流，需要借助这一类的社会网络来完成从虚拟网络到现实世界的转换。其中比较典型的如 Linkedin 网站，该网站提供了专业人士之间的兴趣爱好的匹配功能。这样，任何一个专业人士都可以在全世界范围内找到与自己的研究兴趣相同的人，并可以通过其提供的联系方式与之在现实世界中进行交流。

5.6.3 社会网络在远程教育中的作用

在远程教育系统中，社会网络可以起到以下几个方面的作用：

1. 满足师生之间及学生之间广泛交流的需求

如 QQ、微博等多种社会网络工具可以满足师生之间进行广泛交流的需要，教学通知也可以通过微博向学生发布。另外教师在网络上最新索引的资源，也可以通过微博短链接的方式提供给学生。利用 QQ 群，则可以创建班级的群组。在该群组中，教师可以随时上传各种教学材料和课件，学生在学习过程中碰到的任何问题都可以通过该群进行讨论。

2. 满足学生之间合作解决问题的需求

利用维基百科这样的协作工具，学生可以就教师提供的选题协作解决该问题。也可以通过在线文档工具，利用协同写作的方式来编写某些文档，这也是一种合作解决问题的方式。

3. 促进学生之间良好人际关系的形成

在旧的远程教育系统中，学生之间如何有效地进行相互交流是个难以解决的问题，而在基于网络的远程教育系统中，学生可以通过社会网络工具建立良好的人际关系。

4. 实现各种网络资源的共享

利用视频播放网站，学生可以将自己的视频资源上传，供学习交流使用。教师也可以将教学视频资源及时上传，供学生学习复习使用。另外教师和学生都可以将自己索引的资源通过微博等社会网络工具进行分享。

5. 促进教师的教学和科学研究

利用各种专业性比较强的社会网络工具，可以促进教师与其他系统教师的广泛交流，及时分享自己教学研究和科学研究的信息。这对于教师的教学和科研工作有良好的促进作用，进而推动教师的专业发展。

6. 实现高效率的网络化管理

大型的远程教育系统涉及的因素会越来越复杂，加上远程教育本身的特点，要有效地进行远程教育系统的管理，应用各种社会网络工具是比较有效的方法和途径。这些社会网络工具既包括了常用的工具，如 QQ 等；也可以使用专用的网络办公系统，这样可以更有针对性地解决远程教育系统中的各种问题。

7. 为网络学习与现实学习提供桥梁

远程教育系统与普通全日制教育系统可以起到互相补充的作用。利用社会网络工具，则可以提供二者之间相互联系的桥梁。如通过社交网络，远程教育系统与普通高校系统的类型相同的专业、课程可以联系在一起，这有利于实现教学过程中的资源共享，也有利于实现两种教学方式的互补。

在一些普通高校，已经开设了远程授课的课程，学生可以选修这些课程。而远程教育系统中的学生也可以选修普通高校提供的选修课程。在这样的一种学分互认系统中，社交网络可以起到一个桥梁作用，连接网络学习与全日制学习。

5.6.4　社会网络课程的设计与开发步骤

1. 课程目标的设置

社会网络课程的目标设置涉及比较高的认知层次。因此在这类课程中，行为目标的表述方式是不太合适的。一般都要采用认知目标、文化目标、发展目标这三种方式来进行表述。

在认知目标的设置方面，需要表述出学生应该能够获得的对实际问题的分析、综合及评价的能力。而在社会网络课程中，通常还要通过案例分析的方法来对问题进行深入探讨，促进学生对抽象知识的理解。在文化目标的设置方面则主要考虑到网络文化的影响。在发展目标方面，主要考虑如何利用社会网络课程促进个人的发展。

（1）社会网络课程的认知目标可以分为以下几个层次：

①对问题的分析综合能力。

②对一个问题进行评价的能力。

③案例分析的能力。

④实践的能力。

⑤探究发现的能力。

⑥与其他学生合作解决问题的能力。

⑦资源整合与共享的能力。

（2）在文化目标方面，则涉及以下几个层次：

①适应当前网络文化的能力。

②对网络中美好与丑恶事物的甄别能力。

③运用所学知识引领网络文化的能力。

④宽容对待多元文化的能力。

⑤对课程内容的文化评价能力。

（3）在发展目标方面，涉及以下几个层次：

①能够结合自己的实际情况制订个人发展计划。

②能够反思自己的学习和成长历程。

③能够做到劳逸结合，不沉迷于网络。

④能够与人合作共同解决问题。

⑤无论在网络还是在现实世界都可以有效地与人交流。

2. 进行教学材料的选择

社会网络课程要解决的问题与普通网络课程有所不同，社会网络课程主要解决交往、合作、共享等方面的问题，因此在社会网络类课程的设计与开发过程中，教学材料的选择更侧重于学生的认知、文化及发展目标的实现。

在选择教学材料的时候，并不局限于教材，可以对教材有所突破。社会网络课程使用的教学材料主要取自于现实，可以是课程中一些重点和难点的问题，也可以是一个网络上出现的案例等等。

社会网络课程选择教学材料时，应该考虑以下几个方面：

（1）教学上的重点和难点问题。面对这些问题，如果学生的学习存在困难，可以考虑利用社会网络工具来促进学生之间的合作交流，共同解决这一类问题。

（2）需要高级认知能力才能解决的问题。这些问题的解决需要学生能够达到评价层次的目标。这种高级认知能力的运用，往往通过学生之间的充分交流与合作。

（3）一些媒体报道的比较典型的案例。这些案例与课程的教学目标以及教学大纲的要求有比较密切的联系，可以将这些案例放在社会网络中供学生进行讨论分析。

（4）一些实践性比较强的内容。如需要学生参与实验或者进入某个领域进行实习，可以通过社会网络工具使学生与指导教师之间、学生与学生之间保持密切联系。

（5）一些需要探究发现的内容。与这些内容有关的教学材料主要在网络上，而相关资源的分布也比较零散，这时候通过社会网络工具对这些资源进行索引和整理，培养学生探究发现的能力。

（6）需要学生相互合作解决的问题。如教师先提供这一类问题的背景资料，然后让多个学生利用维基百科平台或者在线文档工具，共同补充相关知识，最终以合作的方式来解决这一类问题。

3. 社会网络课程的教学设计

（1）分析。

在这一环节首先建立社会网络课程教学应用的整体框架。这一整体框架有助于我们理解这一类课程未来的运行方式。按照使用工具的不同，社会网络课程主要存在以下几种形式：①基于在线文档、维基百科平台的合作学习。②基于微博资源整合与分享的学习。③基于虚拟社区的同伴互助。④基于专业关系网站的研究交流。⑤基于人际关系的实践。⑥基于网络的学习管理。

具体选择哪一种教学方式，应依照课程的性质以及内容的需要灵活选择。

（2）设计。

在这一步骤中，包含了以下几个环节：

第一个环节是课程教学目标的确定。社会网络课程的教学目标主要涉及高级的认知目标、文化目标和发展目标。在目标的表述方面，主要用比较抽象的动词来进行描述，如理解、掌握、分析、评价、培养等。

第二个环节是任务完成测试方法的确定。由于社会网络课程的目标位于比较高的层次，因此无法通过行为目标的方式来进行表述，对是否有效达到目标的要求也主要采用定性的方式来进行评价。如学生参与活动的过程，学生提交的论文、设计方案，学生在合作学习过程中完成的作品等，都可以用来评价这些高级认知目标的完成情况。

第三个环节是学习步骤的设计。在这个环节，充分考虑到社会网络课程的特点，采用的学习步骤也跟普通的网络课程有很大的不同。通常社会网络课程的学习步骤包括明确学习目标、明确问题、进行分组、分配角色、搜索资源、补充知识、知识审核、完成任务、进行总结等。针对具体某一类型的社会网络课程，这些步骤可能会存在一些区别。

第四个环节是指学习者起点知识分析。在这一环节中，主要通过与学生在社会网络中进行讨论来实现，如通过在 QQ 群中与学生聊天，可以了解学生们对一些问题的看法，并从中发现学生在一些课程目标实现之前是否具备了必要的起点知识。另外还可以注意学生使用各种社会网络工具的情况。一些学生虽然在现实世界中能够达到认知层次的目标，但是由于不会使用社会网络工具，导致这些学生无法在社会网络中进行有效的表达。这也是影响学生学习有效性的一个重要因素。

第五个环节是形成顺序和结构化教学方案。由于社会网络课程的形式灵活多样，在教学过程中，也经常出现一些难以预测的问题，教师要灵活对待和处理。因此社会网络课程的教学方案通常比较松散，结构化程度也不如其他类型课程的教学方案。

社会网络课程中的教学方案须充分预估学生在学习过程中可能出现的各种状况，教师可以采用什么措施来解决出现的问题。如在讨论的过程中出现了冲突，教师可以采用什么样的解决方案将冲突引导到促进学生的发展上来。

（3）开发。

社会网络课程的开发涉及教学方法的选择、平台与资源的选择、教学活动的设计、评价方案的确定等环节。

在教学方法的选择方面，按照社会网络课程的不同类型，在讨论、合作、互助、资源共享、案例分析等方法中选择一种适合当前课程教学要求的教学方法。一般来说，那些不确定性比较大的课程内容，如一些人文哲学方面的观点，适合采用讨论的方法来进行教学；而那些理论性比较强，需要深入探讨分析才能够获得解答的问题，则适合通过合作互助的方式来解决；对于一些研究性的课程内容，则适合采用资源共享的方式来进行学习，这样可以在丰富的资源环境中，自主进行规律的探索和发现；对于社会科学中那些比较抽象的内容，则可以通过案例分析的方法来进行教学。

在选择使用何种课程平台来进行教学方面，可以从微博、实时通信工具、社交网站、在线文档、维基百科等多种社会网络平台中灵活选择。可以单独选择一种平台来进行教学，也可以同时将多种平台结合在一起进行教学。

在教学资源方面，则可以通过搜索引擎并结合文献管理工具来进行资源的索引，通过社会网络平台提供给学生；也可以让学生自行搜索结果，然后通过社会网络工具与其他同学分享。另外，教学资源还包括了自制的课件、视频、音频等教学材料，这些材料可以通过社会网络与学生共享。

教学活动的设计在社会网络课程的教学设计过程中占据了一个比较重要的地位。不同的教学方法、教学内容所采用的教学活动结构是不同的。如在基于资源的学习过程中进行教学活动的设计，就要考虑到学生分组、角色扮演等不同的教学活动形式。而在案例分析这样的教学活动中，则要考虑到资源搜索、学生反思等多种方法的配合。

在教学评价设计方面，基于社会网络课程的特点，教学评价一般偏重于定性评价，因此可以通过多种定性评价的方式来掌握学生的学习进展情况，包括调查、访谈、提交论文、提交作品等。当然这种定性评价方式也可以跟其他的定量评价方式结合在一起，达到科学评价的目的。

（4）实施。

社会网络课程的实施主要包括学习管理、教学材料的发放、教学方法的应用、形成性评价的实施、教学设计方案的改进等步骤。

在社会网络课程的学习管理方面，学生进入了社会网络系统以后，他们的个人资料都会被详细记录下来，这样可以使社会网络中的所有成员能够相互了解。另一方面详细的个人资料也有助于教师掌握学生的基本情况，可以在教学过程中更加有目的地落实各项教学措施。社会网络课程的另一个学习管理内容主要是评价结果的保存。由于主要采用定性的方式来进行评价，这些评价结果通常使用优、良、中、及格、不及格等评分等级来表示，为了能够与其他的定量评价结果结合在一起，要将这些等级评分换算成百分制。另外，学生提交的作业的保存问题也很重要。一些作业，如采用了视频的方式，可能文件非常大，这时候需要使用更大的存储空间来保存这些作业。在保存的过程中，还要注意做好备份，以便当其中的一些文件被损坏时，还可以通过备份进行恢复。

在教学材料的发放方面，由于社会网络课程主要采用讨论、在线合作等方式来进行，与普通的网络课程相比，教师要准备的教学材料的数量较少，但一些必要的教学材料的文件较大。如在案例分析中提供的视频，可能就会占据相当大的存储空间。这种比较大的文件可以通过下载的方式，也可以通过邮寄光盘或者半导体存储卡的方式来进行发放。除了案例以外，在讨论和合作学习中使用的文本、图片材料都可以通过在线的方式提供给学生阅读。

在教学方法的应用方面，要根据实际情况进行灵活的配置。另外还应该注意到，虽然不同的社会网络使用的教学方法不同，但是不同的教学方法在具体落实时，又是可以在多种平台上相互结合。如协作学习的方式，既可以利用维基百科系统来完成，也同样可以使用微博结合文字处理系统来实现。

在形成性评价的落实方面，由于采用了定性评价的方式，评价的形式也可以多样化。在社会网络课程的整个教学过程中，教师都可以对学生进行评价。如观察学生的讨论情况、记录学生回答的问题等，也可以与个别学生通过实时通信工具进行访谈。无论是哪种教学过程，评价结果都将告知学生，让学生知道自己的学习进展情况，当然评价并不会干扰到学生具体的讨论过程。如学生对一些问题的讨论是自由开放的，学生应该在没有压力的情况下，尽情地将自己的看法说出来。教师的评价过程不会干扰学生的讨论，也不会因为学生的观点不正确，去尝试纠正学生的看法。然而讨论结束以后，应该让学生知道评价结果，以便促进学生在后面的学习中有所提高。结合网络平台提供的学习管理功能，还可以将所有的评价记录到数据库中，以便整合总评成绩。

教师在社会网络课程的教学过程中，会不断收到学生的各种反馈信息。通过这些反馈信息，教师也可以对教学的进展情况进行深入的反思。社会网络课程在教学目标的设置方面比较偏向于高层次的认知目标，为今后在实施课程教学时留下足够的改进空间。

4. 分析促进学生发展的环节

社会网络课程对学生的发展所起的促进作用与普通网络课程所起的作用是有所区别的。除了可以实现增长学生的知识、促进学生达到更高层次的认知目标以外，社会网络课程更重要的作用在于促进学生技能和情感的发展。

在社交网络中，学生通过与其他同学的交流，可以增长与人交往的技巧。特别是一些现实生活中不善言辞的学生，网络这种方式能够促进他们大胆地说出自己的想法。如果能够协调好网络虚拟世界与现实世界的关系，将可以促进这一部分学生的相关技能和情感目标的实现。

为了更好地促进学生的技能目标和情感目标的提升，可以注意以下几点要求：

（1）组织好学生的讨论。在社会网络中形成一种良好的讨论氛围，及时制止那些不恰当语言的运用，协调好成员之间出现的各种冲突。

（2）处理好社会网络工具的使用与现实世界之间的联系。避免一些学生因为过于依赖社会网络工具而忽视了现实世界中人与人之间的相互交流。可以考虑在远程教育课程开展的过程中，组织学生集体参观、访问、旅游等，增加学生之间面对面交流的机会。

（3）整合各种资源，并且取其精华、去其糟粕。这是要让学生能够学习到先进的文化，不断促进自己的发展，同时还要持续抵制落后文化的侵袭。

（4）组织好教学活动中的合作环节。要让每一个学生在合作过程中都有一个明确的角色，都知道自己在做什么。这有助于培养学生的责任感。

（5）选择那些典型的案例。这些案例能够激发学生的思考，同时争议也比较大，通过教学过程中的案例分析，有助于培养学生独立思考的能力。

5. 进行课程评估

社会网络课程的诊断性评估可以在课程实施之前进行。可以先让学生熟悉课程中使用的社会网络工具，然后尝试着就一些社会上比较关注的问题进行讨论，发表一些自己的看法。在学生讨论的过程中，教师要注意观察学生的认知能力，以便了解学生是否达到课程所需要的认知、技能和情感等方面的起点水平。

形成性评估则是在社会网络课程实施的过程中进行。通过搜集课程实施过程中的各种信息来评估课程设计与开发是否达到了要求。这些信息包括学生的作业、考试资料、课程的设计材料、教师的教学材料、批改学生作业的情况、教学计划的执行情况等。

社会网络课程的总结性评估在课程结束以后进行，目的是要了解课程设计与开发方面存在哪些缺陷，以便在实施新一轮课程设计与开发时进行改进。

6. 课程设计与开发修改

在获得了形成性评估结果以后，可以对社会网络课程中的某些环节进行修改。这种修改可能是局部的。如改进讨论的组织形式、更改案例材料等。而在总结性评估结束以后，就要对社会网络课程的设计与开发方案进行全面的修改，包括网络平台的更改、新技术的应用、教学方法的改革、教学评估方法的改变等。

5.7　移动课程的设计与开发

5.7.1　移动课程的特点

移动课程是一种采用了移动技术的远程教育课程。移动课程的核心是移动技术，而移动技术与不可移动技术相比具备了以下几个方面的特点：

1. 可移动性

这种可移动性反映出移动技术能够随时随地地移动，不应该受到限制。这些限制总体上可以分为以下几大类：

（1）重量的限制。可移动的设备重量应该足够轻便，才能够满足人们随身携带的需求。

（2）连接的限制，不应该受到连接线的限制，不需要连接任何的导线，就可以获得电源并与网络交换信息。

（3）电源的限制。可移动设备都是需要供电的，这种供电应该能够保证持久性，能够在足够长的时间内对设备进行供电。

（4）使用环境的限制。这种限制导致移动设备只能够在特定的场合才能够使用，这也是导致移动性不足的原因所在。

2. 信息呈现的丰富性

可移动设备能够呈现出多样化的信息，且不同的移动设备呈现信息的方式也不同。如数字收音机可以播放音频，智能移动电话则可以显示多媒体信息等。

3. 与其他设备交换信息

可移动设备应该具备交换信息的能力，这样才能够将其他设备中的信息存储到移动设备或者不可移动设备之中。

4. 较强的适应性

可移动设备还应该具备较强的适应能力。在使用方法上，能够满足不同人士的使用需要，特别是一些移动设备还能够满足残障人士使用的需要。在使用环境上，移动设备能够在比较恶劣的环境中使用。

5. 兼容性

移动设备的系统要和不可移动的系统达到比较好的兼容状态，这样才能够实现在多种设备之间进行更有效率的信息交换。如平板计算机的浏览器与台式计算机的一样，可以为网络课程在两种设备中的播放提供方便，教师不需要考虑移动设备的特殊要求。

根据上述移动设备的特点，可以区分出哪些是移动设备，那些不属于移动设备。如笔记本计算机，虽然重量较轻，但是由于电池的续航能力弱，只能够使用一两个小时，则这样的笔记本计算机的可移动性就不够好。而平板计算机一次充电以后，可持续上网浏览达十个小时，则这种技术就属于移动技术。至于教师在面授课堂上使用的无线教鞭，虽然可以移动，但是由于不能够呈现丰富的信息，也不能算是移动技术。

5.7.2　移动课程的类型

按照教学应用方式来划分，可以分为以下几种移动教学课程：

1. 基于移动技术的网络课程

现在的一些移动技术，如平板计算机已经能够正常浏览普通教学网站，因此可以利用这些移动技术来进行网络课程教学。目前在苹果ITunes中已经有这样的课程，将平板计算机连接到网络，然后连接到ITunes上，就可以浏览其中的教育节目，可以查阅到有关的网络教育课程，直接通过平板计算机浏览学习。

在远程教育过程中，利用平板计算机传输网络课程，并满足平板计算机播放的要求，也是远程教育网络课程制作和发布的一个重要趋势。对于移动电话而言，由于便于携带，学习者可以很方便地在家里利用移动电话进行学习或浏览各种网络教育资源。目前移动电话中短信功能的使用也比较普遍，因此还可以使用移动电话发送有关教学通知的短信，及时准确地发布各种教学方面的信息。

2. 基于移动技术的探究式课程

可以利用诸如 Webquest 等网络探究技术，促使学生通过移动技术进行资源的搜索、探究，最终得出结论。在网络探究的过程中，由于使用了移动技术，可以满足学生在更加灵活的环境中进行学习的要求。

利用移动技术还可以更有效地连接现实世界。如利用智能移动电话，学生可以在实际的环境中进行拍摄和录像，并及时将这些照片和视频发送到微博上，供其他同学分析探讨。因此基于移动技术的探究式课程不再是一个完全局限在网络上的课程，它与现实世界的密切联系可以给学生提供更加丰富的学习体验。

3. 基于移动在线文档的合作学习课程

可以利用移动在线文档，也可以直接使用移动技术访问维基百科平台，进而实现在网络平台上面与其他学生一起合作解决各种教学问题的功能，并将自己搜集的资料以及看法随时发布到网络上。

在移动合作学习的过程中，教师可以通过台式计算机或者是移动设备参与到学生的合作学习过程中，收集学生合作学习过程中的各种信息，对学生进行形成性评价。

4. 基于微博的讨论课程

利用微博或者是移动 QQ 等工具，可以让学生在不同的时间和地点参与到网络讨论的过程中来。使用了移动技术，学生不需要放下手中的工作，或者一定要坐在台式计算机前面来进行讨论。学生在工作之余，有任何的想法都可以实时在网络上进行讨论分享。这种讨论不光是采用文字的形式，还可以通过移动电话的照相和摄像功能，将现场实景拍摄下来，以便提供更丰富的内容，提高讨论交流的有效性。

5. 基于移动技术的实践课程

有了移动技术以后，在远程教育过程中也可以开展形式多样的实践课。这些实践课程对于提高学生的动手能力、培养学生的操作技能有极其重要的作用。

采用了移动技术以后，移动设备就如同一个传感器，将学生实践过程中的各种信息即时反馈到远程教育管理系统中，教师也可以随时掌握学生的实践情况。对于学生在实践过程中出现的任何问题，通过移动技术进行现场指导。

6. 运用多媒体的函授课程

对于有些可以移动的技术，如 MP4、没有上网功能的电子书等，则可以通过电子邮件的方式将教学材料发放给学生，学生通过台式计算机或者笔记本计算机将这些材料存储到移动设备中，然后在合适的时候打开移动设备进行学习。

这种学习过程类似于早期的函授学习。这些移动设备虽然没有直接连接到网络，但是通过连接计算机也可以随时下载网络上的资源，其学习效果要优于旧的函授课程。

7. 数字广播课程

数字音频广播也是移动技术发展的一个重要方向，将现有的中波、短波数字化以后，就可以获得更高质量的音频传输效果。而网络上的数字广播通过 Wifi 或者 3G 等技术，也可以在移动设备如智能移动电话、平板计算机中播放。利用这些数字广播系统，可以实现远程广播教学。

与模拟广播系统不同，数字广播系统不光可以传输音频，还可以传输图文信息，这样使得广播的含义发生了新的变化，音频课程的传播内容也更加丰富。

5.7.3 移动课程在远程教育中的作用

移动课程是远程教育的一种重要的课程形式，通过移动课程的应用，提供给学生更加丰富的远程学习体验。

移动课程在远程教育中主要起到以下几个方面的作用：

1. 提供了新的学习方式

这是由于移动技术的应用带来了技术的革新，在新技术的支持下，各种新的教学方法也随之出现。

2. 提供了新的教学平台

一种新的教学平台的出现，必然会产生出新的教学应用方式。移动网络教学平台也将促进远程教育系统的变革。

3. 满足了学生在任何时间任何地点学习的需求

同不可移动的设备相比，移动网络能够更有效地突破时间和空间的限制，真正满足任何时间任何地点学习的需求。

4. 能够促进教师教学方法的革新

教师应用移动技术来进行教学，必然要改变已有的教学方法，这种教学方法的改革，是移动技术促进的。

5. 能够与其他技术结合。

如移动技术能够更加有效地实现教师、学生和机构之间的信息交流。移动技术也可以和台式计算机、数字电视等技术结合在一起使用。

6. 提供了新的教学管理方式

利用移动技术来进行教学管理可以促进教学管理工作的可移动性的提高。利用移动技术可以更好地收集教学管理中的各种信息，及时向系统中所有成员发布通知公告。

5.7.4 移动课程的设计与开发步骤

与其他类型的课程设计开发一样，移动课程的设计与开发也包含了以下几个步骤：

1. 课程目标的设置

在课程目标的设置方面，每一种类型的移动课程都有自己的特点。如移动网络课程，其设计与开发的课程目标可以参考网络课程的课程目标设置；数字广播课程的目标设置可以参考电视课程的课程目标；而讨论、探究等课程则可以参考社会网络课程的课程目标设置。

除了上述的一般要求以外，移动课程在课程目标设置时，还包含一些具备移动特点的课程目标，这些目标主要表现在：

（1）课程目标的设置应该满足移动技术的要求。尽管一些移动技术，如平板计算机已经能够浏览普通的课程网站，但是很多型号的智能移动电话，由于显示屏幕较小，还是需要对课程呈现的信息进行适当的调整，以便能够在移动设备上获得高质量播放的效果。

（2）课程目标的设置与现实世界能够有更密切的联系。这是由于一些移动设备的使用非常大众化。如移动电话，在全世界都是一种普及程度非常高的通信工具。在移动设备上播放远程教育课程，可以考虑到那些能够实现与现实世界联系更紧密的课程目标。如在一些理论课程中，虽然课程体系只需要掌握本课程的理论知识，但是如果能够将这些理论知识跟学生实际生活和工作紧密联系起来，学生的学习动机会更加充分，学习的有效性会更好。

（3）多设置一些实践性的课程目标。利用移动技术可以在任何时间任何地点学习，学生可以在自己工作、旅游的时候，随时打开移动设备进行学习。因此增加更丰富的实践性目标，有助于学生更好地进行自主学习。

（4）课程目标设置可以偏重于更高层次的认知目标、发展目标和文化目标。移动技术也是一种社会网络构成的基础性技术，在社会网络课程中实现的目标，在移动课程中也很容易实现。

2. 进行教学材料的选择

移动课程教学材料的选择应该按照每种类型课程的要求。针对具体某种移动设备的特点，在选择教学材料的时候还应该注意以下几方面的要求：

（1）平板计算机这类移动技术所使用的教学材料与台式机所能够呈现的教学材料基本相同。但是由于平板计算机功能有限，一些在台式计算机中可以正常显示的视频、动画等多媒体教学材料，在平板计算机中或许就不能正常播放。当然还要注意不同的平板计算机系统之间的区别。虽然一些教学材料在某种类型的平板计算机上能够正常运行，但是在另一种类型的平板计算机上却不能够正常显示，这是在选择教学材料的时候要加以注意的。

（2）智能移动电话这类移动技术的特点是屏幕小，但便携带，同时还具备了3G上网的功能。因此所选择的教学材料应该能够适应比较小的屏幕，可以在技术上对已有的教学材料进行处理。同时考虑到3G上网成本较高，因而通常提供的材料以文本和图片为主，也可以提供文件比较小的音频等。

（3）数字收音机等移动设备的特点是可以利用音频进行教学，并且可以传播静态的图文信息。因此在选择教学材料时，主要选择那些语言类的教学材料，或教师的讲解录音，并辅之以静态的图文信息。

（4）MP4、电子书等移动设备的特点是待机时间长、易于收听和阅读、携带方便，但是MP4显示屏幕较小，而电子书一般都只能显示黑白图像。因此在选择教学材料时可以侧重于音频文件和电子书。

3. 移动课程的教学设计

采用了ADDIE方法来进行移动课程的教学设计，可以按照以下几个步骤来进行：

（1）分析。

通过分析这一步骤了解移动课程的整体框架以及各因素的需求。移动技术在教学中的应用可以实现以下几方面的功能：

①随时随地接收信息。这是移动技术与其他不可移动技术的最重要的区别。

②实现网络与现实世界相结合的探究发现式学习。移动技术也是网络与现实世界连接

的桥梁。因此学生所开展的探究活动既可以在网络上进行，充分利用网络资源丰富的优势，也可以在现实世界中进行，并用移动技术将二者紧密地结合在一起。

③进行合作。移动技术也是一种合作工具。利用移动技术，学生参与教学合作项目时可以采用小组合作的形式，也可以班级整体合作。

④组织讨论。移动技术中的微博、实时通信工具等，都可以满足组织学生进行讨论的需求。

⑤参与实践。利用移动技术也可以参与实践活动，方便教师对学生进行个别指导，还可以满足学生与其他人交流的需要。

⑥远距离通信。移动技术可以有效突破时间和空间的限制，实现远距离的通信。这为一些偏远地区的远程教学提供了可能。

⑦音频广播。数字音频广播则可以提供广播教学，并提供图文信息促进学生的理解。

⑧根据上述功能的不同，综合考虑多方面因素的相互作用，就可以形成不同的移动教学应用方法。

（2）设计。

第一个环节是课程教学目标的确定。由于移动课程的种类多，教学应用形式也很灵活，因此移动课程的教学目标设置可以覆盖基本的行为目标，以及高级的认知目标、文化目标和发展目标的所有层次。

在行为目标的设置方面，可以明确学生在学习之后所要达到的具体要求。而认知目标方面，则涉及学生需要完成的各种实践、设计、论文等高级认知活动对应的任务。文化目标主要需考虑移动技术对社会文化变化和发展的影响，以及学生在移动学习时如何吸收先进的文化，抵制落后的文化。发展目标则涉及学生如何正确使用移动技术，促进自己身心健康的发展。

第二个环节是任务完成测试方法的确定。行为目标一旦制定出来以后，就可以设计测评的方法。测评的题型也可以多样化，可以是选择题、填空题、判断题、问答题，也可以通过视频的方式，提供技能训练的录像，以供教师进行评分。当然这种行为目标还可以通过分析学生的访问日志来进行评定。对于高级认知目标，主要通过论文、设计、视频以及教学过程中的实录视频等方式来实现。对于文化和发展方面的目标，则主要通过案例分析，学生参与讨论、参与课程学习的情况来进行评定。

第三个环节是学习步骤的设计。由于移动学习方式的多样性，不同类型的移动学习所采用的学习步骤也有很大的区别，这可以借用移动学习方法对应的网络教学方法或广播电视教学方法来进行设计。如移动网络课程的学习步骤同普通的网络课程学习步骤基本上相同。而讨论、合作的移动学习方法则和社会网络课程的学习方法基本上相同。但是考虑到移动技术的特点，在设计移动学习步骤时，也要注意到课程移动性的要求。

第四个环节是指学习者起点知识分析。移动学习中的学习者，除了课程专业知识所需要的起点知识以外，还要注意学习者使用移动工具的能力。虽然如同移动电话这样的移动设备已经很普及了，然而这并不意味着学习者就能够得心应手地运用移动电话来访问网络资源，更不意味着学生就能够自动获得移动学习所需要的各种技能等。

要了解学习者在这些方面的起点水平，可以通过移动技术本身来实现，如通过移动微博、QQ 群与学生进行交流，也可以通过台式计算机与学生进行交流。在教学讨论的过程中，教师就可以获得学生在这一方面的起点水平。

第五个环节是形成顺序和结构化教学方案。对于移动网络课程来说，其教学方案顺序性和结构性非常明显，格式也比较严谨。这与普通的网络课程要求基本一致。当然在教学方案中，考虑到移动技术的特点，可以有针对性地按照移动技术的要求，设计一些有特色的环节来满足教学的需求。如教学过程中，可以要求学生用移动电话拍摄照片并上传到网络课程平台中，作为新的作业形式。对于讨论、探究式的移动教学方法，则在教学方案的结构上会比较松散一些，每一个环节都预留充分的空间，以便在教学过程中能够不断改进。

（3）开发。

移动课程的开发涉及移动课程教学方法的选择、移动课程使用的平台和资源、教学活动的设计、评价方案的确定等环节。

在移动课程教学方法的选择方面，可以参照课程目标的要求进行选择。对于行为目标的实现，通过移动网络课程、数字音频广播等形式来进行是比较有效的方法。而一些高级认知目标的实现，则适合通过讨论、案例分析等方式来进行。

在选择移动平台时，按照教学方法的不同要求来对移动技术和平台进行选择。

在教学资源方面，对于移动网络课程类和音频广播类的教学资源，教师可以直接在网络教学平台或者音频广播平台上提供，也可以通过互联网进行资源的搜索和索引。而具备了社会网络特征的移动资源，则主要提供给学生探究、讨论和分析。

在教学活动的设计方面，考虑到移动技术与实践活动的紧密联系，可以提供更多的教学活动环节。在这些环节中，学生可以灵活地在网络虚拟世界和现实世界中来回切换角色，并充分发挥移动通信工具的实时通信能力，将远程教育系统中的所有因素紧密结合在一起。

在教学评价方面，利用移动技术也可以形成一些新的评价形式。如通过移动电话登录 WAP 网站的功能，实现学生登录信息的收集，以便进行课程的学习管理。

移动技术也适合作为问卷调查、访谈的工具，学生可以利用这些工具完成教师布置的研究性作业，教师则可以通过这种方式对学生进行形成性的评价。

（4）实施。

课程的实施主要涉及以下几个步骤：

①学习管理。由于学生可以随身携带移动设备，通过移动技术能够更准确地收集学生参与学习的各种信息。学生也可以通过移动技术来完成测验项目，测验的分数可以上传到互联网，并随时记录到学习管理的数据库中。

②教学材料的发放。在移动学习中，教学材料的发放方式主要有播放、下载、邮寄等。通过移动网络课程的播放，可以满足学习者在移动平台上学习的需求。而通过文件下载的方式，学习者可以将一些比较大的课件下载到移动终端上进行学习。通过邮寄的方式，则可以将大容量的光盘、半导体存储卡邮寄给学生，然后拷贝或者安装到移动终端上进行学习。

③教学方法的应用。教学方法的实施需要考虑到实际情况。如果课程设计与开发的时

候已经决定了采用某一种移动教学方法，在实施的时候，这一教学方法就要落实到学生学习过程中。然而由于教学过程的不确定性，特别是一些涉及高级认知目标、文化目标和发展目标的内容，很可能出现不能够达到预期结果的情况，这时就可以对教学方法进行适当的改进。在课程设计与开发的时候，对于这种教学方法的设计应该预留足够的空间。

④形成性评价的实施。如何在移动学习过程中实施形成性评价，这也是教学设计中必须面对的一个重要的问题。评价的种类和方法已经确定，然而在实施的过程中，还是有可能遇到一些难以预计的问题。如在教学设计时已经确定采用实时视频访谈的方式来获得学生对某个问题的看法，然而在实际的教学过程中，教师发现这样的评价方式难以实施，主要是由于学生网络技术的局限性，无法有效地进行网络实时视频通信，这时教师就要考虑是否需要采用其他的评价方法来替代，或者了解现有的技术条件是否还具备改进的空间，可以使评价的过程能够顺利进行下去。因此在形成性评价的实施方案中，教师也应该预留足够的调整空间，应对实际教学情况的变化。

⑤改进教学设计方案。在开展移动教学活动时，教师与学生处于不断的交流过程中，因此教师应该随时注意教学状况的变化，并能做到随时更改教学设计的方案，以提高教学效率。

4. 分析促进学生发展的环节

移动学习课程的实施过程，除了传授学生知识，也是一个促进学生发展的过程。利用移动技术促进学生发展就是要促进学生身心健康的发展。

与不可移动技术相比，移动技术的显示屏幕较小，不可能像不可移动设备那样长时间地观看和阅读。因此在提供移动课程的时候，注意提醒学生劳逸结合，不要过分依赖移动设备。

另外移动技术的大量应用，也形成了独具特色的"移动文化"，这种移动文化与移动电话等设备的普及密切相关，有其积极的一面，也有消极的一面。积极的一面是促进了新的、高尚的社会风气的形成，如助人为乐的事迹在移动网络上的传播，使得大众深受鼓舞。但另一方面，利用移动设备来显示自己的身份，甚至不惜一切代价去购买并非十分必要的移动设备，则导致不良社会风气的形成。

促进学生的发展，就是要在网络课程的学习过程中，培养学生高尚的道德情操，对消极的现象具备抵制能力。当然在促进学生身心健康发展方面，移动设备也是非常有效的工具。如 MP4 等设备能够提供音乐播放功能，可以陶冶学生的情操；而利用电子读物阅读一些优秀的文学作品，则可以促进学生树立更加积极向上的人生观。

5. 进行移动课程评估

移动课程设计与开发过程中，还要不断对移动课程进行评估。

在移动课程设计与开发开始时，可以先进行一个诊断性评估，了解当前移动技术发展的情况。包括远程教育系统中已经具备了哪些移动技术，教师是否可以熟练运用移动技术来开展教学活动，学生是否也具备移动设备来完成移动学习的计划等。

在移动课程设计与开发的形成性评估过程中，则要一边进行课程设计与开发，一边进行课程设计与开发的评估。评估的方法可以采用问卷调查、访谈、讨论、行动研究等。通过不同的方法收集到足够的课程设计与开发的信息，可以了解课程设计与开发过程中出现了哪些问题，从而有针对性地解决这些问题。

移动课程的形成性评估主要集中在课程目标设置是否符合移动课程的要求；学生的起点知识是否已经足够；学生是否已经拥有进行移动学习的设备；学生是否能够使用移动技术来完成课程的学习；移动课程的教学设计方案是否系统；教学目标的设置是否满足课程目标的基本要求；所采用的教学方法是否得当；所选用的移动技术是否有助于教学方法的实现；评估方案是否科学合理，是否注意到了文化目标、发展目标的实现等。在形成性评估中获得的反馈信息，主要用来改善形成性评估过程中某个环节的问题，可以对移动课程设计与开发的环节进行局部修改。

而移动课程的总结性评估则要对已经设计与开发好的方案进行全面细致的评估，评估的结果将可能导致移动课程设计与开发方案的全面修改。

6. 课程设计与开发修改

一旦通过课程的形成性评估确定了哪个环节出现了问题，就可以有针对性地对课程设计与开发的某个环节进行修改。这种修改过程将使课程设计与开发方案变得更加完善。

而如果总结性评估结束以后，认为课程的整体设计与开发上存在严重的缺陷，则需要对移动课程设计与开发进行全面的修改。

活动建议

1. 案例分析：网上数字图书馆的版权问题。

2. 角色扮演：多语言机器翻译在教学中的应用。

习题

1. 远程教育课程的 ADDIE 教学设计可以分为哪几个步骤？每个步骤应如何操作？

2. 课程开发模式可以分为哪几种？各有什么特点？

3. 应用过程模式进行课程开发应该注意哪几个方面的要求？

4. 网络资源可以分为哪几类？

5. 网络资源的索引方法包括了哪几类？

6. 如何搜索自己不熟悉语言的网络资源？

7. 资源索引的方法可以分为哪几类？

8. 电视课程可以分为哪几种类型？各自有什么特点？

9. 网络课程的设计与开发包括哪些步骤？

10. 如何进行网络课程的教学设计？

11. 社会网络具备了哪些功能？

12. 按照所需要解决的问题来进行划分，社会网络可以分为哪几类？

13. 社会网络在远程教育中有哪些作用？

14. 社会网络课程的设计与开发包括哪些步骤？

15. 移动课程在远程教育中有何作用？

16. 移动课程的设计与开发有哪几个步骤？

6　远程教育的学生

教学目标
 1. 理解远程教育学生的各种特点；
 2. 探讨远程教育系统学生的交流方式；
 3. 探讨不同的教学方法如何促进学生学习的有效性。

本章重点
 1. 远程教育系统学生的特性；
 2. 学生的交流、管理；
 3. 学生学习的有效性。

本章难点
 学生学习的有效性。

6.1　学生的特性

6.1.1　学生的一般特性

 在远程教育系统中，学生是远程教育的对象，也是远程教育的主体。学生进入远程教育系统，目的是完成学习任务，发展身心适应社会文化。

 学生的普遍性反映出学生的主体性特征。这种主体性特征具备以下几方面的含义①：

 1. 学生主体结构的完整性

 这一含义意味着，学生作为一个系统中的构成部分，他本身是完整的，包含了一切必要的结构。即便是离开了远程教育系统，学生主体结构的完整性还是可以保留下来。

 从这样的观点来看，远程教育系统中的学生具备了独立的人格，尽管在所需要掌握的知识、能力等方面还存在一定的欠缺，但是这并不影响其作为一个独立完整的结构而存在。因为这些缺陷的存在正是学生身心发展阶段性特征的体现。

 这也为远程教育系统培养学生的目的做了一个规定：远程教育系统并非要去弥补学生的缺陷，而是要促进学生的发展。

 2. 学生具备创造能力

 学生具备的创造能力是指学生这一主体的能动性。要求在远程教育系统中开展教学活

---

① Ragan L. C. Good teaching is good teaching. An emerging set of guiding principles and practices for the design and development of distance education. ［J］. *Cause/Effect*, 1999（1）：pp. 20 – 24.

动时，不应该简单地向学生灌输知识，而要让学生主动去探究、去发现。学生在学习过程中，既可以创造新的知识，也可以创造适合自己的学习方法来完成学习任务，还可以创造与系统其他因素的新关系等。

3. 学生的身心呈现阶段性发展的特征

学生系统的构成要素在与其他因素相互作用的过程中，学生的身心也在不断发展。学生的这种身心发展过程具备阶段性的特征，即在每一个年龄阶段、学习阶段，学生的身心发展特点都是不一样的。

在远程教育教学的过程中，注意到学生身心发展阶段性的特征，可以有目的有针对性地施教，能够更好地促进学习有效性的提高。

4. 学生的主要任务是学习

虽然学生的特征很复杂，但是学生在系统中需要完成的任务却比较简单，这就是学习任务。学生要完成的学习任务，主要包括接受教师指导学习的课程材料、主动寻找学习资源、进行探究性学习，以及进行教学评价、完成课程的学习等。

从辩证法的观点来看，学生的这种主体性在哲学的层次上是相对于客体而言的。在远程教育系统中，学生这一主体所对应的客体包括了教师、远程教育机构、远程传播技术、教学内容，以及远程教育系统构成的其他因素。学生作为主体对客体有认识的能力，因此学生一进入远程教育系统，就开始与其他因素产生相互作用，并不断受到客体的影响。

在传统的教学观点来看，学生的学习是一个被动接受知识的过程。进入远程教育系统以后，学生开始接受各种知识。在学生的学习结束以后，远程教育系统就可以"输出"一个知识水平和能力都得到提高的新学生。这是客体对主体的影响，也是客体对主体的决定性作用。过分强调学生的被动地位，是传统教育观念的缺陷。

作为主体，也有能动性的要求，就是学生作为主体需要有能动地与客体发生作用的能力。在同教师的关系方面，学生的想法会影响到教师教学方法的实施。而学生的作用，又可以改变远程教育机构的运作方式。这是主体主动性发挥的作用。在以杜威为代表提出的现代教育理论中，强调了儿童中心、活动中心、经验中心等先进的教学理念，就是主体能动性发挥的有力保证。因此学生作为远程教育系统中的主体，在学习过程中，应该努力发挥自己的主观能动性去改变整个远程教育系统中的其他因素。

同时还应该注意到，远程教育系统也不是完全封闭的，远程教育系统作为一个开放的系统，还跟整个教育系统、社会系统等有着密切的联系。因此学生这种主体性的发挥也同样会作用于教育和社会系统中的各种客体。对于这些更大范围的客体，学生既要了解客体的制约性，也要充分发挥自己的主动性。也就是说学生既要接受社会文化的影响，也要对社会文化具备主动鉴别的能力，能够去伪存真，同时学生还可以运用所学知识，去引领社会文化的发展。

除了作为主体与系统中的客体产生相互作用以外，对于学生本身来说，还存在对身心发展的要求。学生的身心发展具备了层次性、阶段性、顺序性等特征。学生在远程教育系统中进行学习，一方面要明白远程教育系统中其他客体对自己身心发展的制约作用；另一方面还要注意发挥主观能动性，促进自身的身心发展顺利进行下去。

6.1.2 学生的年龄特性

任何一个教育系统中的学生都有年龄方面的特性，这也决定了学生的认知特点。在基础教育领域，学生的年龄特性从童年期开始一直延续到了成年。由于每个年龄阶段的学生的认知特点都不一样，因此基础教育领域设置了不同的教育阶段。如小学教育、初中教育、高中教育等。

远程教育系统中的学生主要是成年人，成年人的认知发展也存在阶段性的特点，其身心发展的水平也是不同的。

对于成年人的年龄与认知特点之间的关系，不同人的划分是不一样的，美国心理学家哈维格斯特将人的一生分为六个阶段[①]：

婴儿期与儿童早期（0～6 岁）、儿童晚期（6～12 岁）、青少年期（12～21 岁）、成年期（21～40 岁）、中年期（40～60 岁）、老年期（60 岁至死亡）。在这六个阶段中，21岁以后就属于成年期，以后逐渐过渡到中年期和老年期。

我国伟大的教育家孔子对此也有论述，他对自己的成长经验进行了总结，得出这样的结论："三十而立，四十而不惑，五十而知天命，六十而耳顺，七十而从心所欲不逾矩。"（《论语》为政篇二）明确地指出了年龄的增长与认知发展之间的关系。

随着现代科学理论的发展，人们对大脑的认知结构有了更深入的了解，成年人的年龄增长与认知发展之间的关系也变得更加清晰。目前认为，人在成年以后，年龄增长与认知发展之间的关系大致可分为四个阶段：成熟期（21～35 岁）、深度期（35～50 岁）、衰减期（50～65 岁）、稳定期（65 岁以后）。

成熟期心智开始逐渐变得成熟起来，无论是对事物的看法，还是对他人的评价，都有自己独特的见解。同时，这一时期人的潜力最大。人生中最大的发展潜力，加上对人对事物成熟的思考，使得这个阶段的学生只要愿意在某方面付出努力，就可以取得一定的成就。很多伟大的科学家作出成就都是在这一个年龄阶段。如爱因斯坦发表相对论就是在他人生的成熟期。

而到了深度期以后，人的发展潜力逐渐下降，这是由于大脑神经网络系统功能开始衰退而导致的。由于在成熟期以前，一个人还没有将自己的潜力发挥出来，对一些事物的深度理解还没有达到极限，因此在这一个阶段以后就表现出前所未有的认知能力，人生的事业也达到了顶峰，很多人能够在这一个年龄阶段取得重大成就。如歼 15 的总设计师罗阳。这一时期的特点正如孔子所说的"四十而不惑"，这一时期人的认知能力达到了空前的高度，能够明白很多的道理，不再迷惑。

衰减期的特点就是人的认知潜力完全达到了极限，开始下降，同时，人的认知能力也在迅速下降。这种下降在开始的时候是比较快的，可以明显感觉出来，包括生理方面的变化、对一些问题的思考能力等。这正如孔子所说的"五十而知天命"，人的身体已经开始衰老，天命不可违背。这一时期虽然认知能力衰减比较快，但是人的认知能力还是明显超出成熟期以前的任何时期，因此在这一阶段，人还具备一定的学习能力，还可以接受新的

---

① Havighurst R. J. *Developmental Tasks and Education* ［M］. Longman，1972.

知识，同时还可以解决一些难度比较大的问题。

到了稳定期，人的认知能力继续下降，但是下降的速度已经比衰减期要缓慢一些了。这时候对应了孔子所说的六十而耳顺、七十而从心所欲不逾矩的特点。

在实施远程教育时，注意到学生的这些特点，可以更加有目的地施教，取得良好的教学效果。

成熟期的学生由于认知能力已经有了迅速的增长，具备了非常强的独立思考能力，这种独立思考能力为远程学习过程中达到更高层次的认知目标和文化目标提供了可能。然而在这一时期，学生的认知能力还没有达到人生最高的阶段，对一些事物的看法还存在偏颇，形成的观点也可能会偏激、片面。因此进行适当的引导是必要的。

不过这一个时期的认知潜力却非常大，但学生在学习过程中所应用的技能和方法还远远不能够将学生自身所拥有的这些潜力发挥出来，因此教师在开展远程教学活动时，可以考虑如何通过适当的教学活动，引导学生对一些问题进行深入思考，并作出有价值和有深度的评价，这是发挥学生潜能的一种很有效的方法。

进入了深度发展期以后，学生的认知能力出现了更快的上升趋势，开始达到人生最高的水平。这一阶段的学生已经完全具备了独立思考、独立处理各种问题的能力，因此在教学过程中，可以减少知识的传授，集中发挥学生研究探索的能力。相应的课程目标的设置方面，应该更注重文化和发展方面的目标的落实。在具体的教学过程中，可以通过提供相关的课题，让学生主动搜索资源；也可以采用行动研究、案例分析等多种研究方法来促进学生研究性学习的顺利开展。面对深度发展期的学生，还可以考虑利用各种社会网络工具，给学生提供相互交流的平台，促进学生之间的相互合作学习。

学生进入了深度发展期以后，虽然认知能力迅速增长，但是人的大脑神经网络系统功能却在衰减。随着年龄的不断增大，学生的认知潜力却在不断下降，在这一阶段提供过多的知识性的内容是不太合适的。同时由于认知发展和生理发展的不平衡性，导致这一时期的学生没有充分认识到自己身体发展的实际情况，教师在安排学习任务时要提醒学生注意自己的身体健康。

进入衰减期以后，学生的认知能力和身体发展潜力开始出现同步衰减的现象。学生自己能够明显地感受到体能的不足而导致认知能力的下降。在这一时期，课程目标的设置需要从行为目标和认知目标转向文化目标和发展目标这两个方面。在教学方法上，主要考虑通过各种社会网络工具安排社会网络课程，给学生提供更多的交流机会，以弥补学生由于认知能力下降而导致不能实现认知目标的问题。

进入了稳定期，学生已经习惯了认知能力与身体发展潜力同步下降的事实，学生的心态也比较平稳。在这一阶段，课程目标可以完全转向文化目标和发展目标这两方面。通过社会网络类课程，给学生提供相互交流的机会，另外也可以多结合一些活动项目，促进学员之间面对面的交流。

从上述分析可以看出，由于远程教育系统中的学生所具备的特点，其教学活动也与基础教育和普通高等教育有很大的区别。

从国内外比较成功的远程教育实例来看，学生的年龄分布大致为十几岁到九十多岁。其中人数最多的是二十多岁到三十多岁，即位于成熟期的学生最多，因此在远程教育系统中，对于这部分学生可以进行特别的安排。进入深度期以后的学生的数量明显减少。然而从构建终身学习体系来看，进入深度期，尤其是进入衰减期、稳定期以后的成年人，仍有必要继续学习，以提高人的生活质量。

鉴于网络技术的迅速发展，特别是社会网络在实现文化目标和发展目标两方面的巨大作用，为这一部分成年人提供接受远程教育的机会也开始变得现实起来。

6.1.3　学生的专业特性

学生的专业特征反映学生所学专业的情况。在现代社会，分工越来越明确，专业性已经成为在社会中获得良好生活质量的保证。

学生的专业特征反映在两方面，一方面是学生已有的专业特征；另一方面是学生现在正在学习的专业特征。

学生已有的专业特征是学生在进入远程教育系统之前就已经掌握的专业知识特征。而学生正在学习的专业特征则反映出学生现在所学专业的情况。学生现在所学的专业特征跟学生已有的专业特征有密切联系。进入远程教育系统学习某个专业，也就意味着学生开始接受这一专业的系统训练，包括学习专业知识、完成专业实践、提交毕业论文等。一般来说，学生已有的专业特征与学生现在正在学习的专业特征是一致的，如学生以前接受的是数学专业的专科教育，到了现在开始接受数学专业的本科教育。

在远程教育系统中，也经常遇到两者不同的情况。如英国开放大学澳大利亚分校就有这样的案例，一个曾经在农场挤牛奶的工人进入开放大学学习，毕业以后找到了一份程序员的工作。挤牛奶需要专门的技术，这跟程序员的工作有很大的区别。但是通过远程教育系统，可以改变已有专业与现在所学专业之间的关系。

已有的专业特征和现在正在学习的专业特征，大致都可划分为以下几大类：

1. 艺术与人类文化专业

艺术与人类文化专业主要包括文学、艺术、历史等。这一类专业学生的特点是创造性思维能力比较突出，对社会的认识也比较深刻。然而由于在数理逻辑方面的训练较弱，导致在分析一些问题时辨析能力比较弱。对于一些社会现象，其见解不如自然科学专业学生的逻辑强。

2. 社会科学专业

社会科学专业主要包括了哲学、管理学、心理学等。这一专业学生的特点在于既有比较强的逻辑思维能力，也有比较强的创造性思维能力，能够对一些问题作出理性分析。因此具备了其他专业学生的各种优点，当然，涉及面太过宽泛则是这些专业的缺点。

3. 自然科学专业

自然科学专业包括了数学、物理、化学、生物等。这些专业提供给学生非常严格的数学和逻辑方面的训练，因此学生的思维逻辑性强，对一些问题能够进行逻辑推理，并得出实际的结论，能够比较快速地接受新的观念和技术。缺点是创造性思维会受到一定的影响。

4. 工程技术专业

工程技术专业主要包括了电子、机械、计算机、生物工程等。这一类专业主要面向实际应用，同时学生也会接受非常严密的逻辑思维方面的训练，学生的逻辑性思维发展良好、动手能力强。但同样缺乏对创造性思维的培养。

6.2 学生之间合作与竞争

6.2.1 面对面交流

远程教育过程中，学生的合作是非常频繁的，是学生之间最基本的交流方式。

在远程教育系统中，学生之间面对面交流的机会相对来说比较少，但也并非完全没有。有时，部分学生由于居住或者工作地点比较近，便经常可以进行面对面的交流。而在一些提供了面授机会的远程课程中，这种面对面的交流机会对于所有的学生都是存在的。

面对面的交流包括了面对面的合作与竞争两种方式。由于是面对面，学生之间的时间和空间距离被消除，学生之间主要使用语言信号及其他非语言信号进行交流。通过这种交流来实现学习的合作与竞争。这种面对面的合作与竞争可以被应用到一些较高层次的认知目标，以及文化目标和发展目标。

在教学过程中，可以利用社会网络系统进行学生资料的配对，将居住或是工作地点比较接近的学生组合在一起，形成一个合作小组。在教学过程中，给他们安排适当的任务，可以是通过网络进行的探究，也可以是现实世界的参观访问、实习实践等活动。按照规定的要求，学生相互合作完成探究实践任务，最后提交报告或者论文。

由于在课程进行的时候存在多个这样的小组，小组和小组之间可以形成一种竞争的状态。每个小组将自己的报告放在网络教学平台上，与其他的小组共同分享，教师作出评分，其他小组的成员也对这些报告或论文给出评判意见，最后综合在一起获得总分。由于小组之间的相互竞争，可以促进小组内部的相互合作，从而为探究实践活动取得成功提供保证。

同基于媒体的交流相比，这种面对面交流方式的优点在于：

1. 交流活动正规

这种面对面的交流方式是我们日常生活中最常用的交流方式。实际上"面对面"就已经包含了交流的含义。通常这种交流方式更能引起对参与交流的人的重视，自然，整个交流活动会显得更加正规，交流的效果也比较好。

2. 表达方式直接且多样化

面对面的交流主要通过语言来进行。同时，姿态、语气、语调等非语言信息在面对面的交流中也起到了非常重要的作用。这些非语言信息有时候是交流成功与否的重要参数。

除了可以使用语言和各种非语言信号来进行交流以外，面对面的交流还可以借助媒体来实现。如与对方共同观看一段视频、欣赏系列的照片等，都是非常好的交流方式。

3. 能够拉近学生之间的情感距离

与基于媒体的交流相比，面对面的交流方式能有效拉近学生之间的情感距离。这是由于人的情感表达往往会综合非常多的非语言信号，面对面的方式提高了使用这些非语言信号的可能性。这是媒体所不能替代的。

4. 组织效率较高

面对面的方式减少了信息交流过程中可能产生的各种误解，使信息的表达更加准确，因此组织这种面对面的交流，可以提高沟通的效率，并取得比较好的效果。

5. 合作效果较好

面对面的合作，由于能够实现学生之间的情感交流，消除了基于媒体的交流可能出现的误会，学生之间的相互合作过程也就可以获得较好的效果。

6.2.2 基于媒体的交流

如果没有条件采用面对面的方式来进行合作与交流，则可以将媒体作为信息传播的载体来促进学生之间的交流。

同面对面的方式相比，这种基于媒体的交流方式有以下几方面的特点：

1. 交流过程可以突破时空的限制

由于采用了远程传播信息的媒体，传播的距离突破了空间的限制。而媒体具备记录功能，因此这种交流还可以突破时间的限制。这一特点使得基于媒体的交流方式特别适合在学生非常分散的远程教育系统中应用。

2. 可以利用多种媒体来实现交流

随着多媒体网络技术的发展，在基于媒体的教学活动中，还可以传播多媒体信息。多媒体信息包括了文本、图形、图像、声音、动画、视频等。

这种多媒体信息的交流，能够最大程度地获得类似于面对面交流的效果。利用这些多媒体信息，还可以实现面对面的交流难以实现的一些功能。如让更多的学生同时在线交流，且每个学生都处于平等的地位，这是面对面交流难以达到的效果。

3. 交流的方式呈现多样化的发展趋势

利用媒体的交流还呈现多样化的特点，这是由于可以用来交流的媒体种类繁多，不同媒体又具备了不同的功能，因此利用媒体进行交流的方式是多样化的，所传递的信息也是多样化的。选择多种媒体为远程教学过程中实现不同教学功能提供了保证。

4. 可以有效地与学习管理系统整合在一起

远程教学系统中的基于媒体的交流还可以同学习管理系统有效地整合在一起。利用网络平台的记录功能，可以将学生无论是通过文本、声音还是视频方式进行的交流过程完整地记录下来，以便教师做进一步的分析和评价。

5. 广泛的适应性

基于媒体的交流，其适应性也比较广。既可以在现代化大都市中开展学生之间的合作、竞争学习，也可以利用网络平台或移动技术，将学生之间的交流延伸到偏远的农村地区，使得那一地区的学生能够获得平等的接受远程教育的机会。

基于媒体的交流包括了基于媒体的合作与基于媒体的竞争两种方式。利用基于媒体的合作方式，可以满足学生之间相互合作共同解决问题的需求。如利用在线文档或维基百科平台，小组之间的学生可以相互合作，共同编辑完成对某一个知识点的解释。与面对面的方式不同，小组中的学生可以是距离很远，甚至从来没有见过面的学生。

而竞争也可以利用媒体来完成。通过各种社会网络，学生之间可以形成一种良性竞争的氛围。在这种氛围中，小组之间能够相互竞争，促使每个小组都投入精力去完成自己的任务。

6.2.3　群体动力机制

无论是通过面对面的方式，还是基于媒体的方式，学生之间的竞争与合作本质上都是受制于一种所谓的群体动力机制。

群体动力机制的理论描述了在学生组成的群体中，相互之间是如何作用与反作用的。在群体中的学生之间能够实现充分交流的情况下，整个群体的动力机制变得非常有效率，在外部任务的驱动下，群体会形成远超越个人的解决问题的能力。然而在群体动力机制中，也要保持适当的竞争。适当的竞争是促进整个系统保持足够活力的基础，也是整个系统能够达到一种非平衡状态的保证。

在普通高校中，学生之间的交流基本上都是面对面的，由于这种面对面的交流更加有效率，在教师的引导下，学生群体能够很快形成积极向上的学习风气，学习的有效性也就可以得到充分的保证。

而在远程教育系统中，学生之间的交流主要采用媒体来进行。这种交流方式的效率没有面对面的方式那么高，但是随着多媒体网络技术的发展，这种交流方式也会变得越来越有效。特别是当网络世界与虚拟世界有效结合在一起时，这种交流可以达到非常好的效果。

研究远程教育系统中学生之间的交流方式，目的就是要提供给教师理论方面的依据。即探讨如何对学生群体进行正确的引导，使得远程教育系统中，无论是面对面的还是基于媒体的竞争与合作都可以有效地进行下去。

6.3　学生的背景

6.3.1　学生的家庭背景

学生的背景是影响学生学习的重要因素。学生的家庭背景反映学生成长和生活的基本家庭情况。

学生家庭背景主要体现在以下几方面：

1. 家庭结构

家庭结构指家庭中父母、兄弟姐妹等的构成情况。完整的家庭应该是双亲家庭，如果是单亲家庭，则意味着家庭结构不完整，对于学生的学习会有一定的影响。

2. 籍贯

家庭籍贯是哪里？现在很多进城务工的农民，尽管已经在城市中居住，但其户籍还没有随迁。

3. 家庭成员知识水平

父母知识水平的高低决定了学生家庭教育的优劣。家庭中其他成员的知识水平也是一个重要的参照指标，通过这些参照指标，可以了解学生的整体家庭环境如何。

4. 家庭收入情况

家庭收入的高低决定了学生低层次需要的满足情况。然而家庭收入也不需要太高，因为人的底层需求一旦得到满足以后，就会马上向着更高的需求层次发展。

5. 家庭社会关系

家庭的社会关系反映的是与家庭有联系的亲朋好友等社会关系。这些关系对于学生的学习也有比较大的影响。如果自己家庭的社会关系中包含了跟自己年龄层次一样的学生，则相互之间可以获得更有效的交流，对学生进一步的学习也有比较大的影响。

学生家庭背景的不同，将影响到学生的学习兴趣、学习能力、学习方法、学习成绩等多个方面。一般而言，家庭结构完整、本地籍贯、家庭成员知识水平高、家庭收入合适、家庭社会关系适当的学生在学习方面的兴趣比较高。反之，如果家庭背景中某个因素出现了问题，很容易导致学生的学习兴趣下降，进而影响到学生的学习成绩。

在远程教育系统中，要准确了解学生家庭背景是比较困难的。作为成年人，有一些属于个人隐私，远程教育系统的机构以及教师是没有权利去了解的。通常在学生入学填写的报名信息中，会涉及部分的家庭信息，包括籍贯、婚姻状况、家庭收入等。这些信息将被记录到学习者资料库中，最终与其在学习过程中获得的评价信息整合在一起。这对于促进远程教学过程的有效进行是很有帮助的。

6.3.2 学生的教育背景

相对于家庭背景而言，学生教育背景则是远程教育系统中比较清楚的也比较容易获得的信息。学生的教育背景对于整个远程教育系统的正常运行有非常大的帮助。在教学过程中，应该尽可能多地收集学生的教育背景。

学生的教育背景由以下几个方面构成：

1. 所接受的基础教育情况

包括接受中小学教育的时间、学校名称、学校所在位置、获得证书等情况。

2. 所接受的高等教育情况

包括所接受的高等教育的时间、学校名称、学校所在位置、获得学位和证书等情况。

3. 成人教育情况

包括所接受的成人教育的时间、成人教育机构名称、学校总部所在地区、学习的方式、获得证书等情况。

4. 其他的培训情况

如果参与了其他的培训，则包括接受培训的时间、培训项目的名称、培训机构的名称、培训机构的性质、培训机构所在地、获得证书等情况。

这些接受教育的情况在学生入学的时候就要填写。通过对学习者教育背景的了解，有助于更好地在课程规划和设计的过程中，分析学习者的起点知识，确保教学过程的顺利进行。

6.3.3 学生的专业背景

学生的专业背景反映学生在进入远程教育系统学习之前，已经具备的专业经验。学生的专业背景包括学生所从事职业的专业性质以及学生的研究生学习情况。

学生的专业背景包括：

1. 研究生学习情况

本科毕业后的研究生学习也可以归入教育背景，不过相比较于本科学习，研究生学习的专业性比较强，可以反映出学生专业背景。

2. 学生从事职业的情况

学生在进入远程教育系统之前或现在正在从事的职业的情况。包括从事职业的名称、工作地点、职位、工作年限等。如果转换过职业，也可以采用列表的方式按顺序详细列出来。

3. 从事职业工作期间获得的证书

由于现在各行各业都非常重视专业发展，同时个人在工作的过程中，也有不断提升自己的需要，学生会进入一些培训机构学习，并获得相应的证书。这些证书反映出一个人在某些方面的专业能力。

4. 参加过的协会组织

学生参加过的各种专业性的协会组织，也是反映其专业性的重要参数。另外，如果参与了某些行业协会，通常反映学生在这一专业领域与同行的交流比较密切，专业性较强。尽管以传统的观念来看，专业发展到一定水平，可能不再需要进入学校学习，然而在终身教育理念得以推广的情况下，通过远程教育的方式来补充自己其他领域的知识也是一种可行的方法。

5. 获得的奖励

反映学生在自己的专业领域作出了哪些得到同行或某些机构认同的成果。

6. 发表的论文、著作和作品情况

工作期间，如果有论文、著作和作品等发表或申请了专利，可以作为在某个专业领域做了工作的凭证。

对学生专业背景的了解，有助于远程教育机构有针对性地为学生规划课程，也有助于教师在教学的过程中，给学生安排合适的教学方法和材料，给予学生学习方面的指导。

6.4　学生的学习

6.4.1　学生的认知

加涅对学生认知能力有过比较详细的论述[1][2]，他将学生的认知能力分成了三种，分别是言语信息、智慧技能、认知策略。言语信息用来描述概念之间的联系；智慧技能则用

---

[1]　Gagne R. M., Wager W. W., Golas K. C., et al. *Principles of Instructional Design*［M］. Wadsworth Publishing, 2004.

[2]　Gagne R. M. *The Conditions of Learning*［M］. Holt, Rinehart and Winston, 1977.

来描述处理和应用概念的能力；认知策略则反映监控和调节自己的认知策略的能力。

从大脑的信息加工过程来看，学生的认知能力可分为以下几个信息加工阶段：感知、注意、记忆、同化、调整、应用、分析、综合、评价。

1. 感知阶段

在感知这一阶段，学生主要通过视、听、触、嗅等多种方式获得外界环境的信息。这一感觉过程时间很短，但记录非常全面，是后续对认知信息加工的基础。

学生的感知能力是认知能力的重要构成部分，如果身体感觉器官出现了损坏，则可能会影响到这一方面的感知能力，这也不是绝对的。人类社会中已经有很多的案例证明，即便是其中的一种感觉器官受到损害，还是可以充分调动其他感觉器官的潜能，获得丰富的感知经验。如著名物理学家霍金，在部分感知器官受到损害的情况下，借助计算机等技术，仍能够完成常人难以完成的工作。

远程教育系统通过各种媒体来延伸人的感觉器官，这为研究人的感知能力提供了新的课题。在使用媒体来传播信息的过程中，确保人的感知系统仍能够非常有效地进行下去，是远程教育系统在进行课程规划、课程设计时就要加以关注的问题。

2. 注意阶段

注意这一阶段涉及短时记忆的能力。短时记忆的容量很小，由于短时记忆的存在，人的大脑就可以对感知到的信息有选择地进行加工处理。短时记忆对于注意能力有比较大的影响，是反映学生认知能力的重要学习品质。在学习过程中学生的注意力能够集中于课程内容上，也是确保学习有效性的重要参数。

学生的注意力通常跟神经网络系统的疲劳程度有关系。如果大脑处于非常疲劳的状态，则学生的注意力可能会出现分散的情况，这时候应提醒学生注意休息。如在安排学生学习进度时，可以通过适当的措施提醒学习者休息。

3. 记忆阶段

记忆这一阶段主要完成信息加工处理过程中存储知识的功能。在这一过程中，学生将注意到的内容进行加工处理，并将其存储于大脑中，使之成为已有记忆系统中的一个重要组成部分。

记忆这一认知过程只是涉及知识的存储，如同计算机的存储器一样。实现了信息的存储，并不意味着就能够成功地对这些知识进行深入的加工和处理，还需要后续的步骤配合。这些后续步骤构成了学生的高级认知过程。

4. 同化过程

如果存储进大脑的知识本身就属于已有认知结构的一个组成部分，这时就采用同化、接纳的方式，将其纳入已有认知结构之中，使之成为已有认知结构的组成部分，就像将一个符合数据库已有格式的数据记录存储进数据库一样。这个过程可以完善人的认知结构中的知识体系。采用了同化这一步骤以后，人的知识获得进一步的增长，然而已有的认知结构并不会发生改变。

5. 调整过程

如果外部信息不符合已有的认知结构，无法完成同化的工作，这时候就要调整自己的认知结构，以便外部的知识可以纳入新的认知结构系统中。这就如同外部的数据不符合已有的数据库记录格式一样，为了能够将新的数据存储进数据库，必须在数据库中增加一种新的数据类型。

当然，人类大脑的认知过程与数据库的存储不太一样，大脑的认知过程涉及更深入的信息加工处理功能。无论是同化过程还是调整过程都是主动进行的，并不需要像计算机程序那样，预先设定一个固定的程序。另外还要注意，由于外界信息的复杂性，同化和调整过程往往是同时进行的。一个复杂信息被接纳进大脑神经网络中，往往同时包含了同化和调整这两个过程。

6. 应用过程

应用过程是指将已经接纳下来的新知识应用到新环境中，用它们来解决各种实际应用的问题。这一过程反映了认知能力中的一个重要能力，即解决问题的能力。

为了能够更好地应用已有的知识去解决问题，需要学生的大脑进行积极的思维，以便调动起所有已经存储的经验，为问题的解决提供不同的方案和策略。这一过程与前面的步骤不太一样，涉及了信息之间的系统性的联系，需要按照一定的逻辑关系来获得问题解决的步骤和策略。如同计算机的中央处理器的功能一样，能够对数据进行运算并获得有意义的结果。

7. 分析过程

分析过程是要能够将一个复杂的事物进行分解，以便探讨该事物的组成部分和组成方式。

8. 综合过程

综合过程则要将表面的、零散的证据组合在一起，并总结出事物运行的内在规律。这一过程所需的信息处理的复杂性要高于分析过程。

9. 评价过程

评价过程是要利用已有的知识结构，去评价外部的事物。评价过程也是一个确保自身系统完整性的过程。如果信息的输入导致系统的完整性受到破坏，这就可能引起系列的情绪反应，并对外部事物给出负面评价。

上述认知阶段与加涅三种认知能力之间的关系如表6-1所示。打钩处表示某种认知能力主要在该认知阶段获得运用。

表6-1　认知的阶段与认知能力的关系

类型	感知	注意	记忆	同化	调整	应用	分析	综合	评价
言语信息	√	√	√						
智慧技能			√	√	√	√			
认知策略						√	√	√	√

6.4.2　学生的技能

除了上述的认知能力构成以外，学习内容还包括了学生所拥有的各种技能。这些技能涉及面广，一部分跟学生学习方法的应用有关系，另一部分技能则本身就是学习的内容。

学生的技能包括了以下几种：

1. 自主学习的技能

在远程教育系统中，学生的自主学习能力是非常重要的。所谓自主学习就是在没有教师的直接指导下，能够主动学习。自主学习的技能依赖于学生良好的学习习惯和学习态度的培养，如及时完成各种作业、作业过程中不弄虚作假、真实地评价自己的学习情况等。

2. 管理学习的技能

在学生的各种技能构成中，管理学习也是一项重要的技能。管理学习的技能包括了管理学习过程中的各种资料、能够进行学习评价以了解自己的学习进展情况、为改进学习提供依据和参考等，这些都是管理学习技能的重要组成部分。

3. 做笔记的技能

学生在学习过程中要有做好笔记的习惯。由于所需要学习的内容非常多，通过做笔记的方式，可以对所学内容进行备忘，以便帮助自己形成更为完整的知识结构。另外做笔记也并非是为了应付考试，学生在完成笔记以后，需要随时复习笔记以便对知识有更深入的理解。

4. 组织资源的技能

在学习的过程中，学生还应该有能力组织好各种学习资源。这些学习资源是学生学习课程内容的重要参考，是帮助学生理解课程教材的辅助材料。而另一些资源则可以作为案例分析的材料，促进学生对各种知识的应用。

5. 使用媒体支持自己学习的技能

远程教育采用媒体来传播信息，学生的学习过程也是基于媒体进行的，因此学生在远程教育系统中，应该具备基本的使用媒体来支持自己学习的技能。这种技能的要求对于远程教育系统中的学生来说也是比较高的。通常为了使学生提高使用媒体的技能，远程教育系统都会在学生入学以后专门开设相关的课程来提高学生媒体使用的能力。

6. 自我激励的技能

学生在学习的过程中，肯定会遇到这样或者那样的问题，如怎样摆脱困境，获得新的学习动力等。这需要学生能够在没有教师面对面指导的情况下，及时调整心态，对自己的学习进行自我激励，鼓励自己完成学习任务。

7. 学生的合作技能

学生的合作技能也是学习技能中的一个重要组成部分，一些学生的认知能力可能很高，但无法有效地与人合作，这也会影响到学生的学习进程。合作技能主要涉及群体动力的机制，在合作的过程中，准确地对自己进行角色定位，有效地使用语言以及其他媒体，可以促进合作有效性的提高。

6.4.3　学生的情感

学生的情感反映的是学生的一种态度体验。同认知和技能一样，都是学生需要学习的内容。远程教育系统中学生的情感涉及以下几个方面的内容：

1. 与个人身心发展有关的情感

与学生个人身心发展有关的情感主要涉及学生个人在学习和成长过程中的心理体验。

这反映出学生对自己现在所处的学习状态的认识情况。如果学生能够有效地将学习进行下去，并且能够获得好的评价结果，则学生将获得比较积极的学习态度，能够将更多的精力投入学习中去。

除了学习取得的成功可以促进学生形成积极的态度以外，其他一些因素也会引起学生态度的改变，如身体方面的疾病、生活的负担等。

2. 与远程教育系统有关的情感

在远程教育系统中，学生与该系统中的各种因素产生相互作用，相互作用的关系如何、是否达到了和谐的状态等都会影响到学生情感的变化，包括对远程教育机构、其他学生、教师、教学内容等态度的变化，以及对远程教育系统所持价值观的变化。

3. 与社会文化有关的情感

与普通高等院校的学生不同，远程教育系统中的学生与社会的接触更加广泛，社会经验更加丰富，因此社会文化这个大的系统对远程教育系统中学生的影响就非常大。由于学生已接触了社会，同时又从远程教育系统中学习了新的知识，增长了自己的新能力，这样他们对于社会文化系统中的各种现象就可以持有一种批判的态度，能够从理论知识出发，对各种社会文化现象作出自己的评价，进而形成新的与社会文化有关的情感。

6.5　学生的组织

6.5.1　参加课程学习

在远程教育系统中，学生最基本的任务就是参加课程学习。参加课程学习的过程包括选择课程、注册课程、登录课程教学平台、学习教学材料、完成课程作业、获得教师反馈信息、改进自己的学习过程、通过课程考试等环节。

课程通常分成必修课和选修课两大类。其中必修课是专业学习必须完成的，属于该专业方向的基础性课程，为其他的专业课程提供理论基础。而选修课则是允许学生按照自己的兴趣灵活地选择。这些选修课程形式多样、内容丰富，能够跟得上技术发展的实际情况，是学生深入接触专业知识、拓展自己视野的课程。学生选择课程的时候主要按照自己的专业和兴趣来进行选择。

选择了合适的课程以后，便可以将自己注册为该门课程的学生，个人资料也就传送给了该课程的教师，以便教师利用这些资料对学生的起点能力进行分析，并给学生提供合适的教材进行学习。

获得课程的账号和密码以后，便可以登录到网络课程教学平台。在该平台上，学生可以看到课程的所有资料，利用这些资料，学生获得下一步学习的要求。这时候正式进行课程的学习。在网络教学平台上，学生应该按照教师规定的教学日历来进行学习，及时完成教师设置的各项活动。如果要进行小组合作的，还要注意到自己的分组情况，包括网络的，也包括网络教学系统按照学生实际情况而进行的自动配对，让居住地和工作地接近的学生组成一组。获得了小组人员的构成信息以后，学生就应该主动与小组的其他同学联系，可以通过网络的方式也可以通过移动技术或者是面对面的交流方式来进行。

在课程平台上学习的主要是教师提供的教学材料，然而学生不应该仅限于这些材料，应该主动地去网上寻找各种支持自己学习的资料，利用这些资料促进自己对教师提供的教学材料的理解。

在学习教学材料的过程中，学生要及时完成教师布置的各种作业。这些作业包括选择题、填空题、判断题等基本的题型，也包括问答、报告、作品和论文等多种形式。如果是参与实践活动，则需要与小组中的学生合作完成，然后以小组的形式提交作业，并注明每一个人在其中的贡献情况。

教师在收到学生的作业以后，会及时批改学生的作业，并给出各种反馈意见。这些意见对于学生充分了解自己的学习情况，改进自己的学习过程是非常有帮助的，因此学生应该认真对待这些意见，有疑问的地方还要与教师进行反复的沟通，直到理解教师的反馈意见为止。

根据教师提示的意见，学生可以有针对性地改进自己的学习，最终解决这些问题，提高学习的有效性。

最后一个环节就是通过课程的考试。课程的考试结果是一种总结性评价，目的是要了解学生是否已经达到了该课程的目标要求。

6.5.2 使用恰当媒体

学生还应该能够使用恰当的媒体来支持自己的学习。虽然在远程教育系统中，每一门课程教师都会指定使用一种媒体，但是作为学生，可能会因为多种情况的限制而导致无法使用该种媒体，或者学生有自己的使用习惯，使得他们更愿意选择适合自己的媒体来进行学习。

如一些学生可能喜欢使用台式计算机来进行网络课程的学习，而另一些学生则可能习惯使用平板计算机来进行网络课程的学习。使用这两种媒体都能够顺利获得教学材料并参与各种教学活动，学生可以灵活地选择。

在各种学习的实践活动中，学生使用媒体的灵活性则更大，如在野外考察时，可以使用数码相机、数码摄像机进行记录，也可以利用智能移动电话进行记录并实时上传到网络上。在进行自主学习时，学生需要考虑到自己能够使用的媒体的实际情况。

在与其他学生进行交流时，也可以依照实际的情况来灵活选择媒体。一般情况下可以选择社会网络工具来进行交流，然而如果自己不熟悉这些社会网络工具的使用，而交流过程又必须马上进行，在没有时间深入学习这些工具的使用的情况下，可以考虑直接使用移动电话的语音通信功能来进行交流。当然面对面的交流方式也不容忽视。

6.5.3 参加学生社团

虽然远程教育系统中的学生处于比较分散的状态，但是仍然可以形成丰富多彩的社团组织。这些社团组织与普通高校中社团组织有所区别，一般采用网络进行组织和交流。另外这些组织还可以跟现实中的学生社团组织联系在一起，形成更为有效的社团组织架构。

远程教育系统中的学生社团组织包括：

1. 学生会

这是学生社团组织中最基本的形式。学生会是学生与学校之间的桥梁和纽带。学生参加学生会，接受学生会的领导，并对学生会的工作进行监督，支持学生会开展各项工作。

2. 学术组织

这一类学生社团组织的学术性比较强，主要就一些学生比较感兴趣的学术问题进行探讨，学生也可以按照兴趣来进行灵活选择和参与。如自然科学研讨会、相对论研讨会、进化论研讨会、社会问题研讨会等。

3. 艺术组织

这一类学生社团主要为那些对各种艺术课题感兴趣的学生提供交流的机会。在这些学生社团中，学生可以参与各种艺术类的活动并提交作品，也可以与艺术家沟通交流。这些组织包括音乐、舞蹈、体育等方面的学生社团组织。

4. 社会活动组织

这一类学生社团组织主要提供给学生参与各种社会活动的机会。如体育运动社、摄影社、家教服务社等。

在远程教育系统中，虽然学生比较分散，但是有网络平台作为支撑，使这些学生社团组织的运行可以有效地结合网络功能，即学生社团通过设置自己的网站，在网站中提供社团活动的基本信息，提醒学生注意社团所安排的各种活动，另外在网站中还专门划分板块提供给学生进行网络讨论的平台，为社团的运行出谋划策。

6.5.4　参加实践

虽然远程教育系统中的学生通常都已经积累了足够多的实践经验，但是在学习时，还是要积极参与课程所安排的各种实践活动。其原因在于：

（1）课程本身安排的实践活动是整个课程教学环节的重要组成部分。既然是组成部分，就意味着课程具有整体性的要求，实践过程是其中一个不可分割的环节。因此学生要通过课程的评价，一定要参与到课程的实践中。

（2）学生的工作与课程提供的实践内容并不一定相同。特别是对于一些跨专业学习的学生来说，这种差别更加明显，因此通过课程实践活动学生可以获得更为丰富的学习经验。

（3）学生工作所获得的经验往往比较零散和片面，而课程提供的实践环节则更加系统和完整，因此学生可以通过课程的实践活动，获得更加系统的知识，这反过来又有利于提高学生实际工作的能力。

（4）课程实践也包含了学生学习的平时成绩，因此学生进行课程实践，是参与学习、通过课程评价的一个重要的环节。

从上述原因可以看出，在远程教育系统中，实践是非常重要的环节。通过实践环节，学生可以将所学到的抽象知识与实践中的经验紧密结合在一起，达到促进学生对抽象知识的理解以及提高学生运用知识的能力的目的。

学生参与课程实践的方式也多种多样。如果是课程内部安排的实践环节，则学生可以就近取材，寻找自己最容易获得的实践资源，主动参与课程实践活动；而如果是专门安排的实践课程，则可以通过远程教育系统中统一安排的计划，结合实际条件参与实践活动。

在实践过程中，网络这一工具的整合与使用是很重要的，特别是社会网络、移动通信技术的应用，可以促使实践活动更加有效地进行下去。这些工具也有助于学生之间以及教师与学生之间的相互交流。

6.5.5 自我管理

学生组织另一个非常重要的方面就是学生的自我管理。学生除了在学生社团中进行自我管理外，从进入远程教育系统开始直到学习结束，所有方面都涉及自我管理的问题。

这些自我管理主要涉及以下几个方面的内容：①自主选择媒体进行学习。②自主选择专业。③自主选择课程。④自主选择教师。⑤自主学习管理。⑥自主完成作业。⑦自我进行评价。⑧自主参与不同的社团组织。⑨学习过程中的诚信保证。

远程教育中学生的自主管理要求比普通高校的学生要高。其中的原因在于学生年纪比较大，自我管理的能力也比较强。另一方面也是由远程教育中的师生在物理空间上处于分离状态所决定的。

6.6　促进学生学习的策略

6.6.1 激发兴趣

远程教育的学生最重要的任务是学习，而学习有效性则是远程教育系统运行质量最基本的判断标准。在远程教育系统中，可以采用多种方法来促进学生的有效学习，包括激发学生的兴趣、让学生参加各种活动、正确使用媒体进行教学、提供不断探究的机会、多提供案例、提供协作解决问题的机会、提供不断反思的机会等。而学习兴趣如何，直接决定了学生是否愿意继续深入学习。要激发学生在远程教育系统中的学习兴趣，可以注意以下几方面的要求：

1. 设置满足学生学习动机的课程

如果所设置的课程与学生的学习动机是一致的，容易引起学生的兴趣，学生也愿意对课程内容进行深入学习。如一些学生在社会交往的过程中，明显感受到自己在艺术方面的修养不够，影响了自己在朋友中的形象，这时候开设声乐、舞蹈等课程，学生的学习兴趣就会比较高，教学的效果也比较好。对于一些必修课程，虽然内容比较枯燥，但是通过安排适当的教学材料，结合学生本身的需求，满足学生的学习动机，学生的学习兴趣还是可以迅速提升的。

2. 教学目标设置合适

课程的教学目标设置要合适，这些目标既不能制定得太高，也不能制定得太低。如果制定得太高则导致很多学生在学习的过程中无法达到这些目标，从而影响到学生学习的兴趣。而如果目标制定得太低，则这样的课程对于学生来说又太容易，学生对这些课程的学习兴趣也会受到严重的影响。

3. 教学方法多样化

在教学过程中要注意教学方法的多样化，远程教育也是如此。远程教育系统中使用的教学方法非常多，因此在教学过程中不要局限于用网络课程来呈现教学材料，还要考虑其他教学方法的综合应用，如案例教学法、探究教学法、反思教学法等。多种教学方法的应用一方面可以满足不同学生的需要；另一方面则可以改善学生接收信息的方式，激发学生的学习兴趣，提高教学效率。

4. 学习方式灵活

不仅教师应用的教学方法可以多样化，学生的学习方式也可以多样化。当师生在物理时空层处于分离状态时，学生自主管理学习进程，在学习方式的安排方面也可以做到更加灵活多样。学生在选择学习方法时，可以考虑自学、面向问题的学习、基于资源的学习、合作学习等多种方法。

5. 教学材料直观

在提高学生学习兴趣方面，直观的教学材料被证明是行之有效的方法。通过形象的图像、视频，生动的动画等形式可以将一些抽象的知识具体化，促进学生的理解。这些直观材料所包含的内容非常丰富，无论对于哪一个层次的学生，这些材料都非常适合。形象的材料能够使学生发挥想象力，更容易促进学生达到文化和发展方面的目标，因此对于提高学生的学习兴趣是非常有帮助的。

6. 运用先进教学媒体

教师在教学过程中，大胆使用先进技术来支持自己的教学活动，也是提高学生学习兴趣的一项有效措施。对于大部分学生来说，对于新技术都有强烈的好奇心，因此新技术的引入本身就已经引起了学生的注意，提高了学生的学习兴趣，再结合课程内容的传输，还可以让学生了解新技术的应用特性。如一些教师利用平板计算机来进行教学，很容易引起学生的学习兴趣。当然，由于新技术在开发出来时价格有些昂贵，因此还要考虑学生的经济承受能力，可准备其他的替代媒体，以满足部分学生的需要。

7. 适合学生年龄特点

不同年龄层次的学生的学习特点也是不同的，在教学过程中，注意考虑学生的年龄特点，有针对性地安排教学活动，提供教学材料，这也是激发学生学习兴趣的有效措施。

如针对成熟期的学生，由于他们的认知能力正在迅速发展，而且认知潜力还非常巨大，这时候可以多提供一些研究的方向，并在学生探究的过程中提供适当的辅导，这都有助于学生学习兴趣的提高。而对于深度期的中年学生来说，由于其认知能力上升得更快，但是认知潜力已经比较有限了，这时候可以考虑提供各种不同的研究成果，让学习者自己决定研究课题，并对这些课题进行深入的探究，这样也可以提高学生的学习兴趣。对于处于衰减期和稳定期的中老年学生，由于认知能力与认知潜力同步下降，这时候可以安排反思和合作学习的环节，促进这些学习者的学习反思，以便学生对以往的经验进行总结，同时还可以提供合作解决问题的机会，以弥补个人认知能力的不足。

6.6.2 参加活动

在教学过程中多安排活动内容，也是促进学生学习有效性提高的方法。在远程教育系统课程教学的过程中，可以安排的学生活动形式多样，主要是基于网络的，也包括了连接网络虚拟世界与现实世界的活动。

对于基于网络的学生活动，学生之间可以处于分离状态，因此学生的活动可以是个人进行的，也可以是合作进行的。对于以个人角色参与的活动，包括了网络资源的搜索、浏览网页新闻、参与一些门户网站的新闻讨论等。这种个人角色参与的活动可以满足学习者获得直接经验的需求。利用社会网络则可以在这些学习者之间形成纽带关系。这时候学习者之间就可以按照兴趣的不同，自动组合成兴趣小组。在已经形成的小组中，按照教师提供的教学任务，小组的成员之间相互合作，共同完成网络活动任务。

除了利用网络来开展教学活动外，如果现实条件允许，还可以让学生直接在现实世界中完成教学活动任务。如课程的一部分内容需要调查数据的支持，可以安排学生利用现实许可的条件，对一些人士进行问卷调查、访谈等，然后对收集到的数据进行分析，以支持课程教学中的理论。

当然也可以将网络活动与现实活动结合在一起。如先在网络上分配活动任务，然后在现实世界中让学生完成自己的任务。在完成任务的过程中，利用社会网络工具，将活动过程获得的结果随时上传到网络上，供学生分享。

6.6.3 恰当使用媒体

恰当使用媒体也是提高学生学习有效性的一项有力措施。媒体的使用要恰当，在成本方面，不要超出学生的经济承受能力。而在传播教学内容方面，不同的媒体传播的效果是不一样的，一些媒体适合传输大容量的多媒体信息，如网页、文档等，而另一些媒体则适合促进学生之间的相互合作，如微博等。在课程设计的各个环节，特别是在教学设计过程中，就要预先考虑到这些不同信息的呈现对媒体的要求，然后使用恰当的媒体来呈现教学信息。

教学方法的应用也与媒体结合在一起。网络课程的教学一般使用网络课程平台，而合作学习、案例分析、探究发现等则适合使用社会网络平台。

为了提高学生学习的有效性，对媒体的选择还要考虑学生的学习习惯。有些学生在学习时习惯文字表述的方式，有些学生偏重于图片等直观的材料，而一些自然科学专业的学生则偏重于数学公式的推导。针对学生的这些特点，也可以有针对性地选择不同的媒体进行教学。

表6-2显示的就是不同的信息呈现方式和教学方法与各种网络媒体工具之间的关系。

表6-2　不同的应用与媒体之间的关系

媒体应用	网页	博客	微博	社交网络	维基百科	视频网站	QQ	云计算
文本	√	√	√	√	√		√	√
图片	√	√	√		√		√	√
视频	√		√		√	√	√	
动画	√				√	√	√	
音频	√					√		
合作			√	√	√		√	√
反思		√						
探究			√	√				√
案例	√		√		√	√		√

6.6.4　协作交流

由于远程教育中学生间面对面的合作机会比较少，因此在课程教学过程中，多提供给学生相互合作交流的机会，也是促进学生学习有效性提高的有力措施。

这种协作交流的机会可以直接通过网络课程平台来实现。由于学习同一门课程的学生都已经将自己的资料整合到这一门课程中，因此可以通过课程平台内部的交流功能，让学生直接在课程教学过程中进行交流。这是一种比较常用的方法。在很多课程平台上，学生相互讨论的情况还会被记录到学生的平时学习成绩之中，这样可以跟其他形成性评价获得的成绩合并，然后与最终的总结性评价结果整合，形成学生的总评成绩。

采用课程平台提供的协作交流方式，其优点就在于跟课程的内容直接联系在一起，并且可以作为学生的一种形成性评价方法。然而这种方式也存在一些缺点，这些缺点表现在：

（1）如果将学生参与课程讨论的情况也作为学生的平时成绩，则这种讨论过程就比较正式。而一些学生并不习惯于在一个很正式的场合中表达自己的看法，因此更深入的协作交流过程就难以进行下去。

（2）一些课程平台的交流功能并不完善，还经常出现网络技术方面的问题，这也是导致应用效果不尽如人意的原因。因此在提供给学生交流平台时，还可以考虑使用学生比较熟悉的一些社交网络工具，如 Facebook、同学录等。这些工具能够跟课程之外的其他因素结合在一起，也不至于太正式，所以比较容易受到学生的欢迎。

实时通信工具也是满足学生交流需要的一种比较好的工具，如 QQ 在很多学生中已经获得了普及。一些学生甚至从小就开始使用这种工具，在这样的平台上，学生相互之间的交流合作是没有多少障碍的。课程规划时，便可以考虑给每个专业的学生都建立各自的群组，让学生一进入远程教育系统中，就有一个平台与其他的同学进行协作交流。

在实施教学的过程中，也可以考虑安排这种满足学生之间相互交流需要的环节。如在很多的网络课程平台上，都已经集成了维基百科这样的工具，教师可以提供一些问题，让学生在课程教学平台上共同完成对有关知识的分析。当然，教师也可以直接通过维基百科或百度百科平台，让学生对其中没有的条目进行添加，使学生获得更直接的经验。

6.6.5 案例分析

案例分析也是提高学生学习有效性的一种非常好的方法。与教师提供的课程材料不同，每一个案例都是丰富、生动的。一些案例还具备非常强的时效性，可以直接在网络新闻中获取。这些时效性非常强的案例，一些学生可能早已了解，有些学生甚至还参与了新闻的评论，对普通网民的看法也有比较多的了解。

在这种情况下，教师通过课程的理论分析，结合这些具体的案例，让学生将课堂上所学习的知识应用到实际网络环境中，使学生获得更丰富的经验，也满足了学生应用知识的需求。

案例分析对学生学习有效性的促进主要体现在以下几个方面：

1. 案例分析提供给学生面对实际问题的机会

案例是真实的事件，这些真实事件的发展过程给学生的体验是非常直接的，如欧债危机、日本大地震等案例。通过案例分析，学生就可以把握实际问题与课程理论之间的联系。因此在课程学习的过程中，案例分析是让学生面对实际问题的重要途径之一。

2. 案例分析促进了学生对理论知识的理解

案例分析提供了非常直观的知识，这些知识容易理解，通过系统的案例分析的过程，学生所学习的理论知识自然会更加扎实。

3. 案例分析有助于学生实现文化方面的目标

由于案例分析都是学生身边发生的各种时事，学生在分析这些案例时，相当于经历了一次与远程教育系统外的社会交流的过程。在这一过程中，学生对社会文化的了解更加深刻，同时用课程中学习到的理论知识来解决实际问题，则有助于学生把握社会文化的发展。

6.6.6 探究发现

在课程学习过程中，不断进行的探究发现过程也是促进学生学习有效性提高的一项重要措施。这一活动有助于促进学生进行自主的知识建构，并且符合人的认知规律，因此学生的学习过程将能够更加顺利地进行下去。

探究发现在促进学生学习的有效性方面主要起到如下作用：

1. 促进了学生自主知识的建构

探究发现是一种非指导性的教学活动，学生在进行探究时主要依靠自己的力量来完成相应的学习任务。在学生自主探究的过程中，知识也就不断地被建构起来了。

2. 使学生能够开展研究工作

在所有的教学应用方法中，探究发现的研究性特征最明显。学生在进行探究发现时，可以如同科学家那样对一个问题进行深入的研究，利用多种方法来收集数据，并对所收集的数据进行分析处理，最终得出探究发现的结论。

3. 可以满足学生相互合作和交流的需要

探究发现的过程也是一种合作与交流的过程。在一些探究性教学方法中，学生会被分成若干个小组，然后利用小组合作的形式，每个成员扮演一定的角色，对教学材料进行深入的探究发现。在这个过程中，学生之间的交流会不断深入，相互之间的情感纽带也变得更加牢固。

4. 有助于学生更好地认识世界

探究发现是一种研究性的学习方法，因此在探究发现的过程中，学生可以对现实世界获得更深入的理解，能够找出自己世界观存在的问题，并加以改进，最终促进学生更好地认识世界。

由以上的观点来看，探究发现这种学习方法对于学生学习的促进与其他方法相比是有很大区别的。正是这种区别，使得探究发现这种教学应用方式一出现，就引起了人们广泛的重视，并得到进一步的发展。

6.6.7　不断反思

促进学生学习有效性提高的另一项重要措施就是让学生在学习的过程中，能够不断进行反思。这种反思过程有助于学生对前一阶段的学习情况进行归纳总结，找出其中存在的问题，并加以改进。

学生进行反思的过程主要是利用博客来完成。通过博客简单的信息发布功能，学生可以将每一个阶段学习的情况总结反思并发布。还可以将博客开放给其他的同学和教师观看，与他们共同分析其中存在的问题。

利用博客进行反思对促进学生学习有效性的提高所起的作用如下：

1. 满足学生对前一阶段学习总结的需求

博客这种形式类似于传统的日记，即能够总结反思前一阶段的工作学习情况。

2. 满足了学生发表自己看法的需求

同传统的日记不同，博客具备信息发布功能，学生有何新的看法，都可以通过博客将其发布出去，以便让更多的人了解自己的想法。

3. 满足与其他人交流的需求

博客平台还允许其他的学生对自己的文章进行评论，这样的一个评论功能，可以更好地了解其他人对自己文章的看法，并有针对性地进行改进。另外，一些博客还具备社交网络的功能，如添加好友、展示个人的资料等，通过这种相互之间的链接，形成博客好友之间的关系网络，为进一步的合作与交流打下基础。

4. 提供给学生获得教师反馈信息的途径

当然教师也可以浏览学生的博客，通过浏览学生的反思文章，了解学生不同阶段的学习情况，并有针对性地提出各种建议，以帮助学生进行改进。

5. 提供了资源整合的途径

利用博客还可以实现资源的整合，学生在网络上搜索到的各种资料可以放在博客文章中，通过博客文章归类的方式，实现资源的归类。同时利用博客交流的功能，达到资源共享的目的。

活动建议

1. 比较研究：中英两国开放大学学生的学习方式。
2. 反思：学生学习有效性问题。

习题

1. 学生具备哪些一般的特性？
2. 学生的家庭背景主要体现在哪几个方面？
3. 学生的教育背景由哪几个方面构成？
4. 学生认知能力包含了哪几个信息加工阶段？与加涅的三种认知能力有何关系？
5. 远程教育系统中的学生所需的技能可以分为哪几种？
6. 远程教育系统中的学生的情感涉及哪几个方面？
7. 远程教育系统中的学生使用的媒体为何必须是恰当的？
8. 远程教育系统中的学生如何参与学生社团？
9. 学生如何参与远程教育课程安排的实践活动？
10. 学生应该如何进行自我管理？
11. 促进学生学习的策略有哪些？
12. 学生如何在课程中进行协作交流？
13. 案例分析如何促进学生学习有效性的提高？
14. 如何利用探究发现促进学生学习有效性的提高？
15. 不断反思在促进学生学习有效性提高方面有哪些作用？

7　远程教育的教师

教学目标

　　1. 了解远程教育系统中教师的角色和作用；

　　2. 探讨远程教育系统中教师的专业成长方法；

　　3. 理解教师和学生之间的交流方法。

本章重点

　　1. 教师的角色和作用；

　　2. 专业发展；

　　3. 教师与学生之间的交流。

本章难点

　　1. 教师的专业发展；

　　2. 师生之间的交流。

7.1　教师的角色

7.1.1　创造教学环境

　　远程教育中的教师处于主导地位。远程教育系统中，教师的工作非常多，包括创造教学环境、引导学生的学习、制作和发布教学材料、实施教学过程、实施形成性评价、进行总结性评价、适当的面授教学等。另外除了教学工作，远程教育系统中的教师还要完成一定的社会角色。

　　教师在远程教育系统中努力创建一个适合学生学习的教学环境，这些教学环境按照不同的课程规划和教学设计的要求可分为三种形式：网络课程教学环境、社会网络教学环境、移动教学环境。

　　在创建这些教学环境的过程中，教师起到了主导作用。教师按照课程规划的要求，进行课程设计，提出教学环境的整体架构，然后按照不同类型的教学环境的要求，提供各种教学材料、制作课件、确定教学方法、制作形成性评价题库、确定评价学生的方式、确定总结性评价实施的过程等。

　　另外，远程教育系统的教学环境也是基于网络资源的。因此除了必须严格落实与教学过程有必然联系的环节外，为了满足教学环境中对丰富的教学资源的需求，教师还要广泛查阅各种网络资源，并对这些资源进行归类索引，以供学生在学习时参考。

教师在收集资源时，通常使用各种搜索引擎结合文献管理工具来进行。搜索的资源也有针对性地落实到每一章节之中。由于学习一门课程所需要的资源非常丰富，教师可以一边教学一边进行资源搜索，及时进行归类整理，在课程进行到一定的程度以后，所积累的资源就已经相当丰富了。这也为今后重新上这门课提供充足的资源。

7.1.2 引导学生的学习

教师的另一个角色是要引导学生学习。现代教育理念下的教学是以学生为主体，教师为主导的过程。教师的主导并非主宰整个教学，而是要对学生的学习进行正确的引导。也就是说，学生的学习是一个自主的过程，教师在教学的过程中提供给学生各种学习上的支持和帮助。

在远程教育系统中，教师对学生的引导可以从以下几个方面着手：

1. 进行课程设计

在课程设计的过程中，教师是课程设计的主体，教师应该按照远程教育规划的要求以及学生的特点进行课程设计。一个设计完善的远程教育课程有助于学生更好地进行自主学习。

2. 提供课程材料

教师设计了课程，就可以按照课程设计的方案来向学生提供课程材料。材料的提供主要通过各种网络教学系统来实现。

3. 解答学生问题

教师在教学过程中还要耐心解答学生的问题。教师作为学生自主学习的一个重要资源，对问题的解答往往是最直接也是最有效的。但是既然教师是资源的一个方面，学生在接受教师解答时，应该采用批判的态度，对教师的解答进行思考。

4. 组织学生讨论

教师在教学过程中，向学生提供的另一个支持就是组织学生进行讨论。让学生利用各种不同的社会网络工具进行讨论分析，探讨教学问题的本质。在提供这样的学习支持时，教师并不需要参与到学生的讨论过程中，而是以旁观者的身份对学生的讨论过程进行观察，并及时处理讨论过程中出现的各种问题。

5. 落实课程实践性环节

教师安排好学生参与的课程实践环节，有效地组织学生参与各种实践活动，这正是教师作为教学过程的组织者所起的作用。

6. 批改学生作业

除了一些选择题等客观题的题型可以交由计算机自动批阅外，学生提交的主观题以及设计方案、作品、论文等形式的作业，则需要教师批改，并给出批改的意见，及时反馈给学生。

7. 安排学生考试

为了通过课程的学习，学生还要进行考试，教师在这里也承担考试安排者的角色。包括试题的编制、试卷的批改、学生成绩的登记等多个环节。

7.1.3　制作和发布教学材料

在远程教育过程中，教师还是教学材料的制作者和发布者。教师所制作的教学材料是课程的主体内容。教学材料制作完毕，教师还要将这些材料通过广播电视、网络平台等系统发布给学生。

教师在制作教学材料时，必须按照教学大纲的要求，选择印刷或电子形式，然后根据教材的内容，按照网络教学平台的要求，制作符合要求的教学材料。这些教学材料包括演示文稿、Word 文档等。

目前由于网络教学平台的普及，教师在制作教学材料的过程中，技术方面的要求已经大为减少，教师不再需要掌握复杂的网页制作技术，如思考如何进行网络的排版、网络程序设计等问题。这样教师就可以将主要的精力放在教学内容方面。

现在利用如同 Moodle 这样的网络教学平台，教师只需要直接在平台上输入文字、插入图片、上传演示文稿和 Word 文档等就可以完成有关章节的上传。而每一章节的教学安排，也早已包含在这些网络课程的教学平台上，教师只需要打开网络平台的编辑管理功能，就可以设置每一章节向学生开放的时间，可以安排不同的教学活动、收取学生的作业等。

在教学材料的发放方面，早期的远程教学系统需要通过邮政或者电视广播等方式来完成；现在通过网络平台，在教师的教学材料制作完毕以后，打开学生浏览的功能，就可以让学生在规定的时间浏览课程内容。

由于网络技术的交互性比较强，因此教师的课程发放过程也具备了更强的可控性，教师可以按照需要随时打开面向学生的传输通道，也可以随时关闭学生作业的接收通道，满足不同教学方法实施的需要。

7.1.4　实施教学过程

教师的另一个角色是教学过程的实施者。在远程教育系统中实施教学过程，与在普通高校中实施教学过程有所不同。这些不同表现在以下几个方面：

（1）普通高校中的教学过程的实施是在一个封闭的教室中完成，而远程教育系统中，教师实施的教学过程是在开放的媒体平台上完成的。

（2）普通高校教学过程实施的过程中，所有学生都在现场。而远程教育系统的教学过程中，学生与教师在物理时空层上处于分离的状态，学生的学习过程也是按照自己的需要来实现。因此在远程教育系统中，教师实施教学过程时，教师和学生并不一定同时在线。

（3）普通高校中，教学材料是统一发放的；而远程教育系统中，学生可以按照自己的需要灵活地下载不同的教学材料。

（4）普通高校中的教学有固定的时间，一堂课的时间有限。而远程教育系统中的教学时间的固定性并不是很明显，一个章节的学习通常跨越一周的时间。在这段时间内，学生可以按照自己的需要随时上网学习。

基于上述的特点，远程教育中的教师在教学过程中主要起到以下几方面的作用：

（1）教师要在网络教学平台和社会网络中，预先安排好所有的教学环节，以满足学生分布式学习的特点，做到在任何地点连接到网络教学系统都可以顺利地进行学习。

（2）教师还要扮演一个"客服"的角色，利用这种角色，教师可以随时接收学生在学习过程中碰到的各种问题，并对这些问题进行耐心的解答。

（3）教师在实施教学过程中，为了应对不同学生的需要而准备多种应对方案、多套教学材料和资源。这时教师扮演了一种"应急管理队员"的角色。

（4）教师在课程教学的过程中还要有足够的耐心，要随时掌控课程的教学进度。进行教学的时间不再是几十分钟，可能是一个星期或者更长的时间。

7.1.5 进行学生评价

教师对学生实施评价的过程，就如同医生门诊，对病人的病情作出诊断。然而教师与医生不同，教师既是教学过程的实施者，又是学生的评价者，教师的角色更加丰富。作出评价以后，不同于医生给患者开处方，教师要给出学习建议，以对学生在学习过程中出现的不足进行有针对性的指导。

教师实施的评价方式种类繁多，包括诊断性评价、形成性评价和总结性评价。

在所有的评价过程中，教师最重视的是形成性评价。利用形成性评价，教师可以随时掌握学生的学习情况，调整教学进度，对不同的教学材料进行补充。

教师在评价过程中使用的方法也非常多，可以是标准的测验方式，利用客观题和主观题的形式对学生进行测评；也可以通过实践活动、设计、作品和论文等形式来对学习者进行评价。

在对学生进行评价时，教师不应简单地给学生一个分数，而应该给出有价值的评语。这些评语是定性的，描述学生在前一阶段学习过程中所出现的问题是什么、哪些地方必须加强练习、哪些地方值得鼓励等。所有的评价结果都应该转换成这样定性的结果，包括已经形成等级分数的评价。这也是教师在评价过程中的一个重要工作。

7.1.6 适当的面授工作

有些远程教育系统还提供适当的面授辅导。在这种面授辅导工作中，教师可以如同在普通高校课室中一样来组织和实施教学。

但是由于与普通高校的课程不同，学生主要通过远程教育平台来进行学习，因此这种面授课程的性质主要是辅导，也就是辅导学生的学习，解决学生在远程学习中出现的各种问题。由于远程教育系统中的学生数量庞大，教师要面对大班上课的情景，这时候要具备使用多媒体课室设备的基本能力。

另外在面授的环节中，教学内容的安排与普通班级授课有很大的区别，教学内容主要集中在远程教学过程中，学生经常出现错误的知识点，利用面授机会进行适当的辅导。另外对一些即将参加自学考试的学生，也可以利用这种面授的方式进行考前辅导。

在教学方法上，这种面授活动主要以讲授为主。

7.1.7 教师的社会角色

由于远程教育系统是整个社会系统中的一个重要组成部分，教师也同样是社会系统中的一员，因此系统中的教师除了要承担各种教学角色以外，还具备非常鲜明的社会角色。教师的这种社会角色反映出教师在整个社会大系统中所起的作用。

作为教育系统中的一员，教师的身份要在社会系统中得到认可，可以从教师的专业特性、教师的从业资格等方面来考察。另外教师作为社会中的一员，掌握了先进的科学文化知识，因此教师的社会角色还包括了科学普及者和文化引领者的角色。

高等院校中的教师还要从事学术研究和教学研究工作，因此教师的社会角色还包括教师的研究者角色。如在英国开放大学中，专门设置了教学研究和科学研究的机构以满足教师这一社会角色的需求。

和普通高等院校不同，远程教育系统的部分教师是从其他高校中聘请过来的，这些教师除了从事远程教育系统的教学工作以外，还要从事普通高等院校中的教学和科研工作。另一部分专职教师，由于学生规模较大，其教学任务比较繁重。

7.2　教师专业发展

7.2.1　教师专业发展的含义

远程教育系统中教师的另一项非常重要的任务就是不断发展专业性。教师专业发展是利用所有的技术、资源来构建专业成长的环境，在该环境中，教师可以进行知识建构，创造性地获取专业技能，提升自身需求层次，实现阶段性、跨越性的专业成长[①]。

教师的专业发展包括以下几个方面的含义：

1. 教师的专业发展是一个内部结构不断提升的过程

教师的专业发展具备了非常明显的内在性，是个人的知识、技能和情感等内部的因素不断获得提升的过程。当然教师内部结构的提升有赖于环境因素，因此教师的专业发展是在外部环境的作用下，内部自主建构知识的过程。

2. 教师的专业发展具有比较明显的阶段性特点

阶段性是一个复杂系统的基本特征。对于学生来说，其发展过程有阶段性的特点，随着年龄的增加，学生身心发展经历了青年、中年、老年等不同阶段。教师的专业发展也是如此。按照教师的年龄阶段性特征以及教师在专业知识、技能和情感方面的积累规律，可以将教师的专业发展分成以下五个阶段：

（1）专业准备期。

专业准备期出现在刚刚从事教师这一职业的时期。在这一时期，教师还只是处于师范或教育硕士学习时拥有的教育教学知识的理论层面，对于教育有很多的想法，但想法与教育实践存在一定程度的脱节。这一时期教师年龄处于 20～30 岁。

（2）专业成熟期。

在这一时期，教师已经积累了足够丰富的教学经验，这些教学经验再结合教师所学的

---

①　程智．现代教育技术与教师专业发展［M］．天津：天津教育出版社，2010.

教育教学理论知识，使教师能够以非常成熟的方式来处理教育教学中所遇到的各种问题。这一时期教师年龄处于30~40岁。

（3）专业深入期。

在这一时期，教师已经能够熟练处理教学中的问题，并将这些实际问题与教育教学理论联系起来，开始深入思考教育教学的规律，并产生对教育教学的独特见解。这时教师可以开展比较深入的教学研究，并形成独具特色的教育教学理论体系。这一时期教师年龄大约处于40~50岁。

（4）专业稳定期。

专业深入期过去以后，教师的认知能力开始出现衰退，但是由于教师在前面三个阶段已经有了非常丰富的经验积累，可以抵抗认知能力的下降，出现了一种比较稳定的状态。在培养青年教师、传授各种教学经验方面，这一时期的教师拥有其他阶段所不具备的优势。这一阶段教师年龄处于50~65岁。

（5）专业退出期。

当教师的认知能力进一步下降，整体上教师的专业能力已经出现了比较明显的下降时，可以考虑退出教师这一专业进入退休阶段。这一时期教师的年龄大约在65岁以后。

3. 教师的专业发展方法具备多样性的特点

教师专业发展的方法呈现多样性的特点，特别是各种媒体技术的应用，使教师专业发展的方法变得更加丰富。这些不同的教学方法包括学习、旅游、讨论等，也可以是基于网络环境的虚拟社区活动、教学反思、探究发现、合作等。

早期的教师专业发展主要采用面授培训的方式，其优点是实施起来比较简单，而且培训课程可以借鉴普通高校相关课程的经验。但是这种方式的缺点也很明显，就是适应面窄，比较适合处于准备期的教师专业发展，而随着教师专业发展进入了成熟期和深入期以后，这种培训的方法就有点力不从心了。

为了满足更高层次教师专业发展的需要，现在主要采用形式更加多样化的方法来进行专业发展，其中行动研究在教师专业发展中获得了重视。利用行动研究，教师可以将专业发展与实际的教学工作结合在一起，适合处于成熟期以后的教师专业发展的需要。

行动研究的另一个好处是可以通过校本专业发展的方式来实施。这样教师不需要离开学校到遥远的培训中心进行学习，可以在学校里进行专业发展，受到教师的普遍欢迎。当然现在通过网络技术，也可以在网络上开展行动研究，将教师的专业发展延伸到校外。

除了行动研究以外，适合于高层次教师专业发展的方法还包括了专业引领、案例分析等多种形式。

4. 现代教育技术对于教师的专业发展有促进作用

在教师专业发展的过程中，现代教育技术对于构建新型的教师专业发展模式是有帮助的。通过现代教育技术的广泛使用，可以构建出非常丰富和全面的专业发展模式，这些新的教师专业发展模式能够覆盖教师专业发展的所有层次，并为不同的教师提供个性化的教学专业发展途径。

在教师专业发展中广泛使用的现代教育技术包括数字图像投影技术、数字音频技术、数字视频技术和计算机网络技术等。

5. 教师的专业发展具备强烈的创造性特征

同学生在学校中的学习相比，教师的专业发展是一个创造性极强的过程。在这个过程中，教师利用各种媒体技术构建专业发展的环境，使用不同的专业发展方法促进自己的知识建构，获得专业知识、专业技能以及专业情感等方面的成长，教师逐渐转化成研究型、专家型的教师。

7.2.2 教师专业发展的方法

教师专业发展的方法非常多。主要包括：

1. 技能培训

这种专业发展方式主要针对处于准备期的教师，通过教师试讲，并拍摄录像，提供教师反馈信息，有经验的教师可以一起帮助年轻教师分析教学过程中出现的各种问题，并提出改进的措施。

2. 行动研究

行动研究是教师专业发展的重要途径，是为了解决实际问题而采用的一种系统的研究方法。这种研究方法由于面向实际问题，且与教师的教学实践联系比较紧密，因此能够在促进教师专业发展的同时提高学校的教学工作质量，也是教师专业发展的各种方法和途径中使用最普遍的一种。

3. 网络课程培训

过去的教师课程培训通常采用集中面授的方式，这种方式的缺点在于需要教师专门抽出时间到面授地点，这给教师带来了一定的困难。现在教师课程培训主要采用网络的方法来进行，利用网络课程平台，教师注册登录信息，然后进入课程平台学习。由于教师的学习信息可以随时被记录到教师的专业发展档案中，因此教师专业发展的持续性可以得到有效的保证。

4. 同伴互助

这种方式利用了网络虚拟社区等社会网络的功能，教师在虚拟社区中注册账号，在其中相互交流，合作解决一系列的问题。这种方式能够满足教师之间相互交流的需要，对解决一些比较复杂的问题，促进教师之间教学研究合作层次的提升，有明显的效果。

5. 案例分析

与其他的教师专业发展方式一样，案例分析也是一种常用的教师专业发展的方式，其好处在于教师可以针对社会上发生的一些重点事件进行集中讨论与分析。在这样的案例分析过程中，教师可以运用已经掌握并加以实践的教育教学理论和方法，对这些典型的案例进行分析，并且可以明确现阶段教育所面临的各种问题、自己要做的工作。同时也可以加深自己对教育教学理论的理解。

6. 教学反思

这种专业发展的方式是利用博客等工具进行教学反思。当然，也可以采用日记的方式，但是这种方式效率较低，也不容易与其他人分享，效果不太显著。同传统的日记形式相比，博客这种网络工具既可以实现传统日记的功能，也可以将自己的反思过程同其他教师分享，达到对某些教学问题进行共同反思的目的，这种合作反思的方式已经超越了传统的反思方式。

7. 专业引领

这种专业发展的方式是通过专家对教师进行引导的方式来进行的。其好处在于，由于专家具备了非常丰富的教育教学理论和实践的知识，因此在专家的引领下，教师的专业发展更有目的，专业发展的效果更好。旧的专业引领方式是专家常驻学校对教师进行引领，现在的专业引领方式则可以采用网络来进行。通过各种社会网络工具，专家在网络上与教师结成对子，实现一帮一或一帮多的专业引领结构。

8. 自主发展

自主发展的模式是教师充分利用已有的资源进行自主的专业发展。包括自学课程、进行教学研究、对教学过程进行反思等多种方式。这种自主的专业发展方法灵活，可以使用的技术和资源也非常丰富，教师的专业发展过程能够更有效地适应教师自身的特点，因此受到教师们的普遍欢迎。为了促进教师的自主发展，可以设置相应的评价标准来对教师自主发展的成果进行评估。如教学成果展示、学术论文的发表等都可以作为这种自主发展的指标。

9. 跨专业合作

与学生不同，教师在教学过程中还经常与其他专业的教师进行合作，这些合作的优点在于可以分享不同领域教学发展的经验，同时还可以就某些专业问题，了解其他专业教师的看法。在跨学科领域得到不断发展的情况下，这种跨专业的合作无论对于教师本身的发展还是对于学科的发展都有非常大的促进作用。

10. 参与学校管理

教师在教学过程中，能够积极参与学校的教学管理工作，促进其对学校运行机制以及教育教学理论有更深入的了解。而教师参与学校管理也可以促进教师治校理念的落实，促进学校的发展。对于教师本人来说，参与学校管理的过程，也是了解教育长远规划和相关政策的有效途径。

7.3 教师之间的合作

7.3.1 相同学科教师之间的合作

教师之间的合作是学校管理中的一个重要组成部分。远程教育系统中的教师尽管相互接触的机会比较少，但还是可以通过各种技术途径相互合作。这些教师之间的合作方式也非常多。

对于相同学科的教师来说，这种合作过程比较容易。这是由于网络教学平台、网络课程内容的逻辑联系等，都促使教师之间要保持紧密的合作关系。相同学科教师之间的合作方式可以采用以下几种形式：

1. 网络教研的方式

网络教研这种方式类似于普通高校中的教研室活动。在远程教育系统中，如果条件允许，这种教研室活动也可以经常性地召开。而限于办公场地的不足、教师来源的多样性，远程教育系统中的教师教研活动可以通过网络来实现。网络教研主要采用各种社会网络工具来完成。教师在社会网络中注册账号，与相同学科的教师之间形成联系。平时可以交流一些基本的教学信息，而在需要开展教研活动时，则可以组织大家一起上网讨论。即使有的教师无法抽出时间来上网，也可以在网络教研之后登录系统，发表自己的看法，与其他教师进行讨论。

2. 课程分享

这种交流方式就是与其他教师分享自己的课程教学经验，如果是多个教师教同一门课程，则可以登陆同一门课程平台，共同对教学材料和资源进行添加和修改。如果是教授不同课程的教师，则可以就课程教学的过程中所遇到的共同问题进行交流，分享各自的教学经验。

3. 课程评价

对教师所教的课程进行评价，这是在普通高校中经常使用的方法，在远程教育系统中也可以借用这些方法。评课的过程可以授权教师以学生的身份登录到其他教师的课程平台上，了解其他教师在教学过程中的教学方法的落实、课程内容的安排、教学活动的组织、学生的评价等多方面的指标，从而对其他教师进行评价，评价结果也会及时反馈给任课教师。这也是一种教师交流的有效方式。

4. 学术交流

教师除了进行教学研究以外，还要进行学术研究，学术研究的成果需要互相交流。这些交流可以直接通过论文检索系统来完成，通过阅读其他教师的学术成果，在网络系统中给出自己的意见，这对于促进教师的学术研究有很大帮助，同时这种方式也是一种非常有效的交流与合作的方式。

7.3.2 不同学科教师之间的合作

不同学科的教师之间也可以有非常有效的交流与合作。与同一学科的教师局限在自己的专业中不同，不同学科的教师位于远程教育这个大系统中，他们之间进行相互交流的机会要少于同学科的教师。然而作为远程教育系统中的一员，教师之间会有一条牢固的纽带将他们联系在一起，这条纽带就是远程教育。特别是在网络技术迅速发展的情况下，同一个远程教育系统中的教师可以很方便地通过网络教学管理系统找到对方，从而实现不同学科教师之间的相互交流与合作。

不同学科教师之间的合作包括以下几种方式：

1. 通过教学管理系统进行交流

随着数字化校园的建设，教学管理系统在远程教育系统中也扮演了一个非常重要的角色，很多传统的交流都需要面对面进行，而到了网络时代，则只需要在网络教学平台上发送一条信息或者一个文件就可以轻松实现。由于整个教学管理系统是全校性的，因此网络教学管理系统中的信息和文件的发送也是全校性的。

2. 通过专业发展方法来实现合作

教师需要采用各种方法来进行专业发展，包括课程培训、行动研究、专业引领等多种方式。在教师专业发展的过程中，往往涉及大量不同专业的教师之间的相互合作，提供与普通教学不同的环境。在这种环境中，不同专业的教师之间可以实现充分的合作与交流，共同促进教师的专业发展。

3. 通过课程评价方式进行交流

在进行课程评价时，不同专业的教师也可以从各自的角度来对其他教师进行评价。这种跨学科评价的好处在于可以打破一些学科固有的思维定势，吸取其他学科好的教学理念和方法，促使教学过程变得更加生动活泼，学生学习的有效性可以得到提高。如学生喜欢一些艺术类的课程，理工科的教师可以对这些课程进行评价，这样的评价过程，既是对任课教师教学过程的分析，同时也是了解自己教学过程存在哪些不足的有效途径。及时吸取好的经验，改进自己的教学，就可以有效地提升自己的教学能力。

4. 通过对外服务的方式进行交流

在对外服务时，往往是多个学科的教师同时参与，这也为不同学科的教师进行交流与合作提供了难得的机会。如教师们可以共同商讨在新的教学条件下，如何更有效地开展各项教学活动，各门学科的课程教学进度如何协调等。

5. 通过跨学科的学术研讨来进行合作

现在学科的发展趋势是综合性，跨学科的知识越来越受到大家的重视。因此在开展学术研究时，不再局限于自己所在的专业领域，而是需要与其他专业领域进行更充分的交流合作。这种交流合作的过程需要不同学科教师的广泛参与与合作。

7.3.3 教师与教学管理人员的合作

教师与教学管理人员之间的合作也是保证远程教育系统有效运行的措施。在远程教育系统运行的过程中，教师和教学管理人员处于两个不同的角色之中，教师完成教学任务，教学管理人员则提供各种教学管理的服务。

教师和教学管理人员之间的合作涉及多方面的内容：①教师提供足够的课程信息给教学管理人员；教学管理人员合理安排教学计划。②教师实施教学过程；教学管理人员为教学过程提供各种不同的教学服务措施。③教师实施教学评价并登记学生成绩；教学管理人员维护评价系统，并将学生成绩与其他的资料整合归档。

由于远程教育系统涉及更多的技术平台问题，因此教学管理中的一个重点就是平台运行时所涉及的各种技术方面的服务。教师在平台的使用方面要与教学管理人员积极主动合作，以便及时解决平台运行时所出现的各种技术问题。

7.4 教学过程中的教师

7.4.1 电视课程中的教师

电视教学过程中的教师仍然处于远程教育系统中，因此其所扮演的角色在具体的课程教学中仍然是存在的。不过由于每一门具体课程中的教师在教学时又有特殊性，因此教师在教学过程中注意角色的差别，对于提高学生学习的有效性是很有帮助的。

电视课程中的教师主要完成以下三个方面的任务：

1. 录制教学视频

教师在制作电视教材时，引导学生的工作主要落实到视频的录制过程中，需要在组织教学材料、进行知识表达过程中，融入适当的教学方法。当然，由于演播室录制好的教学视频很可能无法适应学生学习的实际情况，因此这种电视教材的灵活性不够，教师可以发挥的余地也不大。

2. 实施教学评价

除了利用视频来播放自己制作的教学信息以外，电视课程中教师的另一个重要的工作就是实施教学评价。由于无法在录制节目的过程中灵活地使用各种教学方法，导致对学生的引导作用不足，而教学信息的单向传播，也在一定程度上影响了学生学习主动性的发挥，因此在电视课程中，教师应该花更多的精力来进行各种教学评价。教师作为教学评价的实施者，应该尽可能地将评价落实到学生学习的每一个环节中。通过形成性评价，让学生明确自己在学习过程中存在哪些缺陷、如何去弥补。如果采用电视系统来实现电视课程的播放，教学评价的实施需要各教学点进行配合。而现在普遍采用了网络技术，因此学生的形成性学习评价也可以通过网络来完成，如通过电子邮件的方式。

3. 适当的面授

在电视课程中，另一个重要的环节是适当的面授环节。在基于广播电视系统的电视课程中，由于信息单向传播的特点，适当的面授辅导几乎成了不可或缺的环节。当然其中评价的实施者主要是整个课程体系中的辅导教师。而随着网络技术的发展，这种面授环节开始逐渐减少。

7.4.2 网络课程中的教师

网络课程由于使用网络传播技术，信息传播的单向性问题得以完全解决，因此同电视课程中的教师相比，网络课程中教师的角色也发生了根本性的变化。网络课程中教师的角色包括：

1. 课程教学环境的创造者

在网络教学过程中，教师的一个重要工作就是创造良好的教学环境。这种网络教学环境包括课程基本的呈现方式、各种课程教学材料、课程活动安排、课程可以使用的教学方法、学生与教师的交流方式等。

2. 引导学生的学习

在构建好的网络课程教学环境中，教师成了学生学习的引导者。教师在教学过程中引导学生进行自主学习，当学生在教学过程中提出疑问时，教师可以及时予以解答。教师要安排各种教学活动，引导学生完成各种形式的作业，对学生提交的作业教师要进行认真的批改，并将批改后的评语及时反馈给学生，以帮助学生改进自己的学习。

3. 制作和发布教学材料

网络课程中，教师可以直接将教学材料上传到已有的网络教学平台，自动形成各种网络教学材料。教师在制作教学材料时，可以采用各种文档编辑工具，也可以使用课件制作工具，现有的网络教学平台都能够很好地支持这些材料的显示。上传的教学材料将设置为在规定时间内向学生开放，以达到教学材料发放的目的。

4. 实施教学过程

网络课程教学过程的实施主要通过网络平台来实现，共涉及三个步骤：设置开放课程学习的时间、安排学生活动、反馈信息给学生。

5. 实施学习评价

学习评价在网络课程中起到非常重要的作用。教师在教学过程中，通过各种评价方法有助于了解学生的学习进度，同时也可以促进学生改进自己的学习方法，最终达到掌握知识的目的。

7.4.3 社会网络中的教师

同网络课程中的教师不同，社会网络中教师的角色又有新的改变。社会网络中的教师更重视与学生的交流和讨论，且社会网络中教师与学生在地位上更加平等。而社会网络中主要以各种探究性的教学活动为主，因此社会网络中教师的主要任务是提供给学生必要的教学支持与服务措施。

社会网络中教师的角色主要体现在以下几个方面：

1. 创造教学环境

社会网络课程中的教学环境是一种比较开放的环境，各种社会网络工具成了教学过程中最重要的基础设备，这些社会网络工具能够实现学生信息交流、合作解决问题、案例分析、资源共享等多种功能。

教师可以利用网络教学平台集成的社会网络工具来满足学生学习的需求，而由于商业网络中的社会网络工具平台功能更加完善、集成度高、性能稳定、技术先进，因此教师在创造教学环境时，也可以考虑使用商业化社会网络工具平台。但是在教学应用的过程中，要想办法进行整合。整合以后的社会网络工具就可以满足学生不同的学习需求，并灵活地在各种工具之间进行切换。

2. 引导学生讨论

在社会网络课程中，学生的讨论是一个重要的环节。教师并不需要参与到讨论的过程中，教师的角色主要是一个引导者，对学生的讨论过程进行适当的管理，并解决学生讨论过程中可能出现的冲突。

3. 提供资源

教师还是一个资源提供者。在社会网络课程中，需要大量的教学资源进行支持，学生可以自行上网搜索，但是由于学生对专业知识的掌握程度还不够好，因此所搜集到的资料可能不够完整。教师在教学过程中，应尽可能多地搜集各种资料，使教学更加有效地进行。

4. 组织合作探究

社会网络课程的教学与网络课程的教学在方法上有所不同。社会网络主要采用探究发现、反思合作等方法，因此教师还应该是学生合作探究的组织者。有效的组织和管理也是学生开展探究活动的基础。如学生通过在线文档的形式来进行合作学习，教师可以在课程的教学过程中，提供给学生必要的合作管理、角色分配等任务。

5. 进行评价

教学评价过程也是社会网络类课程教学的一个重要环节。社会网络课程中的评价主要采用定性评价，通过这种定性评价，可以给学生更有效的建议，以帮助学生改进自己的学习进度和计划。

7.4.4　移动课程中的教师

移动课程中的学生虽然处于不断移动的过程中，且使用了移动技术，但是教师并不一定在移动。即便是作为移动课程的教师，对于移动技术还是需要有非常深入的了解。

1. 创建移动教学环境

创建移动教学环境是一项具有挑战性的工作。移动教学环境的特点在于它的移动性和学习过程的随时随地性。在教学过程中，学生在时空中的移动范围非常大，教学内容应该随着学生的移动而随时传播到学生的接收装置中。

与其他网络课程平台或者社会网络系统不同，移动教学环境中的媒体具备了多样性的特点。学生使用的移动技术有很大的区别，有些使用的是平板计算机，有些则使用移动电话，有些学生还可能使用数字收音机等。因此在教学环境创建时，教师要注意不同媒体的配合，使提供的教学材料和教学方法能够适应不同的移动媒体。

2. 引导学生的学习

教师在移动教学过程中起到一个引导作用，学生以自主学习为主。教师在引导学生学习时主要解答学生在学习过程中所碰到的各种问题以及管理学生的学习等。非洲一些游牧民族地区在采用移动学习方式以后，远程教育机构还专门在特定的区域设置移动辅导站，这样在学生移动到某个位置以后，还可以适当地接受面授辅导。教师在这些辅导站，可以通过电视或计算机网络与学生交流。

3. 制作和发布教学材料

制作移动教学材料的过程基本上与制作网络课程的教学材料一样，然而因为移动教学的特点，其必须适应不同的移动设备的播放要求，所以教学材料的制作需要利用专门的平台来实现。目前比较成功的平台是苹果的ITunes平台，利用该平台设计的教学材料可以在台式计算机、平板计算机、iPhone移动电话中正常播放。一些教学材料的发布方式主要依靠无线网络、无线电频道等。另外一些移动学习材料还可以直接通过移动设备与计算机的同步来完成。

4. 实施移动教学过程

实施移动教学过程要注意移动的特点。由于学生处于不断移动的过程中，因此学生所处的实际环境可能会千差万别。一些学生可能在旅途中通过移动设备来学习，其效果与在台式计算机中登录网络课程来学习是不同的。教师在实施教学的过程中，可以适当安排一些比较直观的材料，同时也有助于学生之间交流学习心得。

5. 实施评价

移动学习的学习评价过程也具备移动的特点。移动学习的评价可以采用更加灵活的形式，如通过照片、录像等方式来提交作业。针对移动设备输入文字效率比较低的特点，移动学习中的教学评价可以多采用客观题的方式来进行，学生只需要点击所选择的答案就可以完成评价。

6. 适当的面授

按照已有的经验，在一些比较特殊的地区，如一些移动性比较大的游牧民族地区，适当的面授辅导有助于提升学习的有效性。这些面授辅导中心可以设置在学生移动的路线上，也可以安排特定的时间来解答学生的问题。

7.5　与学生的交流

7.5.1　师生分离的新特点

教师与学生之间的关系始终是教育系统中最活跃的关系。在教学过程中，教师对学生要进行"传道、授业、解惑"，这反映出教学过程中师生关系的三个重要的特点。这三个特点分别是：教师向学生传递教学信息；教师传授学生学业知识；教师接受学生提出的问题，并进行解答。这三个特点在远程教育系统中仍然存在，并得到了进一步的发展。

与普通教育系统中教师与学生的关系不同，远程教育系统中的教师和学生在物理时空层处于分离状态，因此教师和学生之间的关系没有课室中的教师和学生之间的关系那么密切，一些在传统课堂中与学生交流的常用方法，在远程教育系统中不易使用。

从这样的观点来看，在远程教育系统中，师生分离所带来的师生关系的变化体现在以下几个方面：

1. 基于媒体的交流

在远程教育系统中，教师和学生之间的交流是基于媒体的。在这样的交流过程中，媒体既是一种信息传播工具，也是将教师和学生之间的交流渠道进行隔离的一道墙。如通过电话来进行通信，虽然在媒体时空层拉近了教师与学生之间的距离，但教师和学生之间的交流也只能限制在音频交流。这种交流的效果很难与面对面的交流方式相比。

2. 交流方式多样化

由于不同的媒体所实现的信息传播功能不同，因此远程教育系统中的交流多样性就有了保证。使用不同的交流媒体，交流方式也将发生改变。因此在远程教育系统中，可以按照教学内容、教学方法的不同，灵活地选择不同的教学媒体与学生进行交流。

3. 基于技术的交流

远程教育系统的交流是依赖技术的，而技术又并非稳定可靠，因此在某些极端的情况下，技术设施出现了故障，可能会导致通信过程的效率明显降低，甚至中断通信过程。如一次海底地震就可以将海底光缆震断，在这种情况下，教师和学生之间的交流也就会面临终止或者效率下降的问题。因此在远程教育系统中，教师和学生的交流除了要考虑语言表达等方面可能造成的传播问题外，还要考虑技术所导致的交流失败的问题。

4. 虚假信息的存在

如利用录像技术将自己的听课视频上传，这样在网络视频讨论课上，就可以出现虚假地参与讨论的情况。对于文字以及音频等方式来说，这种在远程交流中传递虚假信息的可能性更高。要解决这一问题，需要从技术上着手，包括完善技术平台、实施有效的学习管理等。

5. 师生交流可以有效地记录

由于整个交流过程使用了计算机技术，因此交流过程中的文字、音频和视频等都可以被记录在计算机中，利用数据库进行归类整理，这样有助于教师反思与学生的交流过程，更好地处理教学过程中所出现的各种问题。

7.5.2 基于媒体的交流

基于媒体的交流是信息化社会的重要特点。当前人与人之间的交流无时无刻不在使用媒体技术。一些人在面对面交流时容易出现交流方面的障碍，但是拿起电话等设备以后，就可以滔滔不绝地说上几个小时。这当然是一种特殊现象，但也说明，现代社会中媒体交流的重要性已经是传统的面对面交流方式无法相比的。媒体在师生交流过程中所起的作用主要有以下几种：

1. 媒体作为载体

媒体作为载体来传播信息是媒体最基本的功能。利用各种媒体，信息得以传播很远的距离。媒体的这种功能在传播学中被称为"人体器官的延伸"。无线电广播是人的耳朵的延伸，望远镜是人的眼睛的延伸，电影电视则同时是人的眼睛和耳朵的延伸，计算机是人的大脑的延伸等。媒体的这种器官延伸的功能应用在教学中就可以形成不同的教学应用模式，如媒体播放法等教学模式就是利用媒体能够承载信息，并在课堂中播放而实现的。

2. 媒体作为环境

随着多媒体计算机网络技术的发展，媒体除了作为载体传播信息以外，还可以构建出全新的学习环境。在这样的环境中，学习者的学习不再是简单地通过媒体获得大容量的信息，而是可以在媒体所构建的环境中进行探索和发现学习。以媒体作为环境的教学理论也不断出现。如建构主义学习理论就是能够适应以媒体作为环境来开展各种教学活动的理论。

3. 媒体作为认知工具

智能化的媒体还可以帮助教师和学习者处理教学中出现的各种问题。利用这些媒体，教师与学生之间的交流可以突破人类智慧的限制，使得交流过程变得更加有效率。如现在通过机器翻译技术，已经能够将一种语言大致翻译成学生和教师使用的母语，这样即便是教师和学生使用了不同的语言，借助这些机器翻译工具，他们之间也可以进行比较简单的交流。如果再结合图片和视频等多种方式，交流的有效性可以得到进一步的提高。

4. 媒体作为管理工具

媒体还可以作为交流信息的管理工具。利用媒体记录、处理、存储交流过程中的信息，然后结合网络学习管理工具，就可以对交流过程进行分类处理，并获得超出交流本身所具备的含义。这种交流方式特别适合教师收集学生的信息并对学生进行形成性评价。

5. 媒体作为指导者

在相互交流的过程中，智能媒体还能够发挥指导者的作用。媒体存储了教师预先设定的程序，使学生可以直接与媒体进行交流，间接与教师进行沟通交流。采用了这种方式以后，教师可以抽出更多的时间来处理教学过程中出现的更重要的问题，实现与更多学生的交流。

7.5.3 与学生的交流方式

在媒体的作用下，教师与学生的交流方式发生了系列变化。在远程教育系统中，教师与学生的交流方式主要有以下几种：

1. 感官延伸交流

教师借助媒体与学生进行交流，这种交流方式是面对面交流的延伸。不同的媒体延伸了教师不同的感觉器官，因此教师可以在师生分离的状态下，仍然实现与学生的有效交流。

面对面的交流方式中，教师与学生的交互过程频繁。但是有一些媒体，如电视媒体则是单向进行信息传播的，而电话这样的媒体则只能够传送音频信号，因此这种面对面交流的延伸方式主要借助网络媒体来进行。使用实时通信工具可以达到或接近面对面交流的效果。

2. 组织探究

在这种方式中，教师创建媒体环境，提供给学生探索发现的机会，并在学生探究发现的过程中，实现与学生之间的相互交流。教师可以利用多种媒体，创建适合学生探究发现的教学环境。在这样的教学环境中，教师还可以与学生探讨更高层次的认知、文化和成长等方面的问题，加深对学生的了解。

3. 多语言交流

这种方式能够让持不同语言的教师和学生进行交流。在这种方式中，利用机器翻译技术，就可以迅速在不同语言之间实时转换，从而实现不同语言使用者直接进行交流的目的。这种多语言交流方式有助于促进远程教育系统向海外的拓展。使用机器翻译技术，还有助于教师了解不同文化背景中学生的特点。

4. 借助网络教学平台进行交流

网络教学平台也是教师与学生之间进行交流的有效方式。与其他的交流方式不同，通过网络平台进行交流，能够实现跟教学过程紧密结合在一起的师生之间的交流。在网络教学平台中，还能够综合各种教学方法，解答学生在学习过程中遇到的教学重点和难点。教师可以将常见问题的解答预先存储在网络平台中，节约出来的时间可以放在学生遇到的其他问题上。

5. 社会交往

教师还可以利用社交网络工具，参与到学生的交流活动中。通过这种参与方式，教师能够更清晰地了解和掌握学生的学习动态，并有针对性地解决学生在学习过程中出现的各种问题。而教学过程中的通知、公告、教学材料等也可以通过这些社交网络发送给学生。

6. 交流管理

基于网络的交流的另一个好处在于可以利用网络学习管理系统，收集管理学生交流的各种信息。这在面对面的交流的过程中是难以实现的。

7.5.4　处理好与教学内容之间的关系

与学生交流和给学生提供教学内容是有区别的。教学内容是在课程教学设计时已经确定下来的，是按照教学大纲的要求制定的，是教学过程中的一个重要因素。而教师与学生之间的交流则是一种非正式的方式，与学生的交流既可以是预先安排好的，也可以是随时进行的。只要时间合适，教师可以随时与学生进行交流。

交流的内容上，也同教学大纲的要求不同，与学生交流的时候不需要考虑到教学大纲的要求，可以根据学生的实际情况与学生交流各方面的信息。另外，教师与学生的交流内容在类型方面也与教学内容有很大的区别，交流的内容偏重于情感、文化等方面。交流的内容可以通过教学管理系统记录下来，作为学生形成性评价的一个参考，但是这种交流情况如何，教师并不会给学生一个分数，而是要给出一个定性的结论，以便帮助学生克服学习过程中所碰到的各种问题，顺利地完成课程的学习。

活动建议

1. 案例分析：英国开放大学的兼职教师管理。
2. 团体焦点访谈：创建远程教育系统中的新型师生关系。

习题

1. 远程教育中的教师有哪些角色？
2. 教师可以从哪几个方面来引导学生的学习？
3. 在实施教学过程方面，远程教育系统中的教师与普通高校的教师有何区别？
4. 什么是教师专业发展？教师专业发展大致可以划分为几个阶段？
5. 远程教育系统中教师之间如何进行相互合作？
6. 同面授课程相比，网络课程中的教师有哪些角色变化？
7. 远程教育系统中师生关系有哪些新特点？

8 远程教育的机构

教学目标

　　1. 了解远程教育机构的类型；

　　2. 了解远程教育机构的职责。

本章重点

　　1. 远程教育机构的类型；

　　2. 学生的学习方式；

　　3. 教师的聘用。

本章难点

　　不同远程教育机构的类型与特色。

8.1　远程教育机构的类型

　　在远程教育这样庞大的系统之中，机构扮演着非常重要的角色。一方面远程教育机构要在远程教育系统中完成管理功能，另一方面远程教育机构也是远程教育系统中其他因素的支持者和服务提供者。

　　远程教育机构按照层级结构来划分，可以分成核心层、管理层和教学应用层三个层次，这三个层次之间形成密切的联系。核心层负责整个系统运行的规划和决策；管理层落实具体的管理措施，这些管理措施包括行政管理和教学管理；而教学应用层则面向实际的远程教育教学应用，承担直接面向学生的教学工作。

　　从早期的英国开放大学开始，远程教育机构就不断发展。目前远程教育机构主要使用网络技术来开展管理和教学活动。由于网络技术能够将所有普通高校的资源整合在一起，远程教育机构也正在向综合化的方向发展。目前，远程教育机构与普通高校之间的差异变得越来越小，已经做到了你中有我、我中有你。

　　按照国际上网络教育机构的发展趋势来进行划分，远程教育机构大致可以分为以下几种类型：

　　1. 开放大学类型

　　这种类型的远程教育机构发展的历史比较长，从早期的英国开放大学成立开始，这种机构的发展模式就得到了广泛认可。开放大学类型的机构通常由政府主办，是非营利性质的，而开放大学的治理方式也沿用了政府行政机构的管理方式。如英国开放大学就直接由英国议会负责。而中国国家开放大学则直属教育部高等教育司管理，在管理机构的设置方面沿用了政府机构的等级体制。

2. 公司治理类型

对应非营利性的开放大学，另一类远程教育机构则是采用了营利模式来运行，因此整个远程教育机构就是公司内部的一个部门。一些远程教育机构的母公司还通过上市的方式来筹划资金，如美国凤凰城大学、菲尼克斯大学、中国的新东方在线等，其母公司分别在美国纳斯达克和纽约证券交易所上市交易。

这一类远程教育机构的优点在于采用了公司治理结构，运行的市场化程度高，行政管理效率也比较高，行政机构精简，是非营利性开放大学的一个有效的补充。缺点在于由于盈利的压力，导致在开展各种教育活动时，商业色彩较为浓厚。

3. 专业发展类型

这一类远程教育机构一般附属于一些学校、机构等，以专业发展学校的形式存在。通过网络的方式向教师以及其他的专业人士提供网络培训课程。如 PBS In Education 网站（www.pbs.org/teachers），就是通过这种在线的方式向教师提供专业发展培训课程。

4. 网络教育学院类型

这类学校一般附属于普通高等院校，如一些学校开设的网络教育学院等。这些网络教育学院是经过国家批准，在部分普通高等院校中试点运行的在线学校。网络教育学院主要通过网络向学生提供课程。美国很多大学也都开设了继续教育学院，这些学院主要通过校外课程、网络课程等方式为各年龄层次的学生进入普通高等院校获得学历提供机会。随着网络在线学习的影响力越来越大，很多继续教育学院越来越重视网络课程的发展。

5. 国际课程类型

这一类型的远程教育机构主要通过开设专门的面向国际的对外交流部门，负责各学院和专业招收国际学生的协调工作。与面授学习的留学生不同，这种国际课程全部采用网络的方式，这样学生不需要离开本国就可以通过网络学习该大学各学院的课程。比较典型的是伦敦大学的国际课程，为国际学生提供了接受高质量教育的机会。

6. 网校类型

这一类网络学校涵盖面比较广，既包括了基础教育远程培训机构，也包括一些网络大学、网络语言培训学校等。面向各个层次的如新东方在线等，这些网络学校主要定位在培训方面。面向基础教育的网校如 101 远程教育网等，目前主要提供中小学生的课后辅导。而外语培训网校，则主要为出国人员服务。

7. 综合型

这一类远程教育机构的特点在于可以同时提供面授与远程教育两种学习方式。如加拿大 Royal Roads University 就提供三种学习方式，分别是：

（1）完全面授。这种学习方式与普通高校各专业的学习方式一样，学生进入课堂，由教师进行讲授。

（2）混合学习。这种方式将面授和网络学习两种方式结合在一起，互相平衡。

（3）完全在线学习。这种方式与开放大学一样，采用完全在线的方式来进行学习。

8.2 远程教育机构的职责

8.2.1 概述

按照不同类型的远程教育机构的性质以及办学方向，远程教育机构的内部结构方面也有很大的差别。三级层次结构是一般大型远程教育机构所具备的。然而在每一个层次内部，各部门的设置情况如何，则要看具体的情况而定。一般来说，如同美国凤凰城大学这样的私立学校，其机构设置比较简单和高效。而如同中国国家开放大学、英国开放大学这样的公办机构，其机构设置比较庞大。

总体上来看，远程教育机构主要完成以下几方面的职责：

1. 制定和规划远程教育政策

制定和规划远程教育政策是每一个远程教育机构的基本职责。远程教育机构一旦设立，就面临发展的问题。基本定位、发展方向的不同，将导致远程教育机构之间在机构设置和教学服务方式上存在非常大的区别。

2. 管理远程教育学校

对于大型的远程教育机构，按照三级层次架构来管理整个远程教育学校的运行。做到每一个部门都能够高效率地完成自己的工作。而如果是营利性质的远程教育学校，则除了按照学校管理的基本要求进行管理以外，还要满足上市公司财务报表合并的需求。

3. 负责学生的注册

学生进入远程教育学校学习，机构也需要负责学生注册的工作。通过学生的注册，可以获得学生的第一手资料，并将其整合到学习管理系统中，以便与教学过程中的学生成绩相结合。

4. 负责教师的聘用

远程教育机构中的教师既包括专职教师，也包括外聘教师。外聘教师占据了非常大的比重，因此如何进行教师的外聘是远程教育机构需要面对的重要工作。

5. 管理课程开发

在落实远程教学时，课程的开发也是远程教育机构重要的工作。课程一旦开发出来，又必须考虑如何对其运行过程进行有效的管理，使课程教学能够顺利地进行下去。

6. 发布课程

课程开发出来后要通过适当的方式将课程发布出去，这就涉及发布课程方式的选择问题，可以在课程规划的步骤中进行详细的规定。

8.2.2 核心层机构职责

远程教育机构的核心层主要包含了以下几方面的职责：

（1）统筹管理各类高等教育。研究各类高等教育改革与宏观社会背景及发展趋势，制定相关方针、政策和法规，推动各类高等教育的改革与建设。促进各类高等学校与社会、教学与科研或社会实践的结合，推动高等教育的国际交流与合作。

（2）统筹规划、指导各类高等学校和办学机构的人才培养工作，组织制定本科专业目录、人才培养基本要求等指导性文件。

（3）规划、指导高等学校的教学改革，组织实施重大教学改革项目。规划、指导高等学校师资（含实验室人员、教学管理人员）的短期培训工作。组织高等教育有关专家组，并指导其开展工作。

（4）制定各类高等教育教学评估工作的方针和政策，统筹规划、组织并指导高等学校的教育质量与教学工作的评估工作。组织开展全国高等教育教学有关成果的奖励和表彰工作。

（5）制定各类高等学校图书馆及实验室建设的有关方针、政策和法规。指导各类高等学校的教材建设工作。

（6）配合有关司局进行高等教育的体制改革和结构布局调整等全局性工作。

（7）宏观指导国务院其他部委的教育管理机构和各省、自治区、直辖市教育行政部门的人才培养工作。

（8）提供各类高等教育教学的信息服务。

8.2.3　管理层机构的职责

管理层机构主要包含以下几方面的职责：

（1）校长办公室：负责远程教育学校的全面工作，为学校领导作出各项决策提供依据；传达和贯彻校领导的各项决定；协调管理工作中出现的各种矛盾；处理校领导的日常事务等。

（2）学区综合管理处：负责面向远程教育系统各学区的综合服务和联系工作。

（3）党委办公室：主要负责党委工作，发放党办文件，以及工作简报、工作参考等文字的起草；负责学校信息的收集、上报等工作；机要文件的收发保管工作；召开党委的各种会议；信访的接待与处理；党委决议贯彻执行情况的督办与查办工作；党委各部门工作关系的协调以及校内的安全工作等。

（4）纪监审计办公室：负责远程教育机构的党风廉政工作；负责健全纪检监察审计管理制度和开展党风廉政工作等；负责学院行政监察工作；负责对远程教育机构的招生、收费、干部管理、人员招聘、职称评聘、建设工程等工作事项开展监督工作。

（5）工会：主要工作是在党委的领导下，负责工会会员代表大会、职工代表大会的日常工作，还涉及计划生育、福利、妇女等工作。

（6）发展规划办公室：主要负责远程教育系统的发展和规划等方面的工作。

（7）新闻宣传办公室：负责对外宣传的工作；负责远程教育机构新闻和宣传的整体规划；负责机构报刊和杂志的采编出版工作等。

（8）人事处：负责远程教育机构的人事安排工作。

（9）离退休办公室：负责远程教育机构离退休职工的有关工作。

（10）财务处：负责远程教育机构的财务开支和管理等方面的工作。

（11）对外合作与交流处：负责远程教育机构对外交流与合作等方面的工作。

（12）教务处：负责远程教育机构中的教务安排、教学计划制订、教学管理等方面的工作。

（13）继续教育处：负责有关继续教育方面的整体规划和管理工作。

（14）招生办公室：负责远程教育机构的招生和管理工作。

（15）考试中心：负责远程教育系统的考试和考试管理等方面的工作。

（16）教学资源管理处：负责教学资源的管理工作。

（17）教学评估办公室：负责教学评估工作。

8.2.4　教学应用层机构的职责

教学应用层机构主要包含以下几方面的职责：

（1）学院：负责远程教育机构中各专业的学生招生和毕业指导工作、完成专业教学计划的制订和教师聘用工作、完成教学管理和教学过程的实施工作等。

（2）独立学院：独立学院的工作与直属学院的工作基本相同，但是教学管理工作具有一定的独立性。

（3）培训中心：主要完成各种培训工作，提高职工的整体素质。

（4）现代远程教育研究所：研究远程教育的发展趋势，网络技术在远程教育中的应用。

（5）科研处：负责全校的科研工作，涉及科研统计、项目申报等。

（6）学习支持服务中心：为学生提供各种学习方面的支持和服务。包括网站留言板的管理、对学生提供实时在线的咨询服务、开展学习情况调查、开展网络文化建设与宣传工作等。

（7）学生工作处：负责学生的日常教育和管理工作，完善各项规章制度的建设；负责调查分析学生的思想动态，完善学生工作的管理体系；负责学生奖学金、助学金的管理；负责全校学生校园文化建设等。

（8）信息管理处：负责信息站点的设计、管理和维护工作；负责有关资料的收集和管理工作；负责网络安全、保密和管理工作；负责信息化培训等工作。

（9）图书馆：负责图书的管理、购买、借阅等工作。

（10）出版社：负责有关远程教育方面书籍的出版发行工作。

（11）音像社：负责远程教育领域相关音像教材的出版发行工作。

（12）汉语国际推广中心：负责对外汉语培训和推广的工作。

（13）杂志社：负责远程教育方面学术杂志的编审和出版工作。

（14）后勤管理中心：负责总部的后勤管理工作，包括物业管理、办公室后勤管理等。

（15）保卫处：负责总部办公场所的安全保卫工作。

8.3　机构与学生的交互

8.3.1　负责学生的注册

远程教育机构与学生之间的关系非常密切，通过远程教育机构，学生获得了远程学习的机会。而机构在学生的学习期间则提供了学生学习过程中所有的支持与服务。

学生进入远程教育机构的第一个步骤是注册学习。对于开放大学这样的远程教育机构，其学习过程是不需要入学考试的，只要符合开放大学的学习条件，就可以直接注册进入学习。

而如同伦敦大学国际课程这样的远程教育机构，则需要通过专门的考试才能够入学。国际学生需要通过相关的英语能力测试、学业能力测试等入学考试才能够入学。

8.3.2　管理学生的学习

远程教育机构的首要职责就是要管理好学生的学习。学生学习的管理需要完成以下几个方面的工作：

（1）管理学生的基本注册信息。这一信息是学生在入学时就已经登记的，而这些信息又会跟学生在远程教育学习机构中的学习情况整合在一起，提供对学生的学习更加完整科学的评价。

（2）管理学生的学习过程信息。这一方面信息是学生在远程教育过程中不断积累下来的，通常包括学生学习了哪些方面课程、每门课程的形成性评价成绩等。

（3）管理学生的考试信息。涉及学生考试方面的信息，包括学生的形成性评价成绩以及学生总结性评价成绩等。

（4）管理学生登陆远程教育平台的信息。这一方面信息反映出远程教育学生使用网络教育平台的情况。学生登录网络教学平台的情况与学生的学习效果也是紧密联系在一起的。包括学生阅读教师提供的网络教学材料、进行课程的讨论、提交课程作业等需要登录课程平台来完成的信息。

（5）管理学生的其他资料。在远程教育过程中，还涉及学生其他方面的信息，这些信息包括学生在论坛讨论的情况、教师对学生的评语、学生之间的讨论情况等。

8.3.3　提供资源

远程教育系统还应该为学生提供各种教学方面的资源，这些资源涉及教学过程的各个方面。例如提供数字图书馆服务，这样学生在学习的过程中遇到了问题就可以随时从图书馆中获取资源。还要能够向学生提供专业论文的检索和浏览服务，这些服务有助于学生进行课程研究和设计、撰写毕业论文等。

为了能够更好地促进学生利用网络方面的资源，远程教育机构还可以建立自己的多媒体资源库，这些资源由教师提供的各种教学材料以及多媒体资源组成。另外在一些远程教育机构中，还能够提供如同实验箱这样的资源，以便学生在家里完成必要的课程实验。学生还要参加各种学生组织，远程教育机构可以为学生组织活动提供必要支持，如为学生会以及其他学生组织提供网络空间以及各种资源等。

8.3.4 提供学习服务和支持

远程教育机构为学生提供学习的服务和支持，主要集中在以下几个方面：

（1）提供功能完善的网络教学平台。通过这样的网络教学平台，学生能够正常浏览网络课程材料，进行网络学习，并与教师和其他学生进行交流讨论。

（2）解答学生学习过程中提出的各种问题。学生进入远程教育系统学习，在陌生的全新的教学环境中，其必然会出现各种问题。这些问题如果不及时解决，就会影响到学生的正常学习过程，最终影响学生学习的有效性。因此机构需要及时帮助学生解决这些问题。

（3）提供教学资源服务。为学生提供各种资源，同时帮助学生在远程教育系统中查找、检索各种资源。

（4）提供完善高效率的学习管理系统，帮助学生顺利完成所有学习任务，解答学生在使用学习管理系统时所遇到的各种问题。

8.3.5 收集学生对教师的评价

收集学生对教师的评价，通常是通过网络评教系统来完成的。在远程教育系统中，学生对教师的评价包括问卷调查、定性评价、访谈和网络讨论等多种方式。

问卷调查主要通过设计与教学有关的问题，由学生选择那些比较符合教师的实际教学情况的选项。问卷调查主要通过网络来完成，因此，学生评价的结果会立刻输入到数据库系统中，并即时生成学生评教的平均分数。

定性的方式则是由学生直接对教师的教学过程进行文字描述，这样的定性评价结果更能反映出学生对教师教学的真实想法，对教师的帮助作用也更大。

另外，也可以通过访谈来收集学生对教师的评价。访谈方式的优点在于能够更有目的性和针对性地收集学生对教师的评价。缺点在于访谈的对象比较少，因此代表性不足。访谈的方式也可以通过网络来进行，通过实时通信工具可以在网上与学生进行一对一的网络访谈，这种访谈类似于面对面的交流方式。

通过社会网络，还可以参与到学生论坛或者 QQ 群中，收集学生对课程的意见和对教师的评价。这种方式的优点在于能够比较好地了解多数学生的看法，缺点是目的性比较弱。

8.3.6 组织考试

远程教育系统中用考试来评价学生的学习结果，考试的方式也多种多样。一些远程教育机构为了保证公平性，通常采用集中笔试的方法来进行。如中央广播电视大学就是采用这种方式来对学生进行总结性评价。集中笔试的优点在于评价结果可靠准确，但是成本较高。一些远程教育学校的笔试通常由各教学点组织考试，需要将试卷预先发放到各教学点，并且在考试中安排人员进行监考。考试完毕还要安排教师批改试卷，然后登记分数。工作量大，成本高。

目前，可以通过网络教学平台提交电子作业的形式来进行评价。这种评价方式的优点在于评价形式灵活多样，既可以是客观题，由学生点击鼠标进行选择题和判断题的测试，测试完毕马上就可以由计算机批改给出评价结果；也可以是主观题，如论文、课件、作品等形式，教师对这些作业进行批改以后，将结果记录到学生的平时成绩中，学生登录自己的系统，可以随时查看评价结果。

另一种比较有效的网络评价方式就是论坛讨论，教师通过查看学生在论坛中的讨论情况来对学生进行评价，这种方式能够用来评价学生在一些比较高层次目标方面的实现情况。

除了灵活多样化以外，网络考试的另一个重要的优点就是成本低廉，不需要安排监考人员，试卷也可以直接交由机器批改。网络考试主要适用形成性评价方面，将网络考试与传统的笔试结合在一起，可以获得更好的效果。

8.3.7 登记学生的成绩

学生成绩的登记也是远程教育机构的一项重要工作。学生通过了一门课程的学习以后，其成绩将被登记到学生的数据库之中。

采用了网络技术以后，学生成绩登记工作的自动化程度有了显著的提高。只要各教学点将学生的笔试成绩登录到系统中，这次成绩马上就可以和学生的其他成绩整合在一起，并给出学生的总评成绩。总评成绩可以按照期末成绩与平时成绩的百分比来进行计算，给出学生的最终成绩。当学生所有课程学习的成绩都已经登记到学生数据库中，完成了全部学分后，就可以给学生颁发毕业证书和授予学位。

8.4 与教师之间的关系

8.4.1 教师的聘用

远程教育机构中的教师以兼职教师为主，这是由远程教育教学的特点决定的。远程教育教学过程中，教师和学生之间在时间和空间上处于分离的状态，因此教师可以在适合自己的时间和地点进行教学，学生也可以在适合自己的时间和地点进行学习。在这种情况下，绝大部分有教师资格的人士都可以在业余时间兼职远程教育机构的教学工作。另外，出于降低远程教育机构办学成本的需要。由于采用外聘方式，支付给外聘教师的工资成本较低，也不需要为教师提供专门的办公室。

不同的远程教育机构聘用教师的情况差异比较大。如美国凤凰城大学外聘的教师主要来源于企业高级管理人员，这些高级管理人员都拥有硕士以上的学位。虽然这些企业高管平时的工作非常繁忙，但是远程教育的教学时间非常灵活，可以在高管人士的业余时间进行。这些外聘教师也可以在自己家里，通过网络上传教学材料，解答学生问题并批改学生作业，因此并不会对这些外聘教师的正常工作产生严重的影响。

而如同英国开放大学和中国国家开放大学等，其外聘教师主要来源于普通高等院校。这些教师由于在普通高校中有比较丰富的教学经验，因此迁移到网络教学环境以后，也能够很快适应网络教学，并取得比较好的教学效果。

8.4.2 提供教学方面的支持

远程教育机构必须给教师提供足够的教学方面的支持，这些支持能够满足教师开展远程教学活动的需要。

当利用网络来开展远程教学已经成为一种最常用的方式以后，最基本的要求就是网络教学平台的支持。网络教学平台的功能应该齐全，界面要简单直观，这样才能够满足不同学科教师灵活使用网络教学平台来发布教学材料的需求。另外网络教学平台的交互性要好，这样教师在网络平台上的教学也就有更多的空间，为教师灵活使用不同的教学方法、创新远程教育教学方法提供支持和保证。网络教学平台还应该拥有通畅的教师与学生交流的渠道，学生的任何问题都可以通过网络教学平台提交给教师，而教师反馈给学生的信息也能够即时被学生接收到。

除了网络教学平台以外，如果采用电视课程的形式，或者在网络教学平台中提供视频课程，这时远程教育机构还应该有演播室，满足教师制作教学视频的需要。在教学服务方面，远程教育机构也要向教师提供丰富的教学方面的资源，支持教师备课、开展探究性教学方法、进行教学改革。这些教学方面的资源包括数字图书馆、专业论文数据库等。

8.4.3 支付报酬

教师完成了教学任务，远程教育机构需要支付课酬。教师的课酬属于远程教育机构的办学成本，因此在远程教育系统规划的成本分析项目中，就要预先估算，确保能够在比较好的成本效益比的基础上，促进远程教育机构的良性发展。

远程教育系统中的教师主要由两部分组成，少部分专职教师的编制就在远程教育系统中，其工资包括了课酬及各种津贴等；而大部分则是兼职教师，这些兼职教师的工资只是课酬，因此兼职教师的成本要低于专职教师的成本。兼职教师课酬的计算可以参考普通高等院校的课酬标准，也可以高于普通高校教师的课酬标准。支付的方式可以采用现金支付，也可以给教师开设银行账户，定期将课酬打入教师的账户。在支付教师课酬的时候，还要按照国家的规定扣除个人所得税等费用。

8.4.4 提供教研平台

任何一所学校都要有教学研究的活动。通过教学研究可以探讨教学过程的各种规律。而教学研究的过程，也是促进教师专业发展的一条有效途径。教学研究过程也是教师之间相互交流的过程，利用教学研讨，教师与教师之间可以更好地交流教学经验。

远程教育机构提供的教研平台以网络为主。这样的教研活动形式比较灵活，涉及的教师也比较多，既可以是专职教师的教研活动，也可以包括兼职教师。

网络教研平台可以使用的技术很多，既可以使用网络教学平台本身来进行，也可以使用各种社会网络工具。如利用 QQ 的实时视频通信功能，满足教师之间视频通话的需求。也可以利用专门的网络视频会议系统，教师在自己的计算机上安装视频会议系统的客户端软件，登录到远程教育机构提供的视频会议服务器，所有教师就可以同时通过视频会议系统进行教研活动。

有些远程教育机构的教师基本集中在同一个城市，教师之间比较容易协调，因此还可以在合适的时间组织教师进行面对面的教学研讨。在这种研讨方式中，教师之间的交流比较直接，教研活动的气氛也比较正式，效果更好。

当然还可以将网络教研与面对面的教研活动结合在一起。在时间和地点方面较易协调的教师就可以参加面对面的研讨，而那些距离较远的教师则可以通过远程视频会议系统连接到面对面研讨现场参与讨论。这种混合式教研活动可以将面对面教研的优点和网络教研的优点结合在一起，既可以满足面对面教学研讨的需要，也可以满足那些不能够参加面对面研讨的教师的需要。

8.4.5 提供学术交流平台

高等院校教师的另一项重要工作就是进行学术研究，远程教育机构中的教师也如此。不论是专职教师还是兼职教师，都是要开展学术研究工作的。为了满足教师开展学术工作的要求，远程教育机构应该为教师提供学术交流的平台。这些平台包括教师的科研管理系统、教师学术研讨会议系统等。

通过教师的科研管理系统，可以对教师的学术研究情况进行登记，及时了解掌握教师的学术研究动向，以便能够按照教师的学术研究方向，合理安排教师的课程教学。另外，对所有参与远程教育系统教学的教师的学术成果进行集中管理，有助于教师之间的相互了解和交流。如在系统中发现与自己研究方向相同的教师，就可以通过远程教育系统与其进行学术方面的交流与合作，共同参与一些科研项目。

教师的学术研讨会可以通过网络、面对面会议或二者混合的方式来进行，通过学术研讨会的形式，可以有效地提高系统的学术气氛，促进教师的专业发展。通过学术研讨会也可以使教师开阔眼界，及时把握科学技术发展的最新动态，并将学术成果融入自己的课程教学过程中，为学生提供更有效的教学材料。

活动建议

1. 案例分析：伦敦大学国际课程。
2. 比较研究：比较不同类型的远程教育机构的特色。

习题

1. 远程教育系统中的机构可分为哪几种类型？各有什么特点？
2. 远程教育机构主要包括哪些职责？
3. 机构与学生之间的关系是怎样的？
4. 机构如何管理学生的学习？
5. 机构向学生提供哪些服务和支持？

6. 机构如何组织学生的考试？

7. 机构与教师之间的关系是怎样的？

8. 远程教育机构如何聘用教师？

9. 机构如何促进教师的教学研究？

9 教学方法和模式

教学目标

    1. 了解远程教育系统教学的特点；

    2. 探讨不同的学习理论对远程教育教学方法的影响；

    3. 掌握不同的远程教学方法的应用方式。

本章重点

    1. 远程教学方法；

    2. 学习理论；

    3. 教学方法的应用。

本章难点

    1. 教育神经科学学习理论；

    2. 社会变革学习理论；

    3. 社会网络在教学中的应用。

9.1 远程教学特点

9.1.1 依赖远程传播媒体的教学

在远程教育系统的层次结构中，远程教育层必须依赖媒体时空层所提供的服务，才能够有效地实现自己的各项功能。因此远程教育系统的教学过程依赖于远程传播媒体，这也意味着在教学过程中远程传播信息媒体的重要性。在远程教育系统中，远程传播媒体可以突破时间和空间的限制为远程教育层的具体教学方式提供保证。

在时间方面，远程传播媒体主要从存储信息方面对物理时间分离状态进行补充。通过将教师发布的教学材料以及学生提供的作业内容存储起来，使学生可以在不同时间段上网查看。这一个特性保证了教师和学生能够在自己合适的时间提供和查看远程教育系统中的信息。

在空间方面，则主要通过远程传播信息的技术来完成。如无线电波能够进行远距离无线传播，这样教师和学生就可以在不同的地理位置上相互交流和通信。这种空间方面的突破可以是局部的，如在某个城市中突破空间的限制；也可以覆盖整个国家，如利用广播电视传输系统，可以提供国家开放大学的电视教学节目。而通过互联网则可以实现全球范围的空间突破，这样就可以将远程教育系统延伸到所有的国家。

不同的媒体在时空突破方面的效果是不一样的。数字音频广播技术和数字电视技术主要实现空间的突破。而半导体存储卡播放器等则主要实现时间的突破。利用计算机网络可以同时实现时间和空间的突破，这是由于计算机网络同时具备了远距离传播信息的能力，以及存储和检索信息的能力。这种时空的全面突破带来的好处是可以应用更为丰富的网络教学方法。

9.1.2 学生自学为主

与面授的方式相比，远程教育层能够向上提供的服务是受到一定限制的。这种限制表现在尽管媒体的功能已经非常强大，但是要完全达到面对面交流的效果，还是有一定的差距。然而媒体信息传播又有它自身的特点，充分发挥媒体传播信息的优势，避免其劣势，则是有效地开展远程教学活动、提高学习有效性的有力保证。

基于远程教育自身的特点，该教育方式主要以学生自学为主。教师在远程教育系统中的角色也发生了根本性的变化——从知识的传授者转变成了学生学习的引导者、教学资源的组织者和提供者、学习环境的创造者等多种新的角色。因此在远程教育过程中，学生的主体性得到了充分的保证，教师是学生学习的伙伴和朋友，在学生遇到困难的时候，教师可以起到一个引导者的作用。

在远程教育教学应用时，为了实现学生自学为主的学习方式，要配合多种远程教育教学方法。学生应用不同的远程教育方法，其自主学习的方式有所区别。

在函授教学的过程中，这种自主学习的过程是基于教材的自主学习。由于比较多地依赖教材，因此邮寄给学生的教学材料内容的丰富性和生动性比较重要。在电视教学过程中，则主要依靠教师的单向讲解。在教师讲授过程中，教师可以按照自己的理解对一个知识点进行详细介绍。由于教师对远程教育学生入学的情况都已经知道，这种讲解方式有一定的针对性，能够在一定程度上解决函授教学中遇到的各种问题。

而在网络教学或移动学习过程中，这种自主学习则主要是基于资源的学习，通过丰富的网络资源优势，学生可以自主上网搜索资源，用以支持自主学习。另外，学生的自主反思也是自主学习的一个重要特色。学生可以通过系列的网络工具进行学习过程的反思，从而帮助自己获得学习效果的信息，达到自我反馈的目的。除此之外，在网络和移动学习过程中，学生的自主学习还可以融入合作学习、案例分析等方式之中。

9.1.3 高效率的管理机构

与普通高等院校相比，远程教育的管理机构是高效率的。由于发展时间并不长，市场化程度高，一些远程教育机构的行政管理机构远没有普通高校那么庞大臃肿。

这可以从以下几个方面进行分析：

（1）从学生人数方面来看，尽管如同中央广播电视大学这样的办学机构，其中的管理人员比较多，然而相对于注册学习的学生人数，这些管理人员的数量还是远小于同等规模的普通高等院校。

（2）从市场化程度来看，一些远程教育机构甚至是上市公司，完全自负盈亏，比较高程度的市场化令这些远程教育机构在设置不同部门时，需要充分考虑其所产生的效益，从而达到审慎设立机构、努力压缩机构编制的目的。

（3）从教师的聘用来看，很多的远程教育机构都采用了大部分教师兼职授课的方式，这也为管理机构更加灵活有效地进行教师管理提供了保证。

（4）充分的网络化管理。由于教学过程是基于网络进行的，因此在远程教育系统运行中，自然也就会充分利用网络技术来实现系统的管理。其好处在于可以将传统的手工管理过程现代化，从而减少大量机械的手工劳动，管理效率也就得到了充分的提高。

在这种高效率的管理体系下，也带来了机构设置、教学方法、教学管理等方面的变化。而在教学方法的应用方面，这种高效率的管理直接导致的结果就是教学效率的提高，能够充分发挥网络技术的优势，促进教学方法的现代化，并努力开发出各种新的远程教学方法。

9.1.4 外聘教师

在远程教育系统中开展教学活动还可以注意到另一个特点，就是在很多的远程教育机构中，教师大部分采用外聘的方式。在远程教育过程中，由于教师教学时间和地点的灵活性，使得那些有资格证书的教师能够在普通高等院校或者商业机构的工作之余，开展远程教育系统的授课工作。这种方式给降低远程教育系统成本、提高管理方面的灵活性带来了方便；也给教学过程带来了一些新的特点，这些新的特点也会影响远程教育教学方法的应用。

从现有的远程教育机构构成来看，外聘教师主要有两种形式，一种是普通高等院校中的教师。普通高等院校中的教师有比较丰富的教学经验，因此在经过了一段时间的熟悉以后，就能够很快适应网络教学的方法。另一类外聘教师是商业机构中的高管，这些高管由于拥有硕士乃至博士学位，专业知识扎实，实践经验丰富，受到学生的欢迎。然而这些教师的教学经验不足，因此需要加强教学研讨活动，促进这些教师的专业发展。

当然不管是哪一类教师，被聘用到远程教育机构中，且接受了教育主管部门的监管，都是可以胜任教学任务的。来源丰富的教师背景，为远程教育教学过程中开展灵活多样的教学活动提供了保证，并在教学方法的应用上缩小了与普通高等院校教学之间的差距。

9.2 学习理论

学习理论在远程教育教学方法的落实方面具有非常重要的作用。由于学生在远程教育系统中主要以自主学习为主，不同的学习理论对于学生自主学习效果的影响也不一样。为了促进学生自主学习的有效进行，教师在组织教学的过程中，必须注意不同的教学方法应用在学习理论方面的要求。

不同的学习理论应用到远程教育教学方法中所起的作用也不一样。值得注意的是，没有一种万能的学习理论。因此在远程教育系统中，各种学习理论必须综合在一起使用，每一种学习理论只能够解决某一方面的问题。常用的学习理论包括了行为主义学习理论、认知学习理论、建构主义学习理论、人本主义学习理论、变革学习理论、教育神经科学学习理论等。

9.2.1 行为主义学习理论

行为主义学习理论和认知学习理论是最早被提出来的学习理论。行为主义学习理论受到 19 世纪末期科学主义思潮的影响，认为人的学习过程也如同一个可以被控制的物理对象，可以给予适当的外部条件，然后促进这个系统输出我们期望的结果。

行为主义学习理论包括了旧行为主义学习理论和新行为主义学习理论。旧行为主义学习理论的代表人物是桑代克，他强调了学习的过程是一个尝试错误的过程，而研究人的大脑内部思考过程是没有意义的。到了 20 世纪 50、60 年代，以斯金纳为代表的新行为主义学习理论的出现，对旧行为主义学习理论进行了很大的改进。通过动物实验，斯金纳认为通过刺激、反应和强化三个过程，可以有效促进动物行为向着人们期望的方向发展，学习到我们期望让它们学习的东西。如果将这一理论应用到人类的学习方面，也可以起到同样的效果。为此斯金纳专门设计了程序教学机器，以证明他的想法的正确性。

9.2.2 认知学习理论

认知学习理论则强调了人的大脑内部的功能。早期的认知理论与行为主义理论针锋相对，强调人的学习过程不是一个尝试与错误的过程，而是一个顿悟的过程。

到了 20 世纪 70 年代，认知学习理论朝着多样化的方向发展。其中影响最大的是人脑的信息加工理论。在信息加工理论中，将人的记忆过程分成三个阶段，分别是感觉记忆、短时记忆、长时记忆等。其中感觉记忆的容量比较大，但时间最短；而短时记忆的容量最小，记忆时间也比较短；长时记忆的容量最大，记忆时间最长。

在人的大脑认知过程中，信息先从感觉器官进入，这时候采用的是感觉记忆。随后由于人的大脑的注意能力，部分能够引起学习者兴趣的内容被存储进了短时记忆中，持续大约几十秒的时间。经过了短时记忆以后，最终知识被存储到了长时记忆空间中，成为人的经验构成的一个部分。

9.2.3 建构主义学习理论

建构主义学习理论是认知学习理论的一个分支，其代表人物包括了瑞士的皮亚杰和美国的布鲁纳。与信息加工理论不同，建构主义学习理论强调的是学习者对知识的建构。在建构主义学习理论中，强调学习是一个自主的过程，通过适当的环境，不断获取外在的信息，并采用同化和顺应两种方法，将外部的知识纳入自己的认知结构中。

信息加工理论解决的是信息如何进入人的大脑中的问题，而建构主义学习理论则解决了知识是如何存储在大脑中的。因此信息加工理论和建构主义学习理论组合在一起，就可以构成比较完整的对学习过程的描述。

应用建构主义学习理论来指导学习，强调了学生学习的自主性、教师角色的转换。教师要从传统教学过程中的知识传授者的角色，转变成学生知识建构的引导者、学生建构知识的环境的创建者等。

9.2.4 人本主义学习理论

与其他的学习理论相比，人本主义学习理论则从情感方面探讨学习的规律。人本主义的代表人物为马斯洛和罗杰斯。

其中马斯洛提出的人的需求层次结构已经在其他领域获得非常广泛的应用，如在商业需求分析中的应用。在学习理论方面，运用马斯洛的人的需求层次学说，则可以了解学生的不同需求层次对于学生学习的促进作用。二者之间关系的确定，也有助于教师在远程教育过程中，探讨如何确保学生学习的有效性。

罗杰斯的人本主义理论强调的是非指导性原则，罗杰斯认为学习者的学习过程是一个情感的发展过程。如果学习者在学习过程中，情感能够得到充分的发展，则对于学习过程具有重要的促进作用。因此他认为教师在教学中不应该对学生进行指导，而应该关注学生情感方面的需求，尽可能多地满足学生的这些情感需求。在学生的这些情感需求得到满足以后，学生的学习效率自然会提高，这远比传统教学过程中灌输学生各种知识要好。

人本主义学习理论的提出，为教师在远程教育过程中关注学生的情感需求给出了依据；为在师生分离状态下，利用媒体提供的新时空特性，探讨学生的情感发展对认知发展的促进作用提供了理论基础。

9.2.5 变革学习理论

变革学习理论则是专门针对成年人的学习而提出来的。在变革学习理论中，强调了成年人拥有与未成年人不同的经历。成年人也同样在成长，且这一成长的时间更长，因此成年人的学习时间更长。然而成年人的学习与未成年人不同，成年人始终处于一种自主与外在世界进行信息交流的过程中，因此除了利用好已经拥有的经验以外，还要学会主动对所获得的各种信息进行批判性的评价，从而在不断地与外在世界进行信息交流的过程中有所成长。这一成长过程意味着，成年人在利用变革学习理论以后，将从原来非常有限、被动接受别人知识的状态，逐渐上升为能够对别人的知识进行评价的状态，进而促进个人知识层次的不断提升，乃至世界观的变化，并促进整个社会的变革[1][2][3]。

这种变革学习理论对于远程教育中的学生来说具有深刻的含义。通过变革学习理论，我们明确了成年人学习的目的和任务就是要促进整个社会的变革。其顺序通常是，先促进自身的发展，达到自己发展层次的上升，最终上升到社会这一大的层次，促进社会的变革。这同中国古代儒学思想是一致的，在儒家学说中，强调了个人的发展过程是"格物、致知、正心、诚意、修身、齐家、治国、平天下"，这一理念正反映了成年人学习方法的独特性。同时与终身学习理念完全一致，强调了"活到老、学到老"的观念，以不断丰富自己的内涵，促进整个社会的发展。

9.2.6 教育神经科学学习理论

随着生物技术、人工神经网络等人工智能技术的发展，使人们能够在新的层次上探讨

① Taylor E. W. Transformative learning theory［J］. *New Directions for Adult and Continuing Education*，2008（119）：pp. 5 – 15.

② Transformative Learning Theory［EB/OL］.［2013 – 01 – 08］. http：//transformativelearningtheory. com/.

③ Mezirow J. Transformative learning：theory to practice［J］. *New Directions for Adult and Continuing Education*，1997（74）：pp. 5 – 12.

学习的规律。涉及这方面的学习理论非常多，包括联结主义学习理论①、教育神经科学学习理论②等。其中教育神经科学学习理论引起了人们的重视。

教育神经科学学习理论强调从人的大脑神经网络系统出发，来探讨学习过程中学生是如何处理各种信息的。该理论整合了生理心理学的理论与人工神经网络、计算机技术等多种自然科学以及技术方面的理论，将其应用到教育领域中，形成了一种全新的学习理论。

教育神经科学学习理论认为，学生学习所获得的知识是以一种独特的知识结构存储在大脑中，然而这种存储并不是抽象符号的链接，而是可以具体到神经网络系统的冲动过程。这样就将一个以前一直存在于理论框架中的信息存储与处理的假说，用已经被实验证实的生理学理论来进行说明，可以起到对建构主义等认知学习理论进行补充的作用，因此教育神经科学学习理论也属于认知理论的重要分支。

由于对人的大脑神经网络的研究数据越来越多，教育神经科学学习理论已经能够预言很多与人的学习有关的现象，并获得符合实验结果的结论。如对人在学习不同语言时，大脑不同区域的核磁共振图像的分析表明，汉语学习与英语学习位于明显不同的大脑神经网络活动区域。这为今后更好地开展外语教学提供了实验依据。而面部表情与大脑核磁共振图像的关系也是很有趣的课题，有望解决教育中一些情感方面的问题。

9.3　函授教学

9.3.1　函授教学方法

函授教学方法是最早开展的远程教育教学方法，这种教学方法通过邮寄给学生教学材料，让学生以自学的方式来学习。早期通过邮政系统邮寄的教学材料形式单一，以文字为主，学生在学习过程中难以与教师进行有效交流，因此学习效果不太理想。

后来改用邮寄录像带和光盘的方式向学生邮寄教学材料，教学材料向着形象直观的方向发展。由于视频、图片等方式直观，容易理解，学生的学习过程变得更加轻松而有兴趣。而教师在演播室中录播的录像节目，经过精心的准备，并融入了一些教学方法，同时这些录像带、光盘的录制也是针对特定的学生群体而进行的，因此学生自主学习的有效性也得到了提高。邮寄的光盘如果包含了课件，则可以在计算机上运行，多媒体课件的交互性强，计算机代替了教师的指导。

随着网络技术的发展，网络技术在函授教学中也获得了应用。其中比较适合替代旧的函授方法的技术是电子邮件。利用电子邮件教师可以将教学材料直接通过电子信箱发送给学生。电子邮件支持多媒体信息的呈现，教师发给学生的电子邮件内容丰富多彩、直观且交互性强，有助于促进学生自主学习。而利用云存储技术，教师还可以将高达几个 GB 容

① Siemens G. Connectivism：A learning theory for the digital age ［J］. *International Journal of Instructional Technology and Distance Learning*，2005，2（1）：pp. 3 - 10.

② Szücs D.，Goswami U. Educational neuroscience：Defining a new discipline for the study of mental representations ［J］. *Mind，Brain，and Education*，2007，1（3）：pp. 114 - 127.

量的文件发送给学生。如此大的文件在几个小时之内就可以被学生高速下载，这种方式已经在很大程度上超过了快递光盘的速度，具备了替代传统邮寄光盘的功能。

利用电子邮件进行函授教学还有一个好处就是学生能够及时与教师进行互动。比如可以通过电子邮件系统向学生提出课程中需要解决的问题，教师也可以在比较短的时间内为学生解答问题。而通过电子邮件提交的作业，则可以在任何计算机系统中执行，这样也就完全解决了旧的函授系统中缺少教学信息反馈通道的问题。

与其他的远程教育方法相比，这种函授教学方法，特别是基于电子邮件的函授教学方法，不需要依赖专门的网络教学平台，通过大众普遍使用的电子邮件系统，再结合实时通信工具，就可以获得良好的教学效果。因此适应面比较广，特别适用于在一些偏远地区开展远程教学活动。

9.3.2　自学

函授教学过程中，最重要的一个环节是学生的自学。学生的自学方法呈现多样化的特点，无论是哪一类的函授，学生在通过教师邮寄过来的教学材料进行自学的同时，还应该主动利用图书馆和书店来获得自学的辅助资料。如果利用电子邮件系统，学生也可以通过搜索网络资源来进行学习。

要在函授教学过程中实现有效的自学，需要相关的学习理论和远程教学等方面的理论支持。早期的自学理论是基于行为主义的，在自学的过程中不断提供给学生刺激和反馈，并对学生的正确反应进行强化，这样达到促进学生有效自主学习的目的。为了达到这一要求，函授教学过程中可以采用一种程序教材，这种程序教材是程序教学机器理念在印刷书籍中的落实。教师在编制这些教材时，利用印刷书籍翻阅的非线性特点，在每一页设置不同的教学内容，并在页面的下方或者两侧边沿提供给学生需要解答的问题。学生在学习了页面正文的知识以后，马上回答问题。如果回答正确，则进入下一页学习。如果回答错误，则可以翻到后面补充知识的页面，满足学生自主学习、自主强化的要求。

利用计算机课件的形式提供这种自主学习的教学材料，则可以采用计算机自动翻页的技术，如学生回答正确，就可以进入下一页学习，而回答错误，则需要补充知识。如果计算机课件还可以提供多媒体教学材料，则这种基于行为主义教学材料的自主学习效果会更好。

然而这种基于行为主义的教学材料只能够实现一些比较低层次的教学目标。这种教学材料对于知识、理解和应用等层次的教学目标的实现比较有效，而对于分析、综合乃至需要培养学生批判性思维的评价目标这一方面，则难以落实到教学材料的呈现和反馈强化过程中。为了解决这一问题，就产生了基于认知理论的教学材料。这些教学材料有助于学生达到更高层次的教学目标的要求。

基于认知理论的教学材料主要根据人的大脑的信息加工原理，在设置时注重知识的结构、概念之间的联系。这些教材按照知识本身的逻辑顺序进行呈现，同时提供形象直观的图形。在视频教材以及计算机多媒体课件中，还可通过动画的形式来演示过程，以促进学生的信息加工过程顺利地进行。

基于建构主义的教学材料在设计时，注重提供更好的学习资源环境，提供案例分析，并安排学生在各种学习活动中有效地实践。促进对知识的理解，并尽可能地将这些知识纳入自己已有的认知结构中，使之成为已有经验的一部分。

在印刷教材的设计上，按照建构主义理论设计的教学材料，案例丰富，内容与学生已有的学习经验紧密结合，并有很多探究发现的活动；而采用了课件等形式设计的多媒体材料，则除了具备印刷材料的这些特点以外，还专门安排了学生通过网络进行探索、研究，以及与其他学生和专家学者交流的环节。

无论是行为主义学习理论、认知学习理论还是建构主义学习理论，都着重于知识的结构。而随着学习理论的发展，更多新的学习理论的出现，为促进函授教学乃至其他远程教育教学方法中学生自主学习的有效性提供了基础。其他学习理论包括人本主义学习理论、社会变革学习理论、教育神经科学学习理论等。

按照人本主义学习理论的要求，学生在学习过程中不光有认知的过程，情感的学习过程也非常重要。因此在组织函授教学时，可以在教学材料中融入能够提高学生情感目标的教学内容。如在设计教学内容时，结合一些在社会上引起了热烈反应和讨论的案例，让学生进行思考分析，这有助于学生达到更高层次的情感目标，并有效地促进学生的学习。

在应用变革学习理论时，注意到在函授学习的过程中，为了促进学生的自主学习，在教材设计以及整个函授教学过程的组织结构上，应当满足学生对自身发展以及成为社会发展的促进者的要求，树立起更强烈地学习知识的意识，从而提高学生学习的有效性。由于中国古代儒学文化已经包含了非常丰富的"人本"以及这种变革学习的思想，也为中国的远程教育学生利用这些学习理论主动学习提供了很好的基础。

在利用教育神经科学学习理论来促进学生自学方面，则可以考虑在设计教学材料时，使之符合学生大脑神经网络的活动规律。如满足学生自学的教学材料在艺术性方面应该有更高的要求，良好的艺术性是促使学生的学习过程更加轻松有效的保证。同时良好的艺术也有助于拓展学生创造性思维能力。在信息的组织安排上，要注意突出教学材料的重点内容，这可以确保大脑神经网络不至于因为太多的信息输入而产生疲劳。在内容安排上，要多种内容、多种活动形式并存，这样可以使得大脑神经网络获得比较均衡的负担，从而促使大脑神经网络各个区域都能够在学习的过程中被充分调动起来，提高自学的效率。

9.3.3 面授

由于函授教学以学生自学为主，学生在学习时遇到了难以解决的问题，无法及时获得教师的反馈信息，从而影响学生学习有效性的提高。因此在函授教学的过程中往往还会进行适当的面授。

这种面授往往是在远程教育机构某个学习中心进行，因此教师必须专门安排时间到辅导中心对学生进行集中面授辅导。由于地区学习中心往往离教师所在地比较远，因此教师面授的成本也比较高。而采用集中学习的方式，一门课程需要集中在几天之内完成，学生的学习过程也非常紧张。

面授的内容主要是辅导性质的，因此并不会像普通高校中的学生那样全面系统地讲解各种知识，主要是解决学生在自学过程中所遇到的各种重点和难点问题，并对一些常见问题进行集中解决。

由于接受函授的学生数量非常大，有时候一些地区的面授辅导被安排在一个大礼堂进行，这就会影响教学效果。因此除非非常必要，课程一般不安排面授，由学生自主学习。

9.3.4　作业

函授学习的过程中学生要完成必要的作业，这些作业过去采用邮寄的方式，通常是由某个地区学习中心集中收取学生作业，然后通过邮政系统将这些作业邮寄给教师。

由于邮政系统效率低下，导致这些作业的传递也基本上是单向进行的。即教师收取作业并进行批改，然后登记学生的作业成绩。然而这些作业一般不再寄回给学生，这使得评价信息不能及时反馈，影响教学效果。

现在采用了电子邮件等方法以后，这一问题可以获得有效解决。学生发送给教师的作业可以在几分钟内就到达教师的邮箱，教师可以及时对学生的作业进行批改，并将批改以后的作业回复给学生。

学生的作业主要采用论文的形式。而随着技术的发展，学生的作业也可以采用多媒体的形式，这有助于作业形式的多样化，也可以更好地满足不同学习习惯的学生的需求。

9.3.5　论文和设计

函授教学过程中，也需要学生完成一定数量的论文和设计。

论文包括课程论文和毕业论文。基于远程教育的特点，这些论文一般不组织教师进行答辩。但可以组织学生之间的相互讨论。

论文的写作主要在教师的指导下，按照一定的要求来完成。课程论文是在一门课程学习的过程中，学生需要完成的作业，只是采用了论文的形式。采用论文的形式来完成作业的好处在于，能够更好地锻炼学生对一些问题的分析、综合和评价能力。同时教师通过学生书写的课程论文，也可以更好地掌握学生课程学习的基本情况，了解学生在哪些方面的学习还存在问题，并在其后的函授辅导过程中加以弥补。

如果专业计划中有要求，学生还要写毕业论文，毕业论文主要考查学生综合运用专业知识的能力。采用毕业论文这种方式来进行书写，其好处在于能够锻炼学生系统思维和研究探索的能力。

与论文一样，设计也分为课程设计和毕业设计。对于一些技术性比较强的专业，这些课程设计和毕业设计不仅有助于学生增强动手设计产品的能力；还能够了解学生在课程学习过程中所遇到的各种问题，以便更好地对学生进行深入的辅导训练，并改进自己的教学辅导方法。

9.3.6　实验

函授教学过程中很多课程安排有实践性的环节。这些环节对于培养学生的动手能力是非常必要的。与普通高等院校的学生不同，函授学生人数众多，在实验室中完成实验操作难度比较大。开放大学主要采用邮寄实验箱给学生的方式。

为了给学生邮寄实验箱，就必须对实验室中的实验设备进行改造，以便能够满足邮寄的需要。在改造的过程中，需要教师对实验设备的性能以及小型化以后的实验设备如何操作做好计划。而邮寄给学生以后，学生可以在自己的家里做实验，家里一般比较安静，实验效果不错。

不过这种实验箱只能满足一些小型实验的需要，如电子电工学实验等。如果是一些比较大型的实验设备，如粒子加速器等，则无法通过这种方式来完成。如何让远程教育中的学生也能够接触到这些大型的实验设备并有机会上机操作，这是一个值得深入研究的问题。其中的一个方向就是利用计算仿真系统来完成仿真实验，虽然效果同真实的实验有一定的差距，但至少提供了一个实验的机会，且还可以通过网络来完成。

另一个方向就是利用远程实验室来完成实验。如一些医学远程实验室已经能够提供手术过程的远程视频传输，这样即便是在很远的地方，也可以通过计算机终端来操作各种实验设备。

虚拟现实技术则是未来发展的非常重要的方向。利用虚拟现实技术，学生通过头戴式眼镜与数据手套等进入一个虚拟的环境。在这样的虚拟环境中，学生能够获得身临其境的效果，即便在一个空的房间中，也可以看到和操作各种实验设备的立体影像。

9.4 电视教学

9.4.1 广播电视教学方法

早在20世纪20年代，随着无线电广播技术的出现，广播在教学中的应用得到了重视，形成的广播教学方法对于后来的广播电视远程教学的应用起到了非常重要的作用。

利用广播电视来开展教学活动的好处在于可以远距离将音频和视频信息传播出去，实现远程教学信息的传递。广播电视传递的信号非常直观，学生的收听和收看兴趣也比较高，对于提高学习有效性有很大的帮助。然而广播电视这种媒体的缺点在于传播信息的单向性。在这种技术中，信息只能够单向地由教师那一方传播给学生，学生无法通过广播电视系统将信息反馈给教师。因此这种教学方法缺乏灵活性。目前解决这一问题的方法就是利用网络技术。

当然除了广播以外，电视这种媒体主要以视频和音频的方式来表达教学内容，这一特点跟不同的网络教学方法结合在一起，可以使得教学过程更加生动活泼，获得比较好的教学效果。

广播电视教学方法种类非常多，可以分为以下几种类型：

1. 图解法

这种方法利用电视的艺术表现手法，将教学内容进行分解，改变时空的顺序和结构，从而实现快慢转换、大小转换、抽象和具体之间的相互转换，达到举一反三、以多种不同的表现形式促进学生理解的目的。

图解法的应用需要教师掌握比较多的电视艺术表现手法，教师需要专门的进修学习才能达到灵活自如地运用电视艺术方法来表现教学内容。但是随着数字电视非线性编辑技术的发展，一些原来需要很专业的技术人士才能够完成的视频编辑制作工作，现在普通的教师也能够得心应手地完成，因此这种视频图解的教学方法也将获得更广泛的应用。

2. 直播课堂法

这种方式利用演播室或者课堂直播、录播的方式来进行教学。如果采用直播的方式，远程学生可以获得强烈的现场感，教学效果更好。而利用录播的方式，则有助于将一些优秀教师的讲课过程录制下来，突破时间的限制，将教学内容与更多的学生进行分享。

直播课堂的过程需要教师运用好面授课堂中的各种教学技巧，同时也要能够兼顾远程教育教学方法的特点，随时应对镜头切换所带来的课程教学节奏的变化。当然，教师面对镜头的经验也很重要，经验足够的教师能够以非常自然的教学方式来应对摄像机镜头。

直播课堂的方法分为演播室直播和课堂直播两种方式。

使用演播室直播的好处在于能够更好地运用灯光照明措施，获得高质量的图像。同时由于演播室中设备齐全，电视技术的应用也可以发挥到最大的限度。利用虚拟演播室技术，则可以将外景与教师课堂教学实况结合在一起，获得更加生动活泼的教学效果。其缺点在于地点与教室的差异比较大，学生人数受到一定的限制。教师在教学应用时需要更多的演播室拍摄视频的技巧，特别是使用了虚拟演播室技术以后，教师还要求有一定的表演能力。

课堂直播的好处在于只需要在普通课室中拍摄即可，因此教师可以比较轻松地运用各种课堂教学的方法和技巧，教学过程也很轻松自然，学生在熟悉的教室里听课，与教师也有比较好的配合。课堂直播的缺点在于灯光照明、电视特技的应用能力受到限制，需要后期进一步的处理。

3. 演示法

演示法是利用教师操作演示的方法进行技能训练。这种方式将教师的演示操作过程录制下来，可以利用电视特辑等方法进行后期制作处理，还可以将演示过程进行回放、慢镜头播放等，对一些重点和难点知识进行更深入的讲解。

演示法的优点是可以充分发挥视频表达的技巧，能够对操作过程进行细致的分析和回放，有助于培养学生的动手操作能力；然而这种教学方法的缺点就是适应面窄，对于一些高层次认知目标的实现不利。

4. 技能训练法

这种方法是利用摄像技术，将学生的操练过程记录下来，以便对学生的技能训练进行分析和评价。采用这种方法能够充分发挥电视媒体的记录能力，对整个过程进行记录，记录以后的影像有助于学生进行自我评价，获得更充分的反馈信息。

在远程教育系统中，随着摄像头、数码摄像机等设备的家用化和普及化，同时使用移动电话等设备也可以达到录制视频的目的，因此这种方法可以结合电视课程的要求，让学生自行拍摄记录技能的操作使用过程，获得自我反馈评价。这种方式录制的视频文件也可以作为一种新的作业形式上交给教师。

5. 视频会议法

这种方法利用远程视频会议系统进行教学。在教学的过程中，利用视频会议系统双向信息传递的特点，让所有参与学习的学生在视频会议平台上就某个教学问题展开讨论。讨论的过程就如同在一个实际的会议室中进行。这样的讨论会议有助于学生达到更高层次的认知和情感目标，同时也有助于促进学生之间合作关系的形成。

早期的视频会议法使用的是比较昂贵的远程视频会议系统，是基于卫星或者传统的电话系统。现在的远程视频会议系统都采用网络的形式，利用网络数据高效率、低成本传输的特点，构建网络视频会议系统，让学生能够通过计算机等设备登录网络视频平台，参与远程视频会议的讨论学习。

6. 角色扮演法

由于电视是一种表演艺术，因此在教学应用的过程中，还可以使用角色扮演法来学习一些知识。在远程教育系统中，可以通过视频的各种特技功能将处于分离状态的学生所扮演的角色整合到一个屏幕上，这样可以获得更好的教学效果，学生的学习兴趣也可以被充分调动起来。

9.4.2 演播室录播

第一种为演播室录播。演播室录播的方式在远程教育过程中使用的比较普遍。特别是虚拟演播室的技术获得广泛应用以后，利用演播室进行直播和录播，可以获得其他方式难以达到的课程教学效果。演播室录播需要注意演播室的灯光、背景、摄像机等多种设备和布景的需求。在演播室里，教师可以采用直接演讲的形式如同主持人播报新闻一样，对课程内容进行讲解。这种讲授方式的优点在于可以比较好地控制拍摄的过程以及教师的讲授，对于一些出现错误的地方还可以暂停，或者经过后期的编辑处理以后，将错误的视频片段删除。

第二种是模拟课堂的方式。在演播室安排教室的场景，让学生坐在座位上，教师则可以站在讲台上按照正常的授课要求进行讲课。这种方式的好处在于课堂教学气氛比较活跃，且学生还可以跟教师进行互动，因此教学形式生动活泼，教学效果比较好。缺点就在于录制过程的节奏比较紧张，录制现场出现错误不能够暂停下来，但可以在后期编辑制作时对其中出现错误的地方进行删改。

以上两种方式在录制节目以后，都可以增加外景镜头，从而为教师的教学过程提供直观的辅助视频材料。

第三种录播的方式是采用虚拟演播室技术。虚拟演播室技术能够在演播室的环境中，虚拟出现实的场景，教师可以在演播室里走动，而背景也会随着教师的移动产生变化。为了实现这种效果，在虚拟演播室中使用了多台摄像机以及追踪软件系统，可以将现实中的场景与演播室中教师的活动结合在一起。利用这种虚拟演播室技术，教师不需要去到现场实景处，直接在演播室里讲解即可以获得非常强烈的现场感。而在场景发生变化时，教师的讲授过程也不需要停止，这也为一些比较特殊的教学内容的安排提供了可能。如教师讲解南极大陆的情况时，可以在博物馆场景和南极大陆的现场实景中灵活地进行切换。

9.4.3 飞行教室

飞行教室（Midwest Program on Airborne Television Instruction）是美国20世纪60年代，利用飞机运载电视直播的设备，对六个州的学校进行电视课程直播的项目。之所以采用这样的方式来直播电视课程，原因在于这些地区无法接收到电视信号，通过利用飞机运载电视发射设备的方式，就可以突破这种空间的限制。

由于电视直播设备在飞机上，因此这样的电视节目还可以获得现场录制的效果。飞机在大峡谷飞行，利用摄像机将大峡谷的实景拍摄下来提供给学生观看，这样学生可以从另一个角度来观察自然，获得书本无法提供的材料。

飞行教室是一个公益项目，其经费主要来自各界的捐助。由于效果好，这一项目获得了大量的资助，使得该项目持续了多年。

上课时，教师需要登上飞机，在飞机里通过电视系统进行授课。为了适应在空中授课的要求，飞行教室里的教师需要经过比较严格的筛选。除了要求具备空中飞行的适应能力以外，还要具备丰富的课堂经验和利用电视进行教学的经验。

除了直播教学以外，飞行教室中还播放在地面录制的各种教学节目。

9.4.4　直播教学

直播教学节目的好处在于能够给学生带来非常强烈的现场感，如同置身于课室之中，可以获得比录播方式更好的教学效果。

直播教学是教师在演播室或者现场进行讲授，然后通过电视信号直播出去的过程。因此在直播教学时，教师的讲授过程不会被剪辑。虽然这可能会导致直播过程中出现一些突发状况，但是由于教师的授课过程能够保持连续性，因此即便是授课过程中出现了一些小的问题，也不会对教学效果产生严重的影响。直播教学的过程有固定的时间要求，为了适应不同学生的时间，可以将直播节目录制下来以后播放。录制以后的节目还可以适当进行剪辑处理。

对于演播室的直播，由于设备条件比较好，直播的画面质量比较高，同时多台摄像机的灵活切换，可以更全面地展示教师讲课的现场情况。如果是外景直播，如在教室外授课或者在一些风景区进行学习指导，则需要使用的摄录设备就比较简单，但直播设备是不可或缺的，如微波传送的设备等。这对于一些小型的机构来说，可能会感到有些难以承受。因此过去这种外景直播方式使用的比较少。

不过随着网络技术的发展，利用高速网络链接也可以将现场的视频传送出去，达到外景直播的要求。这是直播教学发展的一个方向，值得一些中小机构尝试使用。

直播教学时应该注意以下几方面的要求：

（1）精心选择直播现场，全面布局。由于直播教学的时效性非常强，在直播中可能出现各种突发状况，因此需要精心选择直播现场，做好所有的安排，保证教学直播的成功。

（2）根据实际情况和自身的能力，设置多个直播现场，安排多个拍摄角度，在现场直播时可以按照需要从不同的角度来进行拍摄直播。

（3）健全应急管理机制。为了应对在直播过程中一些意外的出现，应注意落实好应急管理的相关措施，以便进行及时处理。

（4）注意发挥演播室的功能。在进行直播时，演播室也要对现场直播进行控制。为了满足学生对于一些背景知识的需求，可以在适当的时候提供这方面的视频资料。这样可以增强学生对教师直播讲解的理解。而演播室与现场直播的合理切换，还可以营造更丰富的现场感，提高现场直播教学的节奏感和层次感。

（5）配合好其他的交互措施。比如在网站上开通留言板或者微博，让学生在遇到问题或者对教师讲解有何评价时，都可以及时在留言板或者微博上留言。如有可能还可以采用开通热线电话的方式来转播学生的即时评论。

直播教学是一个需要较大投入的教学方式，即便是在网络技术发展很快的情况下，通过网络视频使现场直播成为可能，可以大幅度降低成本和对直播人员的需求，然而相对于其他的视频播放方式，其成本还是比较高的。因此在直播教学中，教学内容应确定在那些具有不可替代性、时效性非常强的内容上。

9.4.5 访谈讨论

利用电视进行访谈讨论也是一种非常好的电视教学方法。通过主持人或教师对专家学者进行访谈，并与现场的观众或者学生进行讨论，这可以更好地提高学生的参与性，给学生提供不同的学习经验。

访谈讨论的形式可以多样化，既可以采用一对一的方式，让教师或主持人面对一位专家学者进行深度访谈；也可以是教师或主持人与一位专家进行访谈，同时让台下的观众参与讨论；还可以采用多位专家以及嘉宾进行讨论、争论的方式。

在访谈中应注意以下几方面：

1. 做好访谈计划

教学访谈与面向大众的新闻访谈不一样，教学访谈目的是要向学生传授某方面的知识，因此在教学访谈的过程中，通过访谈将所要传递的教学内容以恰当的、容易为学生所接受的方式表达出来。在进行教学访谈之前，要做好访谈的计划，这些计划供教师和学者仔细参阅。一旦访谈计划确定以后，教师和学者之间的访谈就应该按计划执行。当然新闻访谈节目的很多技巧还是可以借鉴的。

2. 不同观点的专家讨论

在进行电视教学访谈时，要注意到不同观点之间的冲突问题。即便是一对一的访谈，主持人或教师也可以提出一些不同的意见让专家或学者进行解答。而在多个专家或者嘉宾参与讨论的情况下，就要特别注意选择代表不同观点的嘉宾来参与访谈节目。这种不同观点的冲突，有助于学生更加全面地看待一些教学方面的问题。

3. 注意访谈技巧的应用

在面向大众的电视访谈节目中，已经积累了很多非常好的访谈技巧，在进行电视教学访谈讨论时，也可以注意这些访谈技巧的应用。如在访谈时，需要满足与学者之间有眼神交流、表情与想要表达的内容一致、注意力集中等基本的要求。

4. 选择不同的访谈策略

还应该注意不同的访谈策略的应用。在大众媒体的访谈节目中，很多主持人总结出的访谈策略都是可以借鉴的。

5. 选择在某些方面工作突出的学者

最好选择那些在自己的领域工作突出的学者作为访谈对象，这样有助于提高学生对访谈内容的兴趣，访谈内容也容易被学生接受。

6. 增加电视叙事的元素

在访谈的时候，还可以注意增加一些电视叙事的元素。如在访谈之前，教师或主持人通过一段视频对访谈的背景进行介绍。也可以在访谈的过程中，穿插一些视频或文本资料，成为专家学者访谈的辅助资料等。

9.4.6 太空教师项目

美国航空航天局在 1985 年执行了一项"太空教师项目"（Teacher in Space Project），并在这一年挑选了一百多名教师参与载人航天的计划，这些教师中会有一部分进入太空，面对地面的学生进行太空教学实验。

然而，1986 年"挑战者"号航天飞机升空时发生爆炸，准备升入太空进行教学的新罕布什尔州康科德女子中学教师麦考利夫不幸遇难，导致这一计划被迫停止。

直到 2007 年，"奋进"号航天飞机升空以后，美国女教师芭芭拉·摩根才得以在国际空间站中向地面的学生直播教学内容，包括演示太空失重环境对物体的影响，在失重环境下搬动巨大的物体、操作无线电实验等。

9.4.7 公众科普教育

由于电视频道的资源比较宝贵，目前广播电视台的频道资源主要用来提供给一些公众科普节目。这些公众科普节目的观众面广、收视率高、频道的利用率高，有利于各种知识的传播。

同教学节目相比，公众科普节目的科学性要求相对较低，但观众面广。同时对电视技术和艺术方面的运用要求比单纯的教学节目要高。

科普节目也可以作为一些专题知识点的辅助教学材料。动态图像知识比较直观，这类科普节目能够有效促进学生对知识的理解。

9.4.8 远程会议讨论教学

利用远程视频会议的形式来讨论教学，是 20 世纪 70 年代末发展起来的一种电视教学方法。早期的远程会议讨论系统速度慢、成本高，教学应用不是特别广泛。然而到了网络时代，利用网络视频的方式，则可以用非常低廉的成本来实现利用远程视频会议的形式讨论教学。目前使用的网络远程视频会议系统是基于国际电信联盟 H. 320 标准的。利用该标准可以采用压缩比非常高的 MPEG - 4 压缩算法来进行网络视频的传输。利用一般的 ADSL 网络接入方式，用户就可以实现高清晰度的实时视频的传送。

远程会议讨论教学主要有以下几方面的功能：

（1）视频讨论。利用所有用户实时传送的视频图像，可以满足在视频会议系统中用户之间交互讨论的需求。

（2）资料共享。将一些重要的资料提供给参与视频会议的用户即时共享，让所有用户都能够马上接收到这些资料，在本地计算机上阅读。

（3）数据传输。对于一些需要较多数据的课程，如一些理工科的课程，通过远程视频会议系统可以将处理以后的数据及时传输给所有的用户。

（4）白板讨论。打开视频会议系统中的白板，教师就可以通过在白板上绘制图形、输入文字等方式来进行现场讲解。

（5）开放接口。通过开放接口，可以跟其他的设备以及传感器连接在一起。这样在进行视频会议讨论的同时，可以随时收集现场的数据，以供参与讨论的用户参考。

（6）课程存储。通过课程存储，整个讨论过程都可以被记录下来，以文件的形式存储起来，既可以提供给参与视频会议的学生进行复习巩固，也可以提供给其他学生进行参考。

（7）点播回放。这一功能满足课堂实录视频按需点播的要求，随时播放课程视频中的任何一部分，提供给学生进行复习巩固。

9.5　网络教学

9.5.1　网络的教育应用

计算机网络在远程教育中的应用是远程教育跨越式发展的一个重要标志。利用计算机网络技术，可以突破旧的远程教育系统中信息单向传输的限制，为在远程教育系统中实现双向远距离的信息传输提供基础。

网络在教育中的应用，指的是"在网络环境下，以现代教育思想和学习理论为指导，充分发挥网络的各种教育功能和丰富的网络教育资源优势，向教育者和学习者提供一种网络教和学的环境，用数字化技术传递内容，开展以学习者为中心的非面授教育活动"[①]。

网络在教学中的应用方法非常多，包括了网络课程、探究学习、协作学习、案例分析、社会网络学习、反思学习等几种常用的网络教学方法。

9.5.2　探究学习

探究学习是一种比较常用的网络教学方法。利用这种方法可以促进学生利用网络资源来开展探索研究的学习活动。探究学习可以同面授的方式结合在一起，并将其应用到课堂教学过程中。这种方法在远程教育中也可以获得同样的应用效果。

网络探究学习过程中一种比较简单的形式是 Webquest。通过设计好的 Webquest 网页，引导学生有目的地进行网络资源的探索，并将这些资源整合，写出探究报告，最后教师对学生的探究报告进行评分。

在课堂教学过程中，网络探究学习过程将学生分成若干个小组，每个小组中的学生又扮演不同的探究角色，然后按照自己分配的角色在网络上搜索相关的资源，并对这些资源进行整理分析，写出探究报告提交小组和班级讨论，并按照一定的标准进行评分。

Webquest 在结构上通常分成以下几个环节：

（1）序言。提供整个 Webquest 探究学习设计的介绍。通过对这个项目的介绍，学生可以了解到在这一堂课中将要学习什么内容，在大脑中形成一个整体的框架结构。

（2）任务。提出一些切实可行的任务。这些任务的描述非常具体，因此学生能够通过

---

① 程智．对网络教育概念的探讨［J］．电化教育研究，2003，7（4）．

阅读这些任务，知道在整个探究学习过程应该做些什么以及如何去做。如要求学生在完成任务以后需要提交一份电子文档等。

（3）过程。在这一环节中，教师清楚描述在整个过程中学生如何进行探究、需要分成哪些小组、每个人应该扮演哪些角色、探究的步骤等。

（4）资源。教师提供一些资源的链接，让学生在探究时能够更加有目的性，同时教师也可以通过设置关键词的方式来帮助学生进行资源的搜索。

（5）评价。对学生提交的作业给出评价的标准，让学生知道什么样的结果才是成功的探究。

（6）结论。评价结束以后，最终总结整个探究过程，得出结论，鼓励学生进行学习过程的反思，并将所获得的经验拓展到其他领域。

通常 Webquest 主要针对基础教育的学生，对于远程教育系统的成年学生而言，形式上可以更加灵活一些。

在任务安排方面可以提供更高层次的认知领域的目标，如让学生对一些观点进行批判性的评价。另外也可以制定一些文化方面的目标，促进学生对课程内容与社会文化之间联系的理解。

在过程方面，可以采用更加灵活的方式，如学生角色的扮演可以多样化、多重性。多样化意味着学生不仅限于科学家这样的角色，还可以是跟自己的工作密切联系的其他角色。而多重性则体现在每个学生可以同时扮演多种角色，从多个视角来审视一个问题。

在资源方面，教师结合文献管理工具的使用，主要以概括性的资源搜索为主，辅以已经检索出来的资源。如教师在提供资源时，只给出一个大致的范围，然后要求学生通过文献管理工具对这些资源进行索引，并综合利用这些资源来进行分析，得出自己的结论。

在评价标准方面可以偏重于定性评价，如需要学生提交的报告或论文应该达到一个什么样的标准等。

9.5.3　网络协作学习

网络协作学习是网络教学中一种常用的学习方法，利用这种方法，学生之间可以相互合作、竞争，最终达到相互促进的目的。

协作学习利用的是群体动力机制。在群体动力机制中，学生之间互相交流信息。这些相互交流的信息可以是互为补充的，也可以是互相对立的。如果是互为补充的知识，则随着协作学习过程的不断深入，知识的积累将越来越丰富。而如果是相互对立的知识，则使学生能从多种不同的视角来观察一个问题，对于培养学生的批判性思维有很大的帮助。

协作学习包括竞争、辩论、合作、问题解决、设计和角色扮演等多种方法。应用到网络方面，这些方法则具备了明显的网络技术应用的特点。如合作，可以通过维基百科这样的平台来共同完成某项任务，这是一种网络合作的方式。而通过在线文档的形式，也可以产生类似的效果。网络协作学习可以采用的技术平台很多，包括论坛、讨论组、维基百科平台、在线文档平台等。

9.5.4　网络案例分析

案例分析是另一种比较受欢迎的网络教学应用方式。案例分析一般包括选择合适的案例、在网络中呈现案例、进行讨论分析、思考案例、得出结论五个步骤。

进行案例分析时，材料的选择应注意以下几点：

（1）选择案例的典型性。即所选择的应该是比较典型的，能够说明理论应用价值的案例。

（2）选择案例的时效性。一般来说，案例选择的时效性并不一定是必需的。然而如果能够提供时效性很强的案例，学生的学习动机更容易被激发出来。

（3）案例材料的直观性。所选择的案例应该有图片报道的形式，最好能够有视频和声音等多种信息呈现形式，这样有助于学生在比较短的时间内理解案例。更重要的是图片视频所传递的信息更加丰富，能够拓展学生的想象力。

（4）案例材料的真实性。这一点也很重要，如果将一个不真实的案例提供给学生，学生就会感觉到理论与实践中的距离并没有被有效拉近，影响教学效果。

在呈现案例时则应注意到使用不同网络技术的差异。如可以直接使用网络教学平台来呈现，便于将案例分析与网络课程的其他教学方法结合在一起，发挥不同教学方法的优势。也可以通过讨论组、QQ群、博客等方式提供案例。

在进行分析时，要求学生就这些案例进行思考，必须结合已经学习过的理论知识进行分析，并给出自己的案例分析结果。学生得出结论以后，就可以将自己的结论提交到网络上与其他的学生共同讨论，以便了解其他人的观点和看法，起到取长补短的作用。

讨论的结果会促进学生对案例做进一步的思考，并对已经学习过的知识进行反思，加深对所学理论知识的理解。思考过程中，学生可以写出案例分析的报告，提出自己的最终看法。最后教师结合学生的看法，综合分析并得出最后的结论供学生参考。

9.5.5　社会网络教学应用

随着复杂性科学研究的深入、计算机技术的发展，社会网络这样比较复杂的系统结构也可以利用计算机建立起可以计算的模型，因此社会网络相关的技术也得到了迅速的发展和应用。在互联网中，利用社会网络技术可以建立起一个离理想的社会网络模型更接近的实际网络。而采用了比较成熟的社会网络模型来构建互联网上的社会网络，则更是带来了对社会网络进行分析和处理的新技术，使得用户在网络上的行为变得更容易预测。

为了实现这样的社会网络功能，在互联网上组建的社会网络就要满足这种个人或者机构之间的相互交流的需求。这种能够连接个人和机构，并形成复杂社会关系的网络也就可以被称作互联网上的社会网络。

当然互联网本身就是连接所有个体和机构的纽带。然而在进行各种网络应用时，不同的应用之间还是有很大区别的。一些应用，如网站信息的浏览，更像是一个个体阅读的行为。而电子邮件的传输，则属于一种点对点的信息传播。虽然这种信息的交流属于更广泛的人类社会个体之间相互交往的一个组成部分，但是从社会网络的含义来看，它们还不能够被称为真正的社会网络。

因此对互联网上的社会网络的界定还是比较明确的。这样的界限就表现在是否使用互联网实现了一种完全的社会交往。即便是在没有面对面交流的情况下，也同样能够满足在所有个体和机构之间形成网络纽带的需求。

为了达到这一个目的，互联网上的社会网络就必须满足以下几个方面的特性：

（1）构造人际关系的网状结构。因为社会网络本身是一个网状的结构，因此个体和机构之间应该有足够强大的联系，从而在互联网上形成一种人际关系的网状结构。这种网状结构意味着一个个体与另一个个体交换信息时，其他的个体也会受到影响，因此相互之间有着广泛的信息交流的渠道。

（2）具备信息广播的能力。也就是说在社会网络中，由于这种网状结构的存在，个体和机构之间信息交流的渠道呈现多样化的形态。包括了点对点的信息传播，也包括了广播信息的能力。当一个个体认为有必要时，可以将自己的信息同时向多个个体或机构发布，并引起其他个体或机构的响应。

（3）网络能够产生整体效应。这也是社会网络的重要特征。由于构成社会网络结构的多个个体和机构之间的相互作用，最终的目的是产生社会网络的一致性行动。这是一种整体效应。如果一个网络最终产生了某种整体性的效应，就可以证明这一网络具备了社会性的特点。

（4）可控性。就是这种网络虽然具备了整体性的特点，但是这种整体性并非随机出现的，而是可以控制的。也就是说通过对其中一些因素和关系的调控，可以获得社会网络发展的趋势，并随时对其进行调控，以保证其向着特定的方向发展。

（5）平台性。要在互联网上能够被称得上是一种社会网络，应该是有比较完整的平台结构。有了这种平台结构，用户就可以利用这一平台进行社会交往，而不需要考虑太多技术方面的因素。这种平台也是社会网络整体性的重要保证。

（6）面向特定的群体。社会交往的定向特征非常明显，即具备了相同兴趣的人士之间形成更加紧密的联系，最终形成了自己的社会交往的"圈子"。因此互联网上的社会网络也具备了这样的面向特定群体的功能。当具备了某个相同兴趣的个体或者机构聚集在一起、利用网络形成了紧密联系的条件时，一个社交型网络群体就形成了。

（7）情感上的联系。社会网络不仅用来传递信息，还要满足个体之间情感交流的需要。在进入社会网络与其他的个体或者机构交流的过程中，个体能够获得情感上的满足、归属感，这也是社会网络与其他网络的区别所在。

按照这样的特性，广义上，社会网络包含了 Web 2.0 几乎所有的应用，包括博客、微博等。

社会网络在远程教育中有以下几个方面的应用：

（1）促进学生的社会化。促进学生的社会化是现代教育理念的基本要求。一个学生生活在社会中，必然要同社会交往，为社会的发展作出贡献。促进学生的社会化，采用传统的教学方式难以实现。在普通高等院校中，促进学生社会化的方式就是让学生学习相关的知识，并提供给学生参与社会实践的机会。在学生参与社会的过程中，通过不同的社会网络工具，可以更加有效地提高学生参与实践活动的能力。当然很多的社会网络本身也具备了现实社会的基本特征，使用社会网络工具，也同样是学生获得社会化经验的一条重要途径。

（2）满足社会交往的需求。学生在学习期间也需要进行各种社会交往。特别是对于远程教育系统中的学生，这种学生之间的社会交往存在很大的局限性。通过社会网络工具，能够提供给学生之间社会交往的新的机会，也可以满足学生与教师以及与其他个人和机构之间的社会交往的需求。

（3）分享自己的看法。社会网络还是一种非常有效的分享自己看法的工具。如利用微博这种社会网络工具，学生可以随时将自己的观点发布到网络上，供其他的个体分享。由于网络传播信息的高效率，学生的这些看法可以马上传播出去，并迅速获得其他个体的认同。

（4）与其他人合作解决问题。利用维基百科或者在线文档这样的平台，学生不光可以在社会网络中与其他的个体形成情感上的联系，还可以与其他学生共同解决知识性的问题，这有助于学生利用社会网络达到认知目标的要求。这种合作学习的方式是其他的网络教学应用方式的一种非常有效的补充，有助于学生学习过程中比较高层次认知和文化目标的实现。

（5）获得通知。社会网络也是学生获得教学通知的有效形式。通过 QQ 群组或者网络教学管理系统，教师可以随时将教学过程中的各种通知及时发放给学生，保证其能够高效率地开展教学活动。

（6）与相同兴趣的人士进行交流。学生在使用社会网络时，还可以利用一些比较专业化的社会网络平台与其他具备相同兴趣的个体进行交流。这种交流方式专业性比较强，也比较适合远程教育中的成人学生学习，促使学生一边学习一边进行研究工作，达到更好的学习效果。

（7）进行资源的整合。社会网络也是一种非常好的资源整合的工具。首先利用社交网络可以让学生整合人力方面的资源；其次利用博客、微博或者维基百科平台可以让学生收集整理学习方面的资源。在学习的过程中，当需要使用某一方面的资源时，只需要直接访问自己的社会网络账号就可以迅速找到相应的资源，资源获取的效率显著提高。

基于以上的特点，运用社会网络开展远程教育教学的方法包括：

（1）基于在线文档、维基百科平台的合作学习。学生可以在平台上分别作出自己的贡献，最终共同合作完成一个任务。这种合作学习也属于网络协作学习的组成部分。

（2）基于微博资源整合与分享的学习。利用微博等社会网络工具，可以进行资源的整合和分享。当一个学生发现了某个资源，就可以利用微博迅速与其他学生分享。由于微博具备了短链接的方式，这种资源分享的效率比较高。

（3）基于虚拟社区的同伴互助。在一个虚拟社区中，每个学生都可以与其他的学生形成非常紧密的联系。在这样紧密联系的过程中，学生之间就可以形成一种互助关系，这种互助关系有助于解决学习中遇到的各种问题，这些问题包括情感方面的，也包括了认知和文化方面的。

（4）基于专业交往网站的研究交流。远程教育中的学生都已经是成年人，因此他们的学习方式与青少年有明显的区别。远程教育中的学生更重视研究性学习，在学习的过程中与其他专业人士之间的联系能够促进学习有效性的提高。

（5）基于人际关系的实践。学生通过社交网络也可以建立与社会各界人士更广泛的联系，这样的一个联系过程可以为学生提供更多的实践机会。

（6）基于网络的学习管理。利用网络办公系统、网络学习管理系统，可以高效率地获得机构和教师的通知，并与其他学生一起进行教学方面的讨论。这种方式是学生完成课程学习所必需的。

9.5.6　反思

网络学习过程中另一种影响比较大的学习方式是反思学习。反思被应用到学生的学习过程中，可以满足学生达到更高的发展目标的需求，可以用来在课程教学的过程中促进学生的身心发展。这种学习方式利用了博客这样的网络工具。

虽然博客也是一种社会网络工具，但是从另一方面来看，它也是早期个人网站的替代形式。博客如同个人日记，能够满足个人对自己成长经历反思的需求。学生能够利用博客对自己的学习过程进行反思，是博客这种工具与其他网络工具在网络教学应用中有所区别的地方。

将博客应用到教学过程中，进行反思教学，可以注意以下几种应用方式：

1. 帮助学生对作业进行自我评价

在促进学生达到不同的知识和技能目标时，利用反思学习的方法，可以让学生通过分析教师和同学对自己作业给出的评价，获得自我评价的信息。这种信息的获得有助于学生学习有效性的提高。他人的评价是外在的，只有当他人的评价内化为自己经验的一部分以后，这样的评价才有促进学生成长的作用。

2. 反思学习方法的应用

利用博客等方式反思自己在前一阶段学习过程中所应用的学习方法存在什么样的问题，这也是反思学习的目的所在。有时学生的学习成绩明显下降，并非是因为学生没有花很多的精力在学习上，而是学习方法不正确，这当然会降低学习的有效性。通过学生反思学习过程，有助于学生及时发现在哪些方面存在缺陷，并及时解决。

3. 反思自己的身心成长历程

反思学习方法有助于促进学生的身心成长，这是其他方法难以替代的。利用反思，学生可以对自己成长历程进行总结，并获得对自己成长过程每一个阶段的定性评价。这些定性评价信息由于是学生自己做出来的，更容易被学生自己理解，当然对自己成长的促进效果也就更明显。将这种反思的方法用来促进教师专业发展已经被证明是行之有效的，在促进学生的成长方面，这种方法也同样可以发挥巨大的作用。

4. 与同学分享经验

利用网络进行反思的另一个好处在于，学生反思的过程和结果都可以放在网络上与其他的同学进行分享。这样反思学习过程就不仅仅是个人的事情，它变成了一个需要群体共同解决的问题。这时候就可以充分发挥群体动力机制，利用同学的建议来改进自己在反思过程中出现的一些比较片面的观点，促进反思学习更加有效地进行下去。

5. 向教师提出自己的看法

反思过程也可以是一个向教师提出自己看法的过程。当学生将自己的反思情况开放给教师阅读以后，教师就可以从学生的反思结果中了解学生的很多真实想法，这有助于教师有针对性地改进自己的教学。

9.5.7 移动学习

移动技术在教学中的应用可以称为移动学习，而移动技术最重要的特点就在于可移动性。因此采用了移动学习这种新的学习形式，学生和教师都可以完全突破物理时空的限制，摆脱电源线的束缚，使教学延伸到任何人类能够活动的场所。

移动教学应用的方法包括：

1. 基于移动技术的网络课程教学

这种教学方法利用移动设备来接收网络课程，是网络课程在移动平台上的延伸。由于移动技术的特点，特别是移动显示屏幕目前都还比较小，网络课程必须做适当的改进，以便适合移动技术的显示和信息输入的要求。

学生在使用移动技术学习时，还有一些学习方面的特点。如学生使用移动技术进行学习持续的时间比较短，一般为十几分钟。因此可以考虑按照知识点模块的方式，而不是按照固定的时间段安排课程内容。

2. 移动探究学习

移动探究学习的另一个好处是可以与现实世界紧密结合在一起，因此在进行移动探究学习时，教师可以安排让学生直接参与现实世界中的各种活动，并利用移动电话等设备将活动的现场拍摄下来供同学进行分享。

在这种移动探究学习的方法中，移动设备成为教师和学生、学生与学生、现实世界与网络世界之间的桥梁。这种移动探究学习可以获得比网络探究学习更有特色的教学效果。

3. 移动协作学习

利用移动在线文档、云计算等技术，供学生之间进行移动合作学习。这种移动合作学习的方式适应性比较好。由于平台的运行主要在服务器端，因此对于移动电话的要求不高，可以满足最大规模的学生移动学习的需求。而利用教学游戏的形式，还可以提供学生之间进行竞争的环境。在这样的环境中，学生通过个人或者小组竞争的方式来完成不同的任务，达到相互促进的目的。

同移动探究学习一样，这种协作学习也可以与现实世界结合在一起，充分利用现实世界中的各种资源，利用移动设备的照相和摄像技术，将现实资源发布到网络上与同学分享。

4. 移动讨论学习

移动讨论学习利用了移动论坛、博客、虚拟社区、QQ等多种工具。这些工具由于实时性比较好，学生能够随时就所关心的问题提出自己的想法。另外一些移动工具还能够提供学生进行实时视频和音频通话的功能，为学生的讨论交流提供了更为方便的平台。

在移动讨论学习中，另一个值得注意的技术就是语音识别技术。随着科技的发展，一些智能移动电话中的语音识别技术已经非常成熟，利用这些语音识别技术，可以帮助学生迅速将自己的观点变成文本的形式发布出去，从而解决了移动设备输入文本不方便的问题。而通过如苹果 iPhone 中的 Siri 功能，则可以实现利用语音信号进行人机对话，灵活地对移动电话进行控制、进行资源的搜索等。

5. 基于移动技术的实践教学

移动技术在实践或实习教学中的应用更加广泛。由于学生实践或者实习地点比较分散，导致教师要随时对学生进行指导会出现比较大的困难。为了解决这一问题，通过建立移动技术平台，让教师可以很方便地使用移动电话、网络群发等方式随时与学生联系，并及时解决学生在实践过程中出现的各种问题，这已经成为一种很重要的实习指导方式。

6. 数字音频广播教学

数字音频广播也是一种移动技术，利用数字音频广播可以在传播音频的同时，传输文本和图形信息。与其他的移动学习方式相比，数字音频广播教学所需要的设备比较简单、携带方便，同时采用音频为主来传输教学信息，可以使学生在不方便阅读的场所进行学习。

活动建议

1. 协作：社会变革学习理论在远程教育中的应用。
2. 团体焦点访谈：社交网络对学生学习的影响。

习题

1. 远程教学有哪些特点？
2. 为什么说远程教育系统中必须以学生自学为主？
3. 对远程教育有重要影响的学习理论有哪些？
4. 什么是建构主义学习理论？建构主义学习理论是如何解释学习的？
5. 人本主义学习理论与建构主义学习理论的联系和区别是什么？
6. 什么是变革学习理论？对于远程教学过程来说，变革学习理论为什么有着极其重要的意义？
7. 函授教学方法有哪些特点？如何将新的技术应用到函授教学中？
8. 电视教学方法的分类？
9. 电视直播教学应注意哪些方面的要求？
10. 进行电视访谈讨论教学的时候应注意什么问题？
11. 常用的网络教学方法有哪些？
12. Webquest 通常包含了哪些步骤？
13. 如何开展网络协作学习活动？
14. 进行网络案例分析一般包含哪些步骤？
15. 选择网络案例的时候应该注意哪些方面的要求？
16. 社会网络应用在教学中应具备哪些特性？
17. 博客在教学中如何促进学生的学习反思？
18. 常用的移动学习方法有哪些？

10 远程教育的质量保证和评估

教学目标

1. 理解什么是远程教育质量；
2. 探讨不同的远程教育质量保证措施；
3. 了解远程教育评估的常用工具和实施方法；
4. 能够运用评估工具对课程进行评估。

本章重点

1. 远程教育质量；
2. 远程教育质量保证措施；
3. 课程评估的工具和方法。

本章难点

1. 远程教育质量保证措施；
2. 评估指标体系。

10.1 远程教育质量保证体系

10.1.1 什么是远程教育质量

教育质量是衡量教育系统能否满足学生的发展以及社会需要的一个尺度。远程教育质量反映的则是远程教育系统能否满足学生的发展以及社会需要的尺度。远程教育系统的质量保证需要通过多方面途径来实现。而在实现的过程中，远程教育评估成为质量保证的一个重要的监督手段。

相对于普通高等院校中的教育教学工作，远程教育系统质量保证体系的建立显得更加重要，这是由远程教育系统的特殊性决定的。远程教育系统的特殊性表现为教师和学生的分离状态以及远程教育系统出现了很多普通高等院校中没有出现的新特点。很多远程教育系统教师的来源严重依赖普通高校，这些有着非常丰富面授经验的教师在进入远程教育系统以后，可能会难以适应远程教育的特殊要求，将面授的方法强行应用到远程教育教学中，这是影响远程教育质量的一个重要因素。另外，习惯于面授辅导的学生一开始进入远程教育系统，没有适应远程教学的要求，学习有效性易受到严重的影响，这也必然会影响到远程教育的质量。

因此我们需要采用系统的方法来保证远程教育的质量，构建远程教育质量保证体系。从各地所建立的远程教育质量保证体系来看，不同类型的远程教育机构所采用的质量保证体系有很大区别。如英国开放大学的质量保证体系主要包括向学生提供高质量的多媒体材料、向学生提供良好的学习支持与服务系统、进行有效率的教学管理、提供扎实的研究基础四个方面。这四个方面被落实到开放大学教学的所有环节中，同旧的质量保证体系有明显的区别。为了实现这四个方面的要求，英国开放大学建立了系列的机构来进行落实。如设置课程组的模式、建立了专门的媒体教学应用研究的机构、学习支持与服务的机构、教学管理机构、教学研究机构等。通过这些机构的设立和运行，促进了英国开放大学高质量办学体系的建立。

而中国中央广播电视大学所建立的质量保证体系则主要包括课程设置、教学过程、教学评价、社会发展等多个方面。

10.1.2 质量保证体系的模式

远程教育质量保证体系需要考虑到所有的因素，这是一个系统的工程。采用了系统的方法以后，整个远程教育质量保证体系将形成不同的模型。而不论哪一种质量保证体系模型，最基本的目的就是要促进学生学习有效性的提高。

远程教育质量保证体系的落实体现在了每一个因素和环节上面。根据利用远程教育系统中各因素相互作用的关系，可以形成以下几种模式。

1. 面向过程的模式

这种模式考虑到过程的需要，过程中的每一个环节都需要有制约的因素。远程教育系统规划和设计的步骤包括系统分析、集成设计、开发、实施、评价、修改。在面向过程的模式中，每一个步骤都要落实质量保证的实施方案。这些方案包括了分析、输入、输出的参数、标准、评估的方法、改进措施等。

每一个环节涉及的质量保证如表 10-1 所示。

表 10-1　面向过程的质量保证

过程	质量保证措施
系统分析	进行充分的市场调查、进行诊断性评估、分析教学需求
集成设计	系统化方案、整体考虑
开发	结构化步骤、确定技术发展趋势、选择媒体、考虑专家意见
实施	形成性评价、不断反馈、严格监督、控制成本
评价	多种评价方式、定量与定性的结合、信度和效度的保证
修改	模块化、结构化、层次化

2. 面向因素的模式

在这种模式中，必须考虑系统中的每一个因素。因此质量保证就从每一个因素着手，必须确保每一个因素能够始终保持最高质量的状态，从而令远程教育系统的整体质量能够获得保证。这些因素分别是：学生、教师、机构、技术、内容等。

每一个因素的质量保证措施如表 10-2 所示。

表 10 - 2　面向因素的质量保证体系

因素	质量保障措施
学生	形成性评价、使用多种媒体学习、自主学习、探究、反思
教师	专业知识、远程教育知识、积极态度、专业发展、教学研究、学术研究
机构	系统化管理、科学化决策、完善的规章制度、明确的分工、网络化管理
技术	适用的技术、预测技术今后的发展、及时引入新技术、引入新的教学方法
内容	基础内容、应用内容、多媒体内容、案例、问题、丰富的资源

3. 面向关系的质量保证模式

在这种质量保证模式中，促进所有因素之间能够高质量有效地互动，最终促进系统获得整体大于局部之和的效应。在远程教育系统中，主要有以下几种相互作用关系：学生与教师、学生与机构、学生与内容、学生与技术、教师与机构、教师与内容、教师与技术、机构与内容、机构与技术、技术与内容等。每一种关系都应形成牢固而有效的联系，这种联系能够促进系统高质量高效率地运行。

面向关系模式中，每一种关系所需的质量保证措施如表 10 - 3 所示。

表 10 - 3　面向关系的质量保证体系

因素之间的关系	质量保证体系
学生与教师	积极交往、民主平等、及时反馈
学生与机构	紧密联系、组织活动、科学管理、提供学习支持和服务
学生与内容	牢固基础、面向应用、直观形象、实践性强
学生与技术	容易获取、熟练使用、尽可能多地使用新技术、交流使用经验
教师与机构	明确聘用关系、明确双方职责、提供好的教学服务
教师与内容	熟悉自身的专业知识、运用恰当方法、通俗易懂
教师与技术	熟练使用技术、实验新的技术、融入教法
机构与内容	管理内容、规划内容、组织和索引资源、发布内容
机构与技术	及时更新旧的技术、引入新技术、降低成本、提高效益
技术与内容	不同技术传递不同的内容，存储、处理和索引内容

10.1.3　质量保证体系的运行

远程教育质量保证体系的运行，只靠远程教育系统本身是不够的，需要有一个机构来执行这种质量保证体系。为了确保远程教育质量保证体系的有效运行，世界各国普遍采用了专门的机构来对远程教育的质量进行评估和管理。这些机构大部分是民办机构，少部分则是政府机构。目前在亚洲地区的远程教育质量保证体系中，只有新加坡和中国采用的是政府设立的质量保证机构，其他的国家和地区则主要采用民办机构来运行质量保证体系。

有了职责明确的机构以后，远程教育质量保证体系的运行可以分为以下几个步骤：

1. 分析需要保证的对象

虽然需要质量保证的对象非常多，既涉及过程，也涉及构成因素，还涉及因素之间的关系，但是不同的远程教育系统总是存在主要对象和次要对象的。针对远程教育系统的特点，确定好主要保证对象和次要保证对象，就可以有重点地实施质量保证方案。

2. 实施

实施过程包括了制订质量保证计划、进行监控、实现合作与资源的共享等环节。

质量保证计划应该是完善的，并且是结构化的。完善的计划意味着不会遗漏任何的问题。而结构化的计划则意味着这样的质量保证计划也是可以修改的，以便在实施的过程中随时修改不适应实际需要的内容。

进行监控则是获取数据的方法。监控的方法很多，包括观察、访谈、问卷调查等多种形式。监控的对象则包括了教学过程、学习支持与服务系统、学生的学习情况、教师等所有可能涉及质量问题的对象。当然，由于每个远程教育系统的组成因素都有很大的区别，需要重点监控的对象也因此有很大的不同，这需要具体问题具体分析。

对教学过程的监控是主要了解教学过程的实施情况如何，包括了教学平台的运行情况、教学平台提供的所有功能是否完善、教师的教学过程是否顺利进行等多方面的参数。监控学习支持与服务系统涉及要了解为学生提供的支持是否足够、有没有解决学生很多的实际问题、提供支持和服务的管理人员的态度如何、各种资源是否足够等方面。监控学生的学习情况涉及要了解学生学习内容是否满足专业培养目标的要求、学生的学习自主性如何、学生能否及时完成作业等方面。监控教师主要涉及要了解教师完成教学任务的情况、教师批改学生作业的情况、教师安排教学材料的情况、教师的专业发展情况、教师的学术研究情况等。

3. 评估

评估过程就是要对实施过程中获得的各种数据进行分析，并给出价值方面的判断。这种分析有定性的，也有定量的。评估的方式和方法也多种多样，按照不同的质量保证的需求灵活地进行选择。通过评估这一环节，将可以了解系统运行的质量，以及系统的运行过程是否能够有效地达到要求。

4. 发展

远程教育质量保证体系保证了远程教育的质量，而质量提高的最终目的是要促进学生的发展。

10.2　远程教育评估的原理

10.2.1　远程教育评估特点

远程教育评估是教育评估中的一个重要组成部分。同其他的评估相比，远程教育评估具备以下特点：

1. 评估的复杂性

远程教育评估更加复杂。造成这一现象的原因在于远程教育系统本身的复杂性，这种复杂性导致在评估的过程中，需要面对的因素更多，而不同的因素又对应了不同的评估方法。另外，远程教育系统中，教师和学生之间处于分离的状态，这种分离的特性使得远程教育系统具备了普通高等教育系统所不具备的很多重要的特点。

2. 评估的专业化

对于一个专门从事远程教育的机构来说，远程教育系统是一个非常大的系统。在这个系统中，需要使用比普通高校教育系统更加复杂的方法来进行处理。这导致远程教育系统评估的专业性更强，而更强的专业性意味着进行评估的机构应该更加专业化。这种专业化的评估方式又必然会带来各种专业化的评估工具和方法的应用。另外远程教育评估过程中涉及一系列标准的建立，而标准的建立正是专业化的一个重要标志。

3. 评估方法多样化和综合化

随着系统科学的发展，各种系统评估的方法也不断出现。与一般的评估过程主要重视总结性评估不一样，远程教育系统的评估是多样化的，既使用总结性评估，也使用形成性评估；既使用相对评估，也使用绝对评估；既要进行目标评估，也可以进行目标游离评估、发展性评估等多种评估方法。除了方法的多样化以外，评估的对象也呈现多样化的特点，既要对课程进行评估，也要对教师进行评估、对学生进行评估、对机构进行评估等。

4. 评估内容的扩大化

远程教育系统的不断发展，教学对象、教学规模的不断扩大，教学内容覆盖面的不断拓宽，直接导致远程教育评估的内容呈现不断扩大的趋势。

5. 评估主体多元化

旧的系统实施评估的主体通常是机构，而在新的远程教育系统中，实施评估的主体不光是机构，也可以是学生、教师等。所有评估实施主体的作用都是要促进整个系统的发展。

10.2.2　几个概念的区别

在深入了解远程教育系统的评估原理后，有一些概念容易混淆。这里对其中的三个概念进行一些区分。

1. 评估

顾名思义，评估就是评价预估。通常在系统运行时，要对系统的状况先进行评价，然后对系统运行可能出现的结果进行预估，以便作出相应的决策。从这样的含义来看，评估包含了评价。如高等学校本科评估，就是一个非常广泛的概念，在操作时也涉及更大范围的层面。

2. 评价

评价则是按照一定的标准，运用合适的工具，对一个系统进行分析、测量，并给出价值判断的过程。评价是评估中的一个环节，涉及更具体的过程。如一门课程对学生的三种评价方式，分别是诊断性评价、形成性评价和总结性评价等。

3. 测评

测评则是对系统进行测量评价的过程。与评估或评价相比，测评更重视实际的测量操作过程。

从上述三个概念的含义来看，评估的范围最广，而评价属于评估的一个环节。测评是一个更具体的评价实施过程。

10.2.3 评估的目标和步骤

对远程教育系统进行评估，明确的目标很重要。

1. 远程教育系统评估的目标

对远程教育系统进行评估，其意义在于提高远程教育系统的教学质量，提高学生学习的有效性。由于远程教育系统的复杂性，这些远程教育系统要实现的目标是面向系统中所有因素的，这些因素包括了学生方面的目标、教师方面的目标、机构需要达到的目标、内容方面需要达到的目标、技术方面应该达到的目标以及整个系统应该达到的目标。而每一个因素又都涉及内部发展目标和外部需求目标。

归纳起来，这些远程教育系统的目标可以这样描述：

（1）学生方面的目标。

①学生能够开展有效的学习活动。

②学生能够得到身心成长。

③学生能够适应社会的需求。

（2）教师方面的目标。

①教师能够得到专业发展。

②教师能够有效实施教学。

（3）机构需要达到的目标。

①精简机构。

②获得最大的成本效益比。

（4）内容方面的目标。

①反映人类文化的精华。

②能够适应社会发展的需求。

（5）技术方面的目标。

①技术的先进性。

②处理好技术应用与社会伦理之间的关系。

（6）系统目标。

①能够建立完整的远程教育体系。

②为终身教育体系的建设服务。

③为国家发展培养人才。

2. 远程教育系统评估步骤

远程教育系统的评估也是一个系统化的过程，因此也可以采用系统化的方法来进行。按照系统方法的要求，远程教育系统的评估可以分为七个步骤：分析远程教育系统的整体需求、确定系统的目标、设计评价指标体系、收集数据、分析数据、得出结论、提出改进意见。其流程如图 10 - 1 所示。

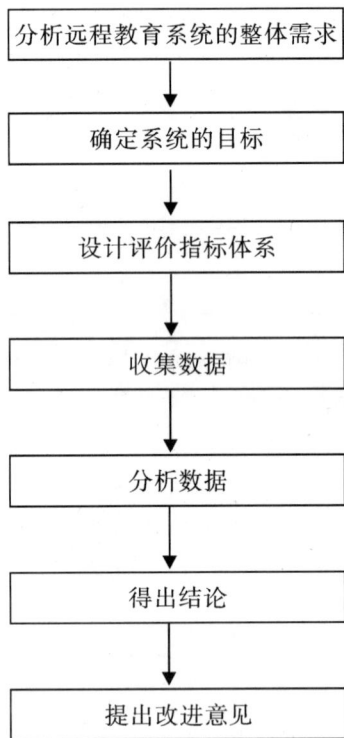

```
┌─────────────────────────────┐
│    分析远程教育系统的整体需求    │
└─────────────────────────────┘
              │
              ▼
┌─────────────────────────────┐
│        确定系统的目标          │
└─────────────────────────────┘
              │
              ▼
┌─────────────────────────────┐
│       设计评价指标体系         │
└─────────────────────────────┘
              │
              ▼
┌─────────────────────────────┐
│          收集数据             │
└─────────────────────────────┘
              │
              ▼
┌─────────────────────────────┐
│          分析数据             │
└─────────────────────────────┘
              │
              ▼
┌─────────────────────────────┐
│          得出结论             │
└─────────────────────────────┘
              │
              ▼
┌─────────────────────────────┐
│         提出改进意见           │
└─────────────────────────────┘
```

图 10 - 1　远程教育系统评估的步骤

（1）分析远程教育系统的整体需求。

在这一步骤中要确定远程教育系统的需求是什么。对于一个远程教育系统来说，总有一个整体方面的需求，这一整体需求决定了远程教育系统的办学方向和目标。这一步骤只需要给出一个大纲性的描述，包括对远程教育系统中各因素的内部需求和外部需求的分析，以及对远程教育系统本身的内部需求和外部需求的分析。

（2）确定系统的目标。

按照远程教育系统整体需求来确定远程教育系统的目标。这些目标将进一步细化，用来描述远程教育的需求是如何被满足的。

（3）设计评价指标体系。

有了目标的要求，就可以设计评价指标体系。这一体系将涉及判断系统在今后运行的过程中是否已经达到目标。评价指标体系可以是量化的指标，如技术方面的应用、投入的经费、学生人数等。也可以是定性指标，如学生的看法、教师的看法等。

（4）收集数据。

收集数据的方法可以通过多种方式来进行，包括问卷调查、结构化访谈、深度访谈、小组讨论、邮件调查、学习中心访问等。

（5）分析数据。

对于定量数据的分析可以采用各种统计工具来实现，可以使用专门的统计分析软件，也可以使用 Excel 这些通用的工具。对于定性的数据，则需要将这些数据进行归类、整理。可能量化的进行量化，不能够量化的则可以考虑归类以后交给评审人员进行评审。数据的分析还要注意信度和效度。无论是定量还是定性的数据，都必须进行这种分析，这样才能够保证所收集数据的可靠性和有效性。

（6）得出结论。

按照数据的分析结果来获得结论，这些结论主要描述了整个系统是否能达到预期目标的要求、系统运行是否正常等。

（7）提出改进意见。

提出改进意见是远程教育系统评估的最后一个环节，但这并不意味着评估的结束。因为提出改进意见以后，还要继续跟踪调查这些意见的执行情况。

10.2.4　评估工具

评估工具既有传统的工具，也有基于网络技术的工具。如果传统的工具不可替代，则必须使用传统的方式来进行评估。如面对面的专家讨论的形式，具备了网络技术难以替代的优点，因此还是有存在的必要的。

传统和网络化的评估工具之间的可替代性可以通过表 10-4 进行对比。

表 10-4　传统和网络化的评估工具比较

传统的评估工具	基于网络的评估工具
文字材料	超文本网页
试卷	在线考试
会议记录	在线文档
考勤登记	访问日志分析
录音带、录像带	数字音频文件、数字视频文件
会议讨论	远程会议
实验操作	远程实验、虚拟现实、仿真
作业	文档
手工填写问卷	网络问卷
手工统计	计算机自动统计
举手表决	网络投票

在评估过程实现了网络化以后，对远程教育系统进行评估可以使用的工具种类更多了，这些工具包括：

1. 网络问卷

主要通过网络的方式获得学生、教师、管理人员以及其他参与人员对远程教育系统的看法。采用问卷的形式，可以比较准确地了解接受调查者的态度情况。而采用了网络的方式来进行调查，可以使原来很多需要进行手工操作的工作自动化。如用户填写问卷，不再需要用笔来进行填写，只需要通过点击鼠标的方式就可以实现。而用户填写问卷调查的地点和时间也比较灵活，可以在自己认为合适的任何地点进行问卷调查。网络问卷调查的另一个优点在于，可以对问卷调查的数据进行自动化处理，在用户完成调查之后，计算机系统就可以自动利用统计工具对问卷调查的数据进行实时的分析和处理，并将结果马上反馈给用户。

在远程教育系统中需要进行的问卷调查很多，包括：

①对教师的问卷调查，了解教师对远程教育系统的看法。

②对学生的问卷调查，了解学生在课程学习中遇到的问题、提出的意见。

③对远程教育专家的问卷调查，了解整个系统的运行情况。

④对管理人员的问卷调查，了解远程教育系统管理工作开展的情况和效率。

⑤对技术人员的问卷调查，了解支持远程教育系统运行的技术方面的问题，是否存在需要改进的地方等。

2. 跟踪工具

跟踪工具用来在远程教育系统中跟踪其他工作人员的学习和工作情况。跟踪工具包括：访问日志、数据登录、作业、论坛线索等。

其中访问日志用得最多。访问日志用来记录学生、教师、管理人员登录系统的情况。通过对访问日志的分析，可以了解不同人员访问远程教育系统的情况。结合学习、工作的具体安排，可以评估学生是否按照要求进入系统学习，教师和管理人员是否顺利完成自己的职责等。访问日志的分析可以通过专门的工具来完成，这些工具能够自动统计访问系统的人员情况，并以非常直观的表格列出来，使整个系统工作运行的状态一目了然。

而登录数据库的情况也可以通过访问日志分析出来。通过数据库中专门设置的脚本程序，可以将数据访问者的情况记录在相应的栏目中，这样评估人员在查看数据库的时候，就可以马上知道评估对象访问数据库的情况。调查学生的作业则可以了解学生学习的进展情况。而分析教师和学生在论坛中讨论和答疑的线索，则可以了解在教学过程中，学生之间以及学生与教师之间的互动情况。

3. 访谈指南

访谈是评估过程中经常使用的一种工具。利用访谈，可以更加准确地了解接受访谈者内心的真实想法。访谈一般是面对面进行的，为了能够在访谈之后进行深入分析，可以利用数字录音摄像设备进行现场访谈的记录。而随着网络实时视频传输技术的发展，利用网络来进行访谈也成为一种可以选择的成本低廉的方法。无论是面对面的深度访谈或者网络访谈，访谈过程都应该注意做好访谈的计划、设计好访谈提纲、正确提出问题、适当进行回应、做好记录等。访谈指南的作用就在于能够提供评估时所需的多种访谈方式和方法。

4. 讨论合作工具

利用查看或者参与讨论的方式来进行评估，也是一种非常好的方法。这一类型的工具包括：

①测验：就是在与被评估的对象进行讨论的过程中，给其安排一些测验，让评估对象就自己理解的情况进行回答，了解讨论的效果。

②小组作业：就是通过作业的方式来了解讨论的结果。

③案例：通过小组讨论的方式来进行案例分析，有助于增强讨论的气氛。

④论文：通过论文的方式则有助于了解更高层次的认知目标达到的情况。

⑤项目设计：用来了解项目分析和设计的能力。

⑥语音和视频信息：可以更加真实地还原讨论的情况。

5. 观察工具

观察也是评估过程中经常使用的一种方法。利用各种观察的工具，有助于评估的过程更高效地进行下去，同时尽可能多地减少对被观察对象的干扰。在远程教育系统中可以使用的观察工具包括：

①摄像机：用来记录视频和音频信息。

②录音笔：用来记录音频信息。

③截图：用来将网页以图形的方式截取下来。通常利用键盘上的 Print Screen 按键就可以完成，如果结合浏览器以及远程教育系统中的截图功能，则能够更好地进行资料的整理和归类。

④数据库：利用数据库可以将文本、图形、图像、音频、视频等多种信息记录存储下来，并进行归类整理，以便做进一步的数据分析。

6. 投票表决系统

网络投票系统与问卷调查一样，用来反映投票者的态度。这种投票系统的优点在于，投票的内容简单直观，也能够满足不同层次用户的参与需要。投票系统一般可以安排在教学材料中，当需要进行集体表决、以便决定下一步的运行方向时，使用这种投票系统来做决定，可以反映多数人的看法。投票表决系统比较适合于那些较模糊的评价指标，满足少数服从多数的原则，用以提高评估的效率。

7. 数据分析工具

对于评估过程中获得的数据进行处理，需要使用多种工具来完成。一方面在网络教学和管理平台中集成了一些简单的统计分析工具，可以用来获得实时统计分析的结果。另一方面在评估的过程中还可以大量使用统计分析软件来完成。其中最通用的工具就是 Microsoft Excel，利用 Excel 可以对数据进行统计处理、绘制图表、编制网络接口程序以获取网络数据等。另一种比较常用的是 SPSS 软件（Statistical Product and Service Solutions），这种软件现在主要用于教育学、心理学中研究数据的统计分析。

10.2.5　评估的类型

评估的种类非常多，按照评估的阶段来划分，可以分为诊断性评估、形成性评估和总结性评估。按照评估的主体来划分，则可以分为自我评估、互评、组评和专家评估等。按照评估的标准来划分，可以分为相对评估和绝对评估。按照所获得数据的处理方式来划分，可以分为定性评估和定量评估两种。除了上述的划分方法以外，在评估过程中，还经常采用匿名评估的方式，来确保评估结果不会受到评估对象的影响。采用目标游离的评估方式则有助于对系统运行的高级形态进行评估，如评估系统运行对社会的影响等。而采用发展性评估的方法则可以促进评估对象的发展。

1. 诊断性评估、形成性评估、总结性评估

诊断性评估用来在系统运行之前进行评估，以便为今后系统运行提供已经具备的基础条件的情况。形成性评估用来了解系统运行的过程中可能出现的问题并及时加以解决。总结性评估则是在系统运行结束以后进行的，起到一个总结的作用。

2. 自我评估、互评、组评、专家评估

自我评估是评估对象自己对自己进行的评估。这一评估过程可以参考评估标准，对自身的运行状态进行全面的分析和评估。由于自己对自身系统的运行情况了解得比较彻底，自我评估更能够反映出系统运行的真实情况。互评的方式是要让两个个体或者机构之间进行相互的评估。这种评估属于他评方式，能够了解自己容易忽视的问题。同时互评的方式也有助于促进两者的共同发展。组评是利用小组讨论的方式来对个体或者系统进行评估。这一评估过程能够发挥集体的智慧，评估的结果更加客观。利用专家评估，则可以使得评估的结果更具备专业性，评估的结果更加准确到位。

3. 相对评估、绝对评估

相对评估的方式是个体或者系统与其他的个体或者系统进行对比，然后按照评估分数的高低进行排序。这种评估方式的优点在于可以解决评估手段和方式的客观性问题。绝对评估是按照一定的标准，用分数显示评估对象达到目标的情况。这种方式的优点在于能够较好地判断系统的运行是否达到预期的目标。

4. 定性评估、定量评估

定性评估是要对评估对象进行分析，并作出一个判断。这种判断的结果是描述性的。定性评估方式的好处在于能够适应比较广泛的评估对象，能够解决一些复杂系统中无法精确量化的问题。定量评估则是要将各种指标进行量化，然后通过实验等方式收集数据，并对数据进行统计分析。采用定量评估的好处在于能够建立关于评估对象的精确的数学模型，得出的结果客观性更强。

5. 匿名评估

采用匿名的方式进行评估，是要避免评估的过程受到评估对象的影响。一般情况下，评估的结果有助于促进评估对象的发展，同时也有助于评估主体和评估对象之间的交流。但有的情况下，当评估的结果可能会影响到评估对象的经济利益时，这时候采用匿名评估的方式是必要的。

6. 目标游离评估

目标游离评估的特点在于不再拘泥于目标，而注重系统运行的实际效果。这种目标游离评估方式比较适合于评估远程教育系统对社会产生的各种影响。当一个远程教育系统虽然按照规划的目标来运行，但是所产生的社会效益却并不尽如人意时，这种目标游离评估就可以发挥纠正错误的功能。

7. 发展性评估

发展性评估的目的是要促进评估对象的发展。对于学生来说，这种发展性评估要促进

学生的身心发展。评估除了考查学生在知识、能力等方面的增长情况外，还促进学生解决在学习知识的过程中出现的各种问题，并且促进学生整体的身体和心理的成长。如果是应用在教师这一对象上，则发展性评估要促进的就是教师的专业发展。

10.2.6 评估的对象

远程教育系统的评估针对的是系统中的所有因素，因此远程教育的评估对象就包括学生、教师、课程、技术、机构等多个方面。根据对象的不同，可以将远程教育系统的评估方法分为以下几大类：

1. 面向学生的评估

面向学生的评估的目的是要了解学生学习的有效性是否得到保证、学生的身心成长和发展是否得到有效的促进、学生的学习能否满足社会的需求等。

2. 面向教师的评估

面向教师的评估需要评估的是教师是否在远程教育系统中有效地实施教学活动、教师能否在远程教育系统中得到专业发展等。

3. 面向机构的评估

面向机构的评估主要着重于了解机构的运行效率如何、能否有效地进行远程教育系统和远程教育课程的规划、能否以最小的投入获得最大的收益、机构是否得到精简等。

4. 面向内容的评估

面向内容的评估则主要了解专业的设置、学科的划分是否科学合理、能否解决实际的问题、教学内容能否适应社会发展的需求等。

5. 面向技术的评估

面向技术的评估主要评估远程教育系统中技术的应用情况，包括所使用的技术是否足够先进、在运用技术的时候是否考虑到社会伦理道德方面的要求等。

6. 面向系统的评估

面向整个系统的评估是要评估整个系统的运行是否实现了当初规划远程教育系统的目标，包括远程教育系统的运行是否完整、是否纳入了整个国家的终身教育体系、是否为国家的发展培养了所需要的人才等。

10.3 对学生的评价

10.3.1 对学生评价的方式

对学生的评价方式非常多，在远程教育系统中，虽然教师与学生处于分离状态，但是基于远程教育系统的层次结构特点，教师还是可以在远程教系统中，利用远程教育平台对学生进行非常有效的评价，一些评价的效果甚至超过了面授的方式。

从远程教育系统的层次来看，包括了物理时空层、媒体时空层和远程教育层三个层次。与面授的方式相比，远程教育系统评价的特点就在于越往底层，可进行评价的措施越少，而评价的过程主要集中在高层次。

从不同层次的特点来看，在物理时空层进行评价只能够收集学生非常有限的信息。如评价学生的注册信息、个人资料等。另外在一些远程教育系统中，还可以适当结合面授的方式，这时候，教师也可以对学生进行有限的物理时空层的评价，采用普通高校中经常使用的方法，如评价学生的课堂实操等。然而由于学生的规模非常大，这种评价效果是非常有限的。另外在物理时空层还可以进行笔试，这种方法在广播电视大学中使用的比较多。其优点在于可以发挥普通高校中比较成熟的学生评价系统和方法的优势，然而成本非常高。而更严重的问题则在于这种评价方式只能够进行总结性评价，无法进行有效的形成性评价。

在媒体时空层，主要利用媒体技术来对学生进行评价。这种评价方式允许在教师和学生处于物理时空的分离状态中进行，因此成本低，方式方法也比较多。比较适合于形成性评价的落实，评价的结果有助于促进学生的学习。这种方式的缺点也很明显，过分依赖于媒体远程传播信息的通道，无法掌控对学生进行评价的整个过程。因此一些学生可以采用其他的非正常的方法来完成评价，使得教师难以掌握学生真实的学习情况。另一个问题则在于，媒体时空层提供的都是技术性非常强的工具，教师要直接使用比较困难。如原始的日志记录文件，如果不借助专门的日志分析工具，则难以看出其中各条记录之间的关联性。

到了远程教育层，则可以根据这些技术在教育中的应用情况，进行专门的优化，如对媒体时空层的日志文件进行分析，可以形成日志分析工具。而对学生提交的文档作出教学上的规定，则形成了学生的作业等。这样在远程教育层，我们能够接触到的就是比较具体的可以用来进行评估的东西了。远程教育层可以用来进行评价的包括访问日志分析、学生提交的作业、学生在线测验、在线调查、在线问卷、电子邮件、论坛讨论等多种方式。

教师和学生都位于远程教育层之上，因此直接使用远程教育层提供的服务就比直接使用媒体时空层提供的服务来进行评价的效果好。由于远程教育层属于比较高层次的评价，在这一层之上进行评价，必须综合考虑远程教育系统高层的标准要求，对评价的过程和方法进行系统化的处理。在远程教育层以上进行评价的优点在于能够充分发挥远程教育系统的特点，获得多种不同的评价方法，同时也能够满足教师对学生学习过程进行更全面评价的要求，让教师获得真实的评价结果，还可以将评价的结果反馈给学生，促进学生的学习。

由于是在高层进行的评价，这种评价与普通高校进行的评价有很大的区别，虽然在某些方面可能会弱于普通高校的评价，但是在另一方面却可以获得更好的效果。

高层进行评价要使用远程教育层提供的各种服务。也就是说，这种高层评价利用了网络教育层提供的各种工具，然后在这些工具的基础上形成具有自己特色的学生评价体系。如利用了远程教育层访问日志分析提供的服务，教师可以形成对学生学习态度和兴趣进行评价的方式。由于访问日志能够形成学生访问远程教育系统的定量的数据和图表，获得学生登录系统的位置、时间、学生偏好访问的资源等多种信息，利用这样的服务，就可以对学生学习习惯进行定量的评价。学生的学习习惯涉及情感和态度方面的目标，因此这种评价的结果将可以分析学习者对此门课程的态度如何。为了能够更准确地给出评价信息，还需在远程教育层建立学生的学习动机和情感模型，再将学生的定量访问数据提交给学生模型进行对比，以完成对学生学习态度和兴趣的判断。

　　各种网络教育层提供的服务，与其支持的远程教育系统的评价方法二者间的对照情况可参看表10－5。

表10－5　远程教育层实现的对学生的评价

远程教育层标准	提供服务	评价方法
访问日志分析	获得学生访问远程教育系统的定量数据和图表，获得学生登录系统的位置、时间、学生偏好访问的资源	进行学习态度和学习兴趣的评价
学生提交的作业	获得学生作业的情况、提供学习进展信息、反映学生的态度	进行知识目标达到情况的评价
学生在线测验	获得学生阶段性学习进展情况	形成性评价
在线问卷调查	获得学生对于远程教育系统、课程的主观看法	对系统和教师的评价
表决	反映多数学生对系统和课程的看法	对系统和教师的评价
视频音频的传输和记录	记录学生参与远程视频讨论、提交作业、艺术能力、沟通能力、演示技能的情况	进行知识、技能、合作交往、艺术能力的评价
合作学习	提供学生合作能力、知识分析和综合能力、评价能力的信息	进行合作交往、认知、能力的评价
案例分析	提供学生看法、知识综合运用能力、分析能力方面的信息	进行认知、研究能力的评价
论坛讨论	提供学生参与讨论、合作交往、情感方面的信息	进行交流、合作、情感能力的评价

　　当然任何评价都不可能是完美的，正如计算机网络体系结构一样，黑客总是可以找到其中的漏洞并加以利用。然而通过适当法律法规的制约，这种黑客的非正常访问系统的方式还是可以在相当程度上减少的。

10.3.2　认知测评

对学生进行认知测评，需要测量学生掌握知识的程度，可以使用的测评方法包括：

1. 学生提交的作业

学生提交作业是最常用的一种测评方式，在很多的远程教育平台上都设置了功能非常完善的学生提交作业的系统。这些作业一般由教师安排，形式多种多样。可以是客观题的方式，如选择题、填空题等，学生只需要在平台上点击鼠标就可以完成。提交作业以后，系统马上就可以给出作业的评分，供学生了解自己的学习效果。如果对一些问题不清楚，还可以继续做练习，直到掌握了相关的知识为止。这种作业一般不设置时间的限制。同时只记录学生的参与日志，学生的分数仅供参考。这一数据还可以作为对学生学习态度测评的一个重要依据。

另一种作业则可以采用文档的形式来提交，用来反映学生思考、分析问题的能力。这一类作业由教师批改，批改以后将结果反馈给学生，让学生了解自己的学习情况。相比客观题，这一类练习的优点在于能够更加全面地评估学生掌握知识的情况，缺点在于标准不太统一。

2. 学生在线测验的方式

在线测验的方式是要综合考查学生某个阶段的学习情况。在线测验一般通过试题库自动出题，题目类型也形式多样，包括了客观题，可以由计算机自动评分，评分结果马上反馈给学生；也包括主观题，学生提交测验试卷以后，将交由教师进行批改，批改结束以后就可以将成绩反馈给学生。

与作业不同，在线测验需要限定时间段，完成测验的时间也是固定的。学生需要在一定的时间内完成测验，考察自己知识的掌握情况。测验的分数有助于判断学生认知目标达到的情况。

根据远程教育系统的特点，在线测验属于形成性评价的一种方式，用来促进学生的学习。一般来说，如果学生对这种网络在线测验的结果不满意，系统还可以提供机会重新测验，以便帮助学生了解自己在学习中存在的问题是否真正得到解决。教师可以设置是否将学生的在线测验结果记入学生的平时成绩之中。如果记入了平时成绩，则学生测验的结果将成为总评成绩的一个构成部分。

3. 视频音频的传输和记录

相对于面授系统而言，视频和音频信息在远程学生中的测评要发挥一个更重要的作用。利用视频和音频的传输能力，在远程教育系统中，教师可以了解学生参与讨论的情况。在授课的过程中，通过实时视频和音频信号能更真实地反映学生的学习情况。而对于信号的记录，则有助于教师对学生的学习情况做后期的分析处理，进而给出测评的结果。

视频和音频文件也是提交作业的一种新的形式。利用这种形式，教师可以了解学生表述知识的情况，进而了解学生掌握知识的程度，并对学生的视频和音频作业给出评价结论，反馈给学生，作为学生改进自己学习的依据。

4. 合作学习

合作学习是在远程教育系统中普遍采用一种教学方法，利用合作学习对学生进行测评，可以考查学生参与合作学习的情况，如与其他人的讨论、所发布的观点情况、观点被其他同学接受的情况等，据此来了解学生的学习态度。而通过考查学生在合作学习过程中完成任务的质量，则可以测评学生在认知目标方面是否达到了课程教学设计的要求。

5. 案例分析

案例分析也是一种比较好的测评学生的方式。通过提供一些学生比较感兴趣的话题、新闻等，让学生就这些自己感兴趣的内容进行分析，并运用已经学过的知识去解决实际的问题。这可以更加有效地了解学生对于所学知识的掌握情况。

由于所提供的案例的时效性都比较强，学生面对的都是新的问题，因此对于激发学生的学习兴趣非常有帮助，进而在测评的过程中，令学生的学习主动性有极大的提高，学习的目的性也更强。

6. 论坛讨论

同合作学习相比，论坛讨论也需要学生参与到群体之中。论坛讨论的方式则更自由，讨论的内容范围更广。因此学生在论坛中没有太多的拘束感。在这种情况下，论坛讨论有利于教师通过观察，收集学生的学习态度、情感等信息，了解该学生的交流能力等。

10.3.3 技能和能力测评

由于远程教育系统对技能训练有着比较特殊的要求，所以与普通高校进行技能训练的方式有所区别。远程教育系统中的技能训练通常采用学生自主练习的方式，对学生进行技能和能力测评的方式就很重要。在远程教育系统中，对学生的技能和能力进行测评，可以采用的方法包括：

1. 视频和音频记录

在普通高校中，视频和音频记录设备已经被广泛应用在技能训练中，包括师范生的教学技能训练等方面。在远程教育系统中，也可以利用视频和音频记录的方式来实现技能的评价。通过录制学生技能操作训练的过程，教师可以了解学生的实际操作情况，并发现学生在技能训练时所出现的问题。视频和音频的记录除了提供教师的测评以外，也适合于学生获得自我反馈的信息，进行自我评价。

2. 虚拟现实

虚拟现实技术是今后在教学中可以被广泛应用的技能训练和测评的方式。利用虚拟现实技术，学生通过头戴式立体显示器配合数据手套，可以虚拟出现实的环境，并在这样的环境中进行实验操作。由于这种环境是虚拟的，特别适合于那些可能存在危险的实验操作。虚拟现实技术也可以通过网络进行连接，这样可以获得远程技能训练的评价信息。

3. 物联网

利用网络连接摄像头、传感器，在物联网技术中已经获得了实用化。由于每一个设备都可以连接到互联网上，学生的操作过程将被真实地记录下来，并传输到远程服务器中。通过服务器收集有关的数据，进行综合分析，教师就能够了解学生的技能运用情况，并指出其中存在的问题，帮助学生改进自己的技能运用方式。

4. 邮寄实验箱

英国开放大学为了满足学生在家里进行实验的需求，通过将所有的实验设备打包，安装在一个箱子里，构成一个可以邮寄给学生的实验箱。学生在家里完成实验，并将数据通过视频和音频的方式记录下来，利用计算机进行数据分析，获得实验操作技能训练和测评的机会。

5. 计算机仿真

在远程教育系统中利用计算机仿真实验的效果更好。由于仿真的结果能够通过计算机系统进行处理，并将数据传输到远程服务器中，就可以对实验仿真的结果进行综合分析。计算机仿真应用面广，且已经有很多比较成熟的仿真系统，在远程教育中利用计算机仿真实验的方式也成为训练和测评学生技能的有效途径。

10.3.4　学生测评使用的软件

可以利用多种软件工具来进行学生测评，下面是几种比较典型的工具：

1. 网络教学平台作业系统

一些网络教学平台中已经集成了非常完善的作业提交和批改系统。利用这些系统，学生可以将自己的作业提交给教师，教师也可以利用系统进行作业的批改，并将信息及时反馈给学生。如利用 Moodle 平台中的作业提交系统，学生能够提交客观题、论文、视频、音频等文件。学生的作业成绩会被实时记录到学生的平时成绩中，并与其他成绩整合在一起，形成总评成绩。另外教师在安排作业以及测评时，还可限定学生提交作业的时间。迟交的作业会被扣分。

2. 访问日志分析工具

虽然一些网络教学平台已经能够对学生的访问日志进行适当的分析，但是这种分析结果不太直观，且数据也不够全面。为了能够获得学生访问学习平台的所有情况，可使用专门的日志分析软件。这些日志分析软件能够准确地分析学生访问的时间段、访问的资源以及学生使用的操作系统等数据，然后进行统计分析，并以列表的形式显示出来。分析结果直观准确。

目前比较常用的日志分析软件包括逆火网站日志分析器、LogAnalysise、光年 SEO 日志分析系统软件等。这些分析软件都能够分析各种不同的服务器的日志文件，如 Apache 服务器、IIS 服务器等。

3. 文本分析工具

文本分析工具也是一种非常好的学生测评工具。目前在一些普通高等院校，这种工具被用来进行学生论文的抄袭检测，速度快、效率高，在防止论文抄袭方面起到了重要作用。

在学生测评过程中，文本分析工具主要用来对学生提交的论文、设计等作业进行分析。通过对数据库中已经存储的论文、设计等文件进行对比分析，找出其中存在重复的句子，并给出重复句子的百分比，从而给学生和教师提供参考。目前使用的文本分析工具主要包括维普通达检测系统、论文通行证网等。

4. 网络化测验系统

利用网络化测验系统对学生进行测评，其好处在于能够自动完成学生测评的评分。这种网络化测验系统还能够利用 VBA 等工具，对 Excel、Word 文档进行检测，了解学生的实操情况。网络化测验系统种类很多，包括一些网络平台中集成的测验系统，也包括一些专用的网络化测验系统。

10.4　课程评估

10.4.1　课程评估的方法

课程评估就是要利用系统的方法来对一门课程的质量进行评估。课程的评估可以使用的方法很多，目前最常使用的方法是调查问卷。通过发放问卷的方式，让专家、教师以及学生对课程的教学进行评估。

不同课程评估所起的作用是不一样的，其中专家评估主要通过课程方面的专家来对一门课程进行系统的评估。评估过程中，专家收集课程教学中涉及的各种资料，包括课程的教学大纲、教材、课件、学生的反馈信息等。然后按照课程质量评价指标体系，对课程进行评分。

因为课程专家具备相关领域的理论知识，同时专家在这一领域也具备了非常丰富的教学经验，所以他们所作出的评估更具备专业性，对于课程质量的高低能够作出比较准确的判断。但是专家评估也存在缺陷，这是由于课程的教学过程具备了很多不确定的因素，而现有的理论并不能够解决所有的课程问题，因此专家评估需要引入必要的争论，提出不同的观点。同时专家评估与学生的感受有一定的距离，专家评估的结果与学生评估的结果会有一定的差距。

另一种评估的方式则是教师评估。通过给教师分发问卷，让其他教师在听课以后，进行问卷填写，反映出教师对这一门课程的看法。教师评估的优点在于，评估教师与被评估教师之间的专业隔阂较小，评估更加准确，能够针对教学过程中的实际问题进行比较深入的分析。同时教师评估还是一种交流教学经验的方式。通过观摩其他教师的上课过程，结合自己上课的经验体会，能够做到取长补短，既帮助被评估教师解决实际问题，也有助于促进自己教学水平的提高。

教师评估的不足在于教师缺少学习的体验，不如学生那样有更加直接的感受。一些专业教师在教学理论知识方面略有欠缺，主要按照自己的经验来对其他教师进行评估，这容易出现片面性的问题。

第三种方式则是学生评估。这种方式通过向学生发放问卷，让学生从多个方面来评估教师的授课情况。学生评估的优点在于，学生是学习过程的主体，因此是否能够有效进行学习，学生的体验是最直接的。在充分考虑自己能否在知识、技能和情感等多个方面获得增长的条件下，对教师的教学过程进行评估，有着其他评估方式所不具备的优势。然而学生评估也存在缺陷。并不是所有的学生都能够准确地反映出自己的发展情况。因此，一些学生的评估可能只是反映了自己在教学过程中的一种比较直观的感受，难以反映出教学过程中包含的更深层次的问题。

10.4.2　课程评估的指标体系

课程评估的指标体系是将评估指标进行系统化，这样可以获得结构化设计的问卷，然后交由专家等进行评分，所获得的分数可以作为该门课程的一个评估结果。

在建立课程评估体系时，要充分体现出现代教育思想理论体系的基本要求。同时要注意课程在科学性、教育性等方面的要求，还要考虑到课程在教学过程中是否具备了自己的特色，在多种教学方法和手段的应用中能否适应技术发展的需求等。

课程指标体系设立的目的是要促进远程教学改革、引导教师创新。在设置评估指标体系时，既要充分注意课程基础知识与应用知识之间的关系，也要注意在教学方法的应用上，能否充分发挥远程教育的特点，能否正确应用不同的教学方法来提高教学的效率等。

课程评估指标体系一方面通过定性问卷的形式来对课程各方面进行描述，以求能够覆盖课程教学过程中涉及的所有因素。另一方面，还要对相应的指标进行量化。量化的方式就是给每一个指标设置相应的分值，并设置不同的权重，以便为后续的定量分析提供数据。当问卷调查完成以后，就要进行定量分析。这种定量分析可以通过分数的计算对一门课程进行更准确的统计分析，并按照统计分析的结果对一门课程的教学质量进行判断。

目前对课程进行评估的时候，有些评估指标体系的设置比较简单，有些则设计得比较复杂。专家评估、教师评估、学生评估的指标体系有所不同。

专家评估的指标体系主要着重于课程教学队伍、内容、教学条件等方面的评估。由于专家具备较深的课程理论方面的知识，可以对评估指标进行细化，使其更具专业性。这时候可以采用两级指标体系。一级指标体系主要是做一个比较大的方向性的评估，而二级指标则是一级指标的细化。

教师评估既可以采用比较明确的量化指标来进行，也可以采用定性描述来进行评课。教师的评课主要针对教学目标、教学内容、教学过程、师生活动、教学技能和教学效果等指标进行评估。

学生评估也普遍采用一级指标体系。如果涉及很复杂的指标，则也可以采用两级指标体系，这些指标主要针对语言规范、课程准备、教学材料安排、知识覆盖面、对课程的理解、运用媒体、对学生的答疑辅导等多个方面。

如广西广播电视大学学生评课的指标主要有[①]：

（1）语言规范，口齿清楚，声音洪亮。

（2）课前准备充分。

（3）情绪饱满，仪表端庄，注意课堂纪律，对学生要求严格。

（4）导学辅导重点突出，难度、深度适宜。

（5）知识面广，注意新旧知识的联系，反映最新成果。

（6）理论联系实际。

（7）通过启发式教学，注重学生创新能力的培养。

（8）重点突出，难点讲透，层次分明，逻辑性强。

（9）时间分配合理，掌握恰当。

（10）语言生动、简练，激发学生兴趣。

（11）运用现代教学技术。

---

① 学生评课表［EB/OL］．［2013－01－08］．http：//bumen. gxou. com. cn/dudao/xspk. asp.

（12）内容能被充分理解、吸收、掌握，有助于增强能力。

（13）您对该教师该课程的总体印象或意见、建议。

下面则是美国肯塔基大学在线课程学生评课的指标体系[①]，该指标体系一共分成六个部分。第一部分是有关学生的学习情况，包括了学生人数、使用的计算机操作系统等。第五部分则是用来统计第二、三、四部分的结果，用来评估远程学习的完成情况。最后一部分是专门针对远程学习的学生而设计的问题。

（1）学生的信息。

①学生的分类。

②学习课程的原因。

③学习远程课程的数量。

④学生使用的操作系统。

（2）课程项目。

①明确了课程教材和分级。

②有助于理解的参考书籍。

③提供了阅读和练习以帮助理解。

④考试与教学内容一致。

⑤公平和一致的评分标准。

⑥每章练习均匀分布。

⑦作业的等级评定及时准确。

⑧评分结果包含了建议。

（3）教师项目。

①有效地展示材料。

②提供优异的课程知识。

③有提供咨询的机会。

④回答班级学生的问题，且令人满意。

⑤课程内容能够激发学生兴趣。

⑥鼓励学生参与课堂。

（4）学习成果。

①尊重不同的观点。

②提高了学生的分析和评价能力。

③课程帮助学生增长了解决问题的能力。

④课程帮助学生增长了理解问题和原理的能力。

⑤课程激发学生做进一步阅读。

（5）二、三、四项的统计结果。

①课程价值的统计。

---

① Teacher Course Evaluation OnLine Results ［EB/OL］. ［2013 – 01 – 08］. http：//www.uky.edu/IRPE/faculty/tceonlineresults.html.

②教学质量的统计。

（6）专为远程学习课程设置的指标。

①课程导航措施很直接。

②访问课程内容很简单。

③图书馆资源很容易访问。

④能与其他学生进行互动。

⑤对学生理解有促进作用的其他因素。

10.4.3　课程评估工具

常用的评课系统种类繁多，与传统的手工方式进行的评课相比，网络评课的方法发展很快，也取得了比较好的效果。下面是几种目前在课程评估中使用比较多的工具：

1. 网络评课系统

网络评课系统主要用来供学生对教师的授课进行评价。评价通常以问卷调查的方式完成。网络评课系统与学生的学习管理系统结合在一起，可以满足学生登录到远程教学平台以后，随时进行评课的需求。

网络评课系统可以提供形成性评课和总结性评课两种方式。其中形成性评课主要满足学生在学习过程中提出对课程的看法的需要。这种形成性评课在课程进行的时候就自动开启，学生在学习了部分章节以后，就可以针对教学情况进行评课。由于形成性评课主要以促进课程教学为目的，满足教师获得必要的学生反馈信息的需求，因此这种评课的结果一般不会作为教师上课的绩效考核指标，进而教师受到的批评也就比较少。

另一种总结性评课则是在课程结束或者将要结束的时候进行，主要让学生对课程进行整体的评价。这种评价结果往往会作为教师教学效果评价的依据，因此有其特殊的作用。不过受到的批评相对较多。

2. 评师网

评师网是国内的一家专门提供对任课教师进行评价的网络平台。这个平台上输入了全国各地高校教师的基本情况，并开放登录平台供学生对教师所授课程进行评价。

评师网创建于2006年，目前该网站已经收集了国内很多比较知名的高校教师的信息。进入评师网网站以后，通过其中的搜索栏输入教师的姓名，就可以搜索到所有同名的教师。进入需要评课的教师主页以后，可以看到该教师的基本信息。在教师基本信息的下面，则有两个按钮，分别为"分享听课感受"、"给教师送鲜花"的操作。对教师进行评分时，可以直接在网页中的"立即分享听课感受"中输入"老师的帮助程度"、"老师授课的明细程度"、"课程本身的容易程度"、"你对这门课程的兴趣"以及"老师所教课程名称"等内容。在用户提交评课内容以后，网站将生成教师的排行榜，以便进行相互的比较。目前在该网站上对教师课程进行评价还不需要注册。另外教师也不能够在该网站上开设自己的评课问卷。

3. Training Check

Training Check 是英国的一个免费在线评课平台，该平台属于 Training Check 公司所有。该网站是作为一个三年的项目开发出来的，开发人员是一批具备了丰富的培训经验的专业人士。

该网站的开发主要基于以下几个理念：

（1）轻松创建有效的评估。

（2）收集网上的反馈信息。

（3）检查满意度、学习以及商业的影响。

（4）立竿见影的效果分析。

（5）深刻的按需报告。

（6）免费的基本账户。

4. CE – Gen

该评课网站的出发点是要系统地利用学生的评价来对课程进行评估，以便学校管理人员能够利用该系统对教师的教学有效性进行准确的评估。目前该网站向学校的管理人员免费开放。

该网站提供的问卷主要基于七个一级指标。在一级指标下面，则提供了多个二级指标供学校管理人员选择。一旦提交了选择以后，CE – Gen 将提供一份由系统生成的 PDF 格式问卷。这七个一级指标分别为：

（1）有效的沟通。

（2）良好地组织教学材料和课程。

（3）对教学材料和教学的热情。

（4）积极面对学生的态度。

（5）考试和评分方面的公平性。

（6）灵活的教学方法。

（7）合适的学生学习成果。

活动建议

1. 案例分析：肯塔基大学在线课程学生评课的指标体系。

2. 实训：运用评师网对任课教师进行评估。

习题

1. 什么是远程教育质量？

2. 远程教育有哪些质量保证模式？

3. 如何实施质量保证计划？

4. 远程教育评估有哪些特点？

5. 远程教育系统的评估包括哪些步骤？

6. 常用的评估工具有哪些？

7. 传统的评估工具与网络评估工具之间的差异有哪些？

8. 常用的跟踪工具有哪些？

9. 常用的观察工具有哪些？

10. 评估有哪些类型？

11. 为何需要目标游离评估？

12. 什么是发展性评估？

13. 面向学生的评估和面向教师的评估之间的区别是什么？

14. 远程教育层可以在哪些方面对学生进行评估？

15. 可以使用的对学生认知测评的方法有哪些？

16. 远程教育系统可以实现对学生技能和能力的测评方法有哪些？

17. 常用的对学生的测评工具有哪些？各有什么特点？

18. 如何进行课程评估？

19. 如何建立课程评估指标体系？

20. 常用的课程评估工具有哪些？各有什么特点？

11 国外远程教育概况

教学目标

　　1. 了解美、英、日等国的远程教育发展情况；

　　2. 能够通过多种途径识别文凭工厂；

　　3. 探讨国外远程教育发展对发展我国远程教育的启示。

本章重点

　　1. 国外远程教育的发展原因；

　　2. 国外远程教育的质量保证；

　　3. 如何进行远程教育机构的认证；

　　4. 开放教育理念。

本章难点

　　1. 远程教育的质量保证；

　　2. 远程教育机构的认证；

　　3. 开放教育理念。

11.1 美国的远程教育

11.1.1 美国远程教育发展的原因

　　美国的远程教育发展迅速，这与美国先进的科学技术以及已有的远程教育基础密切相关。美国远程教育发展的原因可以归结为以下几个方面[①]：

　　1. 技术的发展

　　美国是世界上科学技术发展最快的国家，是世界科学技术的领导者。每当有新技术出现，最先得到应用的就是美国，在教育中的应用也是如此。早在 20 世纪 60 年代，美国就已经开始将电子计算机应用到教育领域，并开发出了系列计算机教育应用模式。如在 20 世纪 60 年代，美国伊利诺伊州立大学开展的计算机在教育中应用的研究，并开发出了一种能够与学生进行对话的柏拉图系统。

　　到了 20 世纪 70 年代初，美国国防部建立的 ARPA 网，成为现代互联网建立的重要标志。随后基于互联网的各种应用迅速出现，包括电子邮件、文件传输协议、远程登录协议

---

　　① 郎可夫. 美国远程教育的发展动因［J］. 中国远程教育，2002（7）：67～68.

等。利用这些协议，用户可以远程发送信息、传输文件、登录对方的计算机等。这为早期计算机网络在教育中的应用打下了基础。

当英国的开放大学兴起并引起全世界关注的同时，美国开始利用远程视频会议系统开展远程教育活动。这种系统基于地球同步通信卫星技术，能够实现远程教师和学生之间实时视频通话的功能。基于这种远程视频会议系统的教学应用在现在的计算机网络领域获得了更进一步的深化。利用网络实时视频会议系统，教师和学生可以在一种低成本的条件下开展远程教育活动。

到了 20 世纪 90 年代，美国远程教育飞速发展。在这一个阶段，由于互联网已经进入了民用的领域，普通人也可以用极低的成本接入互联网，这为基于网络的远程教育的发展提供了基础。万维网技术的发展，是这种新的远程教育发展的一项最重要的技术。在万维网的基础上，形成了一种独具特色的 WBI 教学应用形式，即"基于 Web 的教学"。这是一种全新的计算机网络在教学中的应用方法。正是由于互联网在远程教育中的应用得到了广泛的重视，也使得美国的远程教育走上了一条跨越式发展的道路，一举成为全世界远程教育发展最快速的国家。

目前美国已经形成了一套多种模式、多种层次、多种方法、以网络技术为主的远程教育体系。在这个体系中，既包括了全日制高等院校开设的远程教育课程，也包括各种专业的远程教育学校。在教学方法方面，美国的远程教育学习更重视讨论与协作教学的应用。

2. 市场的促进

美国是一个高度市场化的国家，因此美国教育领域的市场化竞争也非常激烈。就教育培训在美国国民生产总值的比例来看，美国的教育市场所占的份额近 10%，因此为了能够在这个市场中占据一席之地，一些企业、学校等都在设法利用远程教育这种新的教育教学方式抢占市场。

市场化的竞争也促使一些巨型远程教育学校的产生。如美国凤凰城大学，作为一个上市公司全资拥有的学校，注册学生人数达到了几十万之多，而教学点也分布得非常广泛，虽面临了一系列规模扩张带来的问题，但还是在壁垒森严、入学门槛高的几千所高质量的美国高等院校中占据了一席之地。

随着这种新的远程学校的出现，其影响力也在不断扩大，促使普通的高等院校也开始改革自己的办学方法和办学模式，很多美国知名的高等院校开始尝试着将教学延伸到网络。一些高等院校为自己的学生同时提供两种课程方式，一种是面授，另一种则是网络授课。两种课程的学习都获得承认，可以给予学分。

3. 文化的背景

美国作为世界上最发达的国家，经过了二百多年的发展，已经形成了与欧亚大陆有所不同的北美文化体系。这种文化体系既包含了早期欧洲文艺复兴时期的文化传统，也兼容了美洲印第安文化、非洲文化、亚洲文化等多种文化传统，使得美国社会在尊重个性发展等方面有着得天独厚的优势。在这种情况下，美国不采用如同开放大学这种国家主导的开放教育模式，而是由大学机构自主选择办学模式，引入市场竞争，最终促进远程教育的发展。这种发展方式值得其他地区借鉴。

4. 扩大教育规模的需求

尽管美国的教育规模已经非常大，但是对于教育规模的扩大还有很大需求，这是因为对教学规模的驱动来自更多的因素，包括了市场的驱动、教育系统本身的需要等。对于美国来说，教育规模的扩大还来自整个社会对于接受更高质量教育的需求，这种更高质量的教育，由于资源受到限制，并不是所有的美国人都能够获得，通过远程教育这种方式，这一问题能够在一定程度上得以解决。美国教育规模扩大的另一个驱动则来自成人教育资源的不足，由于普通高等院校开展的教学活动不能够满足所有参加工作的人士的需求，远程教育成为一种非常有效的途径。如美国很多退伍军人退伍之后缺少必要的工作技能，而进入远程教育学校学习就是一条非常好的途径，这也成为美国远程教育的一种传统。扩大教育规模也是学校发展的需求。为了应对新的办学方式的挑战，很多学校都期望能够在规模上得以扩大，以促进自身的发展。最后一个扩大教育规模的驱动力来自国际上对美国高质量教育的需求，为了应对国际学生数量的增加，满足这些国际学生学习的要求，采用网络这种远程教育方式可以很好地解决一些国际学生学习的问题。

5. 提高教育质量的需求

近些年来，美国的基础教育质量有所下降，为此奥巴马总统提出向亚洲学习。引入新的技术，采用新的教学方法，是提高教育质量的有效途径。远程教育方式能够突破时间和空间的限制，将教育的过程延伸出校门，这为不同类型的学生提供了多种解决学习问题的方法。特别是在远程教育这种新的教学形式中，旧的函授和广播电视教育面临着比较严重的学习有效性的问题。虽然采用远程视频会议的方式能够在一定程度上进行弥补，但是这种双向的远程视频会议系统需要使用卫星通信技术或者基于传统电路交换系统的可视电话，从而限制了其进一步的普及。随着网络技术的发展，上述问题都可以迎刃而解，为提高远程教育的教学质量提供了保证。

6. 教育改革的需求

美国远程教育发展的另一个动力则来自教育改革的需求。在1997年，美国前总统克林顿提交给国会的国情咨文中就明确提出，到了21世纪要"让每一个8岁的儿童都能阅读，每一个12岁的儿童都能上Internet；使每一位18岁的青年都能受到高等教育；使每一位成年美国人都能进行终身学习"①②。这为远程教育的发展提供了政策保证，成为国家发展的一项国策。

克林顿之所以会提交这样的文件，是因为美国具有对教育不断改革的传统。20世纪苏联卫星上天，促使美国进行了一次彻底的教育改革，有效地提高了教育质量。因此每当旧的教育系统不能够满足社会发展需求时，人们就开始将希望寄托在新一轮的教育改革身上。当2008年金融危机到来时，美国人又意识到美国现有的教育系统存在问题，这再次引起了人们对于教育改革的思考，如何解决美国面临的系列问题，特别是亚洲国家兴起带来的挑战，发展远程教育这种新型的教育方式，将是今后美国教育改革的一条重要途径。

11.1.2 美国远程教育发展的现状

目前美国远程教育正处于迅速发展的阶段，因此不断有新的远程教育教学方法和办学

---

① Washingtonpost.com：[EB/OL]．[2013-01-09]．http：//www.washingtonpost.com/wp-srv/politics/special/states/docs/sou97.htm.

② 何克抗，黄荣怀．基于Internet的教育网络与21世纪的教育革新［J］．电化教育研究，1998（11）：60~64.

模式出现。整体而言，美国远程教育的现状包括：

1. 提供远程教育课程的机构

美国提供远程教育的机构数量比较多，既包括普通的高等院校，也包括一些非营利和营利性质的机构。不同机构学生入学比例如图 11 - 1 所示①。

其中比例最大的是高等院校。目前提供远程教育课程的大学数量已经非常多了，覆盖了几乎全美所有的大学。在美国可以提供学位教育的大学中，已经有大约80%的学校可以提供远程教育课程。在提供远程课程的学校中，公立学校积极性更高。就学生入学的情况来看，公立两年制的高等院校的学生选择远程教育课程的比例较高。

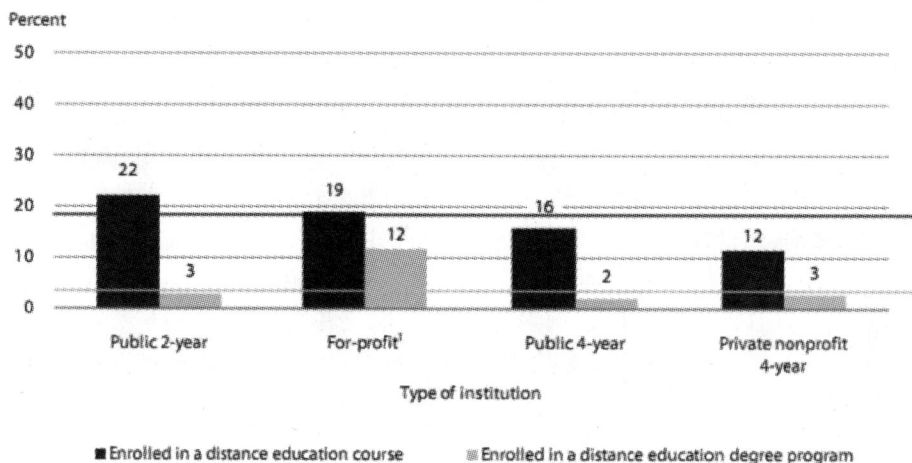

Percent
50
40
30
22   19   16   12
20   12
10   3   2   3
0

Public 2-year   For-profit¹   Public 4-year   Private nonprofit 4-year

Type of institution

■ Enrolled in a distance education course   ▨ Enrolled in a distance education degree program

图 11 - 1　美国远程教育机构类型

2. 参加远程教育学习的学生

截至 2008 年，美国参加远程教育学习的学生数量达到了 430 多万，这一数字既包括了普通高等院校中进行远程教育学习的学生，也包括了完全在远程教育学校中学习的学生。这一比例达到所有本科生数量的20%。另外还有部分学生采用混合的方式来选修远程教育课程，以获得毕业所需的学分。

远程学习的学生不再限于已经工作的成人，还包括了在校学生。退伍军人也是接受远程教育的重要的学生来源。不过总的来看，30 岁以上的学生占了较大的比例。就选择的专业来看，选择人数最多的是计算机和信息科学类；选择人数最少的是一些基础性的学科以及人类、文化类的学科。如图 11 - 2②。

---

① Learning at a Distance：Undergraduate Enrollment in Distance Education Courses and Degree Programs ［EB/OL］. (2011 - 10 - 05) ［2013 - 01 - 09］. http：//nces. ed. gov/pubsearch/pubsinfo. asp？pubid = 2012154.

② Learning at a Distance：Undergraduate Enrollment in Distance Education Courses and Degree Programs ［EB/OL］. (2011 - 10 - 05) ［2013 - 01 - 09］. http：//nces. ed. gov/pubsearch/pubsinfo. asp？pubid = 2012154.

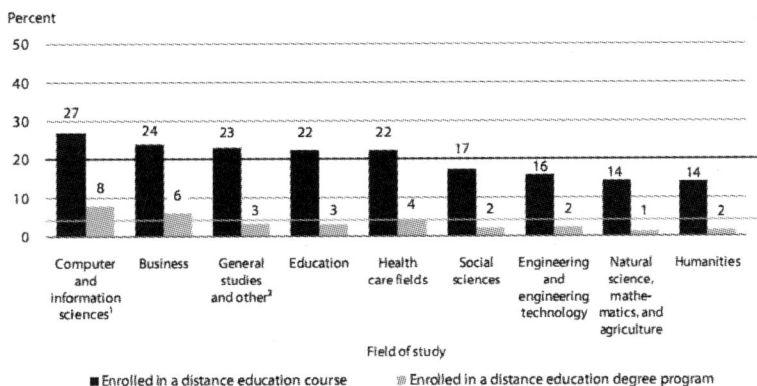

图 11 - 2　美国远程教育学生选择专业的情况

3. 远程教育的课程

远程教育课程的数量非常多，这些课程都比较切合实际的需要。课程总数已经达到了十几万门。同时美国的远程教育还面向各种企业培训和专业发展，因此远程教育课程中还包括了一部分教师培训课程，用来促进教师的专业发展。

4. 使用的技术

在美国的远程教育系统中，使用的技术主要是互联网。通过互联网提供的多种远程信息传播技术，远程教育机构能够将课程内容远距离传播给学生，组织学生讨论、协作完成学习任务。也可以通过网络的方式实现教师的聘用，让教师在正式工作之余利用家里的联网设备开展教学活动。

5. 提供的证书

普通高等院校开设的选修的远程教育课程，获得学分可以得到认可，可以提供与接受面授的学生完全一样的毕业证书或者学位证书。如果是完全的远程教育学校，则可以提供该校颁发的毕业证书和学位证书。如果该机构已经获得美国高等教育授权认证机构的认可，则该证书也获得同样的承认。从实际情况来看，更多的学生采用远程学习，主要选择两年制学习以后获得肄业证书的方式，这种方式可提供副学士学位，在学生期望升入高等院校继续学习时可以获得优先录取的资格。

另外还有一部分美国远程教育的学生通过远程学习以后并不需要获得学位，而是获得各种证书，如某些特殊职业的从业证书等。具体情况如图 11 - 3 所示①。

---

① Learning at a Distance：Undergraduate Enrollment in Distance Education Courses and Degree Programs ［EB/OL］. (2011 - 10 - 05) ［2013 - 01 - 09］. http：//nces. ed. gov/pubsearch/pubsinfo. asp? pubid = 2012154.

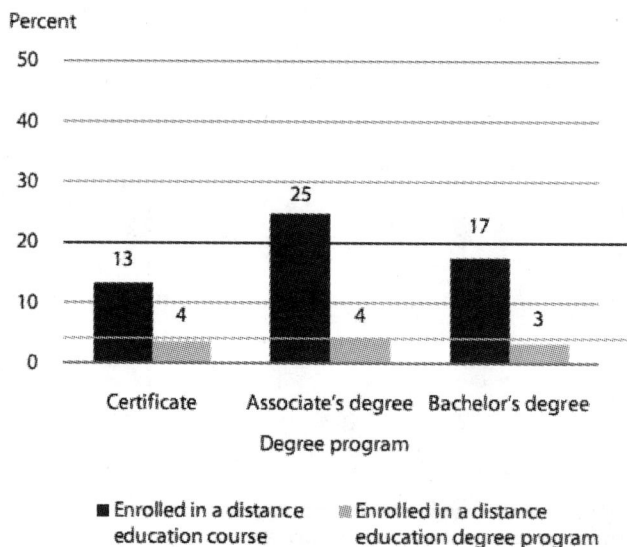

图 11 - 3　远程学习获得证书或者学位所占的比例

6. 教师的聘用方面

普通高等学校开办的远程教育机构的教师来自那些对远程授课有兴趣的各专业教师。因为这些教师已经积累了丰富的教学经验，所以他们能够很快适应远程教学的要求。在美国一些远程教育学校中，另一部分教师则来自企业界，通常是企业中的高级管理人员、高级工程师等有着丰富实践经验的人士。这些教师能够提供给学生更多的实践知识，且所有被聘用的人士都应该具备研究生的学历。

11.1.3　政府的参与

有关教育方面的问题，美国政府的管理是非常有限的。然而当涉及整个国家教育的发展等问题时，美国政府也会适时地提供政策、立法和经费方面的支持。如在发展远程教育这一方面，联邦贸易委员会就通过"公平信息操作"等政策鼓励保护互联网上的个人隐私。而在版权保护方面则在1998年通过《数码千年版权法案》①，并在1999年向国会提交报告，专门讨论了该法案对远程教育的影响。

为此，美国版权办公室也专门在1999年5月提出了一个《知识产权及数字化远程教育的报告》②，其中专门就远程教育方面的版权问题提出了一系列的建议，为远程教育中各种教学材料的版权问题进行了专门的解释，从而为远程教育机构和教师在开展远程教学过程中，制作和使用各种有版权的教学材料提供了依据。

美国教育部虽然权限要小于其他一些国家的教育部，但是在对远程教育进行扶持方

---

① Bill Text – 105th Congress (1997 – 1998) – THOMAS (Library of Congress) [EB/OL]. [2013 – 01 – 09]. http://thomas. loc. gov/cgi – bin/query/z? c105：S. 2037.

② The Influence of Intellectual Property Rights Over Distance Education [EB/OL]. [2013 – 01 – 09]. http://www. educause. edu/library/resources/influence – intellectual – property – rights – over – distance – education.

面，也专门建立了远程教育示范项目，取消了现有的一些法规中对远程教育学生的限制条款，为远程教育机构增强自己的办学自主性提供了可能。

到了 2000 年，美国教育部发布了第二个国家教育技术计划，其名称为《网络教育：使所有儿童都得到世界一流的教育》①。在该报告中，正式提出了 E-learning 这一名词，也标志着网络教育这个概念得到政府部门的认可。

11.1.4 学生的学习

美国远程教育系统中的学生学习也有自己的一些特色，这些特色反映在以下几个方面：

1. 学习方式的多样性

美国高等院校中的学生构成比较复杂，每个学生群体都有自己的学习方式和安排。为了适应不同学生学习的要求，通过向这些学生提供网络在线选修课程的机会，能够比较好地解决他们所面临的各种实际问题。

2. 通过专门的网络学习平台学习

目前美国远程教育中学生的学习通常都是通过专门的网络学习平台来进行的。这些平台包括 Blackboard 等教学平台。通过这些平台来发布课程，教师可以在不需要了解网页设计技术的情况下开展教学活动。学生通过这样的平台来进行学习，一方面可以获得功能完善的学习管理支持；另一方面标准化的界面，使学生在完成了一门课程的学习以后，就可以更轻松地继续下一门课程的学习。

3. 混合学习方式

对于一些普通高等院校而言，学生所采用的通常是一种混合学习的方式。在这种方式中，一方面学生通过学校所开设的在线课程来获得课程学分；另一方面学生还要通过面授等课堂教学方式来学习其他的课程。二者结合在一起，既可以满足部分课程远程教学的需要，也可以满足其他必须采用面授方式的课程教学的需要。

4. 获得充分的学习支持和服务

美国学生在选修远程课程时，并非只是通过网络浏览课程的内容。在学习期间还可以获得非常充分的学习方面的支持和服务。如在学习中，如果遇到了某种问题，可以通过系统及时向学校提出来，学校方面则可以马上给予解决。而选修一门课程以后，学生还可以对教师的教学进行评分，为学校评价教师的授课情况提供参考；促进教师努力改进自己的教学方法，以适应网络这种新的教学形式。

5. 主要采用讨论与协作学习

由于单向信息传播的学习效果不好，美国远程教育课程通常都需要学生积极参与到课程的讨论和协作环节中。每一门在线课程都安排了网络讨论的环节，学生必须参与一定数量的讨论和协作学习，才能够完成课程的学习。

---

① E-learning: Putting a World – Class Education at the Fingertips of All Children. The National Educational Technology Plan. ［R］. ED Pubs, P. O. Box 1398, Jessup, MD 20794 – 1398. Tel: 877 – 433 – 7827 (Toll Free); TTY: 800 – 437 – 0833; Fax: 301 – 470 – 1244; E-mail: edpubs@ inet. ed. gov, 2000.

6. 明确的作业规范

远程学习对于作业的规定有标准文件，因此学生必须严格按照这些标准来完成作业。这样可以保证所有网络课程的学习都能够坚持一个比较高的标准，从而促进学生学习有效性的提升。

7. 学生选择课程的平等性

很多美国高校并没有规定哪些学生必须选择网络课程，哪些学生不能够选择网络课程。因此所有的学生可以自愿采用选修网络课程的方式来完成学分，并且这些学分和面授学习所获得的学分是等同的。

8. 网络课程的广泛性

学生学习的网络课程包括一般的从业资格证书、副学士和本科学位课程，也包括了研究生的课程。这也可以看出，美国对远程教育的办学层次也没有多少限制。

11.1.5 教师的教学

美国远程教育系统中教师的教学过程也是比较有特色的。在教学过程中，为了保证教师能够有效地实施远程教学过程，主要从以下几个方面来进行促进：

1. 教学设计

教师的教学过程必须进行严格的教学设计。而这样的教学设计可参照专门的教学设计文件来进行。在这些教学设计文件中，专门规定了教师在设计一门网络课程时应该注意的各种问题，并特别强调了在进行教学设计的过程中必须与学生进行充分的交流，及组织学生利用网络进行讨论协作等内容。

2. 高标准的教师聘用方法

在教师聘用方面，特别重视教师的远程教育能力以及教师的兴趣。只有那些对在线授课比较感兴趣的教师才能够开设远程教育课程。

3. 教师要定期接受评估

远程教育中的教师必须接受定期的评估，以了解教师的教学质量和教学水平。这些定期的评估包括了学生的评估，也包括了专家以及同行的评估。从而能够更加全面地了解教师的远程教学质量和教学水平。

4. 兼职教师为主专职教师为辅

普通高等院校的教师一般都是采用兼职的形式，但也有一些学校采用了专职的方式。采用专职方式的好处在于能够比较好地适应网络这种新型教学方法的需要，向学生提供更加适合于网络学习的教学方法。而对于商业性质比较强的完全网络在线学校，如凤凰城大学，则聘用具有研究生学历的企业高级主管来做兼职教师。

5. 与学生进行互动交流

由于远程教育的特点，在美国的远程教育课程中，都特别强调教师与学生的交流。这是使用了网络技术以后才能够实现的，同时也是远程教育过程中确保学生学习有效性的一项措施。

6. 采用新的教学方法

在教学中要求教师必须使用与普通面授教学不同的教学方法，这样才能够适应网络远程教学这种新的教学形式。除了要求在教学过程中与学生进行讨论以外，很多的美国高校都鼓励教师不断进行新的教学方法的探索，以促进远程教育系统的改革。

11.1.6　远程教育的机构

目前美国远程教育机构大致有四种类型，分别是：

（1）在普通高等院校中开设的远程教育课程。这一类课程可以供在校学生选修，所获得的学分与面授课程的学分完全相同。

（2）公司与大学合营的项目。这一类远程教育项目由普通高等院校与一些网络公司合作开办，公司提供网络课程方面的技术管理和服务，大学则提供课程的教学。

（3）完全的远程教育学校。这一类学校只提供网络在线学习，不提供面授。

（4）企业大学或培训学院。这一类学校属于技术培训的范畴，利用远程教育向社会上已经工作的人士提供有针对性的技术培训。

除了上述不同的类型以外，美国远程教育机构在整个教学过程中主要提供以下几方面的服务：

（1）负责管理教学过程。通过管理教学过程，把握远程教育系统的教学质量，制订远程教育计划、进行教师的聘用、招生、开发课程、组织教学、进行远程教育项目的评估等方面的工作。

（2）提供和维护网络教学平台。目前美国各类机构开展的远程教学活动都是用网络平台来完成，一个好的网络教学平台可以促进远程教学能够更有效地进行。远程教育机构要向教师和学生提供性能优异的教学平台，并在教学过程中进行日常的管理和维护工作。

（3）组织教师使用网络平台的培训。虽然网络教学平台已经足够完善，但是很多教师并非马上就能够得心应手地使用这些平台来开展教学活动，因此管理机构必须组织和提供教师使用网络平台的培训。

（4）提供学生学习过程中的支持和服务。远程教育机构也向学生提供学习过程中的各种支持和服务工作，包括解答学生在使用网络教学平台过程中所遇到的各种问题等。

（5）招生和制订财务计划。普通高等院校中的远程教育部门的独立性相对来说比较高，因此在制订招生计划和财务计划等方面有一定的独立性。而对于那些完全的在线大学，则这一方面的要求更高。

（6）组织课程开发团队。帮助教师解决在线课程教学设计以及实施教学过程中所遇到的各种问题，确保教师能够将主要的精力专注于教学方面。

（7）远程教育机构颁发证书。普通高等院校中的远程教育机构颁发给选修远程课程的学生的证书就是以该校名义颁发的，并不专门在学生的毕业证书上面作出是远程教育学习的学生这样的声明。

（8）推动院校之间的相互合作。虽然美国各大学之间存在竞争，然而院校之间的相互合作也非常频繁。特别是远程教育这种新的教育形式打破了学校围墙的限制，使得院校之间的相互交流与合作变得更加重要。因此美国各高等院校以及完全的远程教育学校之间相互交流与合作是相当频繁的。

（9）开放课程。一些高等院校也将自己的课程在网络上公开出来，供全世界浏览。其中比较著名的是麻省理工学院的开放课程系统。利用该系统，麻省理工学院将本校开设的所有课程，包括面授课程的资料，以及网络课程等，在其网站上公布出来。这也形成了美国远程教育的一个很重要的特色。

（10）与营利和非营利组织之间的合作。除了院校之间的相互合作以外，美国普通高等院校中的远程教育机构还积极与社会上的营利以及非营利机构进行合作，这有助于本校的远程教育能够更好地适应公益和市场的需求。

11.1.7　远程教育技术

美国远程教育中使用的技术主要是网络技术。除了网络技术以外，从美国远程教育发展的历程上来看，对多样化技术的使用也有比较高的要求。这些技术包括光盘、电视、视频会议、移动技术等多种形式。

为了鼓励在远程教育中使用多种技术来促进学生的学习，美国很多州政府在制定远程教育政策的时候都强调了要合理使用不同的技术为教育服务。按照这样的政策引导，开展远程教育的教师都能够自觉采用多种技术来支持自己的教学。每当有新的远程技术出现，教师们都会投入最大的热情来进行新技术在教育教学中应用的研究。

从美国远程教育发展情况来看，最早使用的技术是邮政系统，利用邮局的方式来向学生邮寄教学材料。第二次世界大战时，开始使用电影以及广播等方法来开展远程教育教学的活动。20世纪60年代，开始使用电视、计算机等技术来开展教学活动。20世纪80年代，则开始使用远程视频会议技术来开展远程教育教学活动。20世纪90年代，计算机网络技术在远程教育中获得了广泛的应用。

就计算机网络技术的应用情况来看，早期的美国远程教育主要采用电子邮件等方式来开展教学活动。而到了90年代后期，随着万维网技术的发展，基于Web教学的兴起，促进了Web这种技术在远程教育教学中的广泛应用。

进入21世纪以后，美国的远程教育逐渐使用用户体验更为丰富的Web 2.0技术。远程教育的平台化，也促使专门为开展远程教育活动而提供的网络教学平台的出现。在种类繁多的远程教育教学平台上，更多的适应网络这种技术的教学方法也随之出现，美国的远程教育进入了一个全新的阶段。

11.1.8　远程教育质量保证

远程教育的质量保证是远程教育教学过程中一项非常重要的工作，如果这一方面的工作做得不好，则影响到远程教育的教学效果，同时也严重影响到远程教育的声誉。

为了确保美国远程教育的质量，美国设立了多个远程教育质量认证机构，虽然质量认证机构并非政府机构，但是这些机构的认证得到了政府的认可，使之具备了比较强的权威性，其认证的结果也非常可靠[①]。

美国远程教育认证机构主要制定各种远程教育的认证标准，所有参与远程教育的学校都会自觉遵守这些标准，以便在进行认证时能够获得通过。采用这种方式的好处在于有利

---

① 李远根. 美国远程教育监管保障质量［J］. 中国远程教育，2004（6）：42～44.

于民间认证机构的竞争与合作，而政府的认可则是认证机构质量的保证。

美国远程教育认证机构主要分成两大类，一类属于区域性的认证机构，另一类则是全国性的认证机构。区域性的认证机构主要负责全美六大区域的远程教育质量的认证。这些区域性的认证机构通常由美国比较知名的大学来完成。而全国性的认证机构则对一些比较特殊的学校进行认证。如美国远程教育培训委员会（DETC）就是这种全国性的认证机构，主要针对远程教育学校进行认证。

一般来说，远程教育认证机构主要从一个学校开展远程教育项目的办学实力、远程教育项目的质量保证、教师的远程教育能力、学生的远程学习渠道、教师和学生之间的互动措施等多个方面按照一定的标准来进行评估认证。如果达到了标准，则给予认证通过，否则该校需要对那些不符合标准的项目进行改进。当一间学校获得认证通过以后，就会在认证机构的网站上进行公布，学校自己也可以将通过认证机构的认证信息公布在自己学校的网站上，供学生查询。

对学生的评价也是保证教学质量的有效措施。在美国没有统一规定远程教育的学生应该进行何种考试，一般考试方式都是由学校自己来安排。因此对学生评价的质量保证由学校自己来完成。然而认证机构也会按照一定的认证标准进行监督。另外诸如律师、医生、工程师、护士等比较特殊的职业，从业人员必须通过专门的职业考试才能够获得资格证书。因此学生通过远程教育学习以后，能否达到教学目标的要求，还可以通过这些资格考试的方式来进行验证。这也成为一些认证机构检查学校开展远程教育工作效果的一个比较可靠的指标。

除了上述认证措施以外，通过开展远程教育的学校之间的相互合作，大力促进新技术的应用，也是确保和提高远程教育质量的有效措施。

11.1.9 "文凭工厂"和"认证工厂"问题

由于美国远程教育发展所具备的一些重要特点，任何人都可以申请开办大学，这就容易出现很多质量低下的办学机构。所谓"文凭工厂"、"学位工厂"这样的名词也就随之出现。根据美国高等院校的认证机制，这些"文凭工厂"以及"学位工厂"不能够获得正规的认证机构的认证通过，为了能够让自己看起来也像是比较正规的办学机构，它们就会尝试着寻找一些没有获得教育部认可的认证机构来进行认证，这些没有获得美国教育部认可的认证机构就是所谓的"认证工厂"。

从这里可以看出，所谓"文凭工厂"或者"学位工厂"指的是那些没有经过正规的认证机构认证的办学机构。而"认证工厂"则指的是那些没有获得美国教育部或者美国高等教育认证委员会认可的提供教育质量认证的机构。它们的共同特点就是只要给钱就可以颁发证书，包括毕业证、学位证、质量认证证明等。

目前在这方面进行把关的主要是美国教育部和美国高等教育认证委员会（CHEA）等政府部门和机构。因为"文凭工厂"和"学位工厂"等问题主要集中于高等教育领域，所以美国高等教育认证委员会在打击"文凭工厂"等方面发挥着非常重要的作用，几乎每年都会在其所召开和参与的各种会议中提出有关打击"文凭工厂"和"认证工厂"的问题。而随着网络技术的普及，美国的这些"文凭工厂"的影响也变成了一个更广泛的世界性的问题。美国高等教育认证委员会建议从以下几个步骤来解决各种基于网站和基于远程的"文凭工厂"所带来的问题①：

（1）促进了解什么是"学位工厂"。通过创建适当的工具来进行识别。

①确定这些"学位工厂"的一些关键特征和具有比较普遍性的活动。

②界定和运用"学位工厂"的定义。

（2）停止对"学位工厂"的经费资助。拒绝政府或者私营机构的资助。

①确保这些"学位工厂"不会获得任何的公共（纳税人）基金。

②确保进入这些"学位工厂"的学生不会得到任何公共基金提供的助学金。

③确保进入这些"学位工厂"的学生不会获得提供就业培训指导的助学金。

（3）做好公众宣传。

①通过固定的渠道告知公众有关"学位工厂"对学生和社会的危害。

②确保有关高等教育方面的广告是被限制在那些合法的办学机构而不是"学位工厂"。

③确定并公布那些与"学位工厂"有关的可疑的营销和招聘活动。

④进行公众教育，让公众知道互联网的角色已经令远程"学位工厂"成为可能。

（4）对"学位工厂"采取法律行动。

①鼓励和协助联邦、州或地方建立相关的法律。

②使得建立、授权和运行"学位工厂"成为非法行为。

③努力促使使用虚假学历（例如，以此提高就业机会）成为非法行为。

④鼓励对"文凭工厂"提供者的起诉，并获悉那些对应的使用虚假认证的用户名单。

（5）使用获得认可的认证和质量保证机构提供的质量认证结论。

①确认提供高等教育的机构能够始终符合信誉良好的认证与质量保证机构所提出的标准。

②使用认证和质量保证列表，以确定值得信赖的高等教育机构和课程。

（6）告知世界哪些是"学位工厂"。

①建立国家之间的跨境协议，以便阻止那些基于网站的和基于远程的"文凭工厂"的输出和输入。

②与多国和地区组织合作，提高对"学位工厂"的认识，并提供相应的工具帮助识别并阻止这些"学位工厂"。

③提供基于国家的合法高等教育机构名单。

④制作一份包括国际"文凭工厂"的特征、运作和提供者的列表。

11.1.10 美国远程教育的发展经验

由于其独特的教育体系，美国远程教育的发展过程与世界上其他国家的发展过程有一些区别。美国远程教育的发展过程大约经历了三个阶段：

（1）函授教育阶段。与其他的发达国家一样，美国的远程教育早期也采用了函授的方

---

① Important Questions About Accreditation, Degree Mills and Accreditation Mills ［EB/OL］. ［2013 – 01 – 19］. http：//www. chea. org/degreemills/.

式来进行教学。这种方式一直沿用到 20 世纪 70 年代，通过函授的方法向美国"二战"退伍老兵提供函授教育，满足他们获得专业技能的培训机会。

（2）电视教育阶段。在 20 世纪 70 年代以后，有线电视和卫星电视等媒体的兴起促进了电视在教学中的应用。利用电视开展远程教育活动也成为当年远程教育的一种主要的形式。到了 80 年代，远程视频会议技术也成为一种现实，这也促进了远程视频会议技术在教学中的应用。

（3）网络教育阶段。到了 20 世纪 90 年代，随着万维网技术的发展，美国的远程教育进入了基于 Web 的教学的发展阶段。进入 2000 年，E-learning 等概念的提出，网络教育在美国得到了空前的重视，也成为美国远程教育发展的重要转折点。

从美国远程教育发展的情况来看[①]，可以获得多方面的启示：

（1）美国的远程教育之所以能够得到这么迅速的发展，得益于其高度的国际化程度。高度的国际化，意味着美国的远程教育系统能够及时获得国际上最先进的远程教育信息，同时大量国际学生的进入，也为远程教育发展所需要的高质量的生源提供了保证。

（2）教育系统的开放性促进了远程教育系统能够迅速接纳新的技术和理念，并将其迅速应用到教学实践中。

（3）市场化的管理促进了远程教育获得持续的资金投入。美国的远程教育市场化程度比较高，一些开展远程教育的机构甚至成为上市公司的全资机构。这种市场化的管理使得社会资金能够进入远程教育办学机构，解决很多学校存在的经费方面的问题。当然这也导致美国"文凭工厂"、"学位工厂"和"认证工厂"的泛滥，值得其他国家警惕。

（4）政府只注重于顶层设计，这有助于提高远程教育办学机构的创新能力。美国政府对于远程教育机构的直接管理非常少，只是在政策、法律以及经费方面进行支持和引导。而有关质量认证、标准制定、办学模式等方面的工作，政府则给各种机构以及学校很大的自主权，这也是这些远程教育机构能够获得持续创新能力的原因所在。

（5）办学的多层次性满足了不同学习对象的需求。美国远程教育的办学层次是多样化的，而多样化的办学层次，则为不同的学习者提供了多种远程学习的机会，为远程教育的发展提供了保证。

（6）大量采用新的技术促进教学方法的改革。新技术在美国远程教育中的应用是非常广泛的。一旦有新的技术出现，马上就可以引起远程教育机构的重视，同时有关教师和研究人员都会投入大量的精力来研究如何使用新的技术促进学生的学习，以便改进现有的教育教学方法。

（7）长期战略目标的制定确保了美国的远程教育能够在短时间超越其他国家的发展。从克林顿政府执政以来，美国在远程教育方面不断推出国情咨文、研究报告等多种形式的文件。这些文件明确了美国远程教育发展的长期目标，这也促使美国在比较短的时间内，迅速超越那些当时远程教育比较先进的国家，成为世界远程教育的领导者。

（8）远程教育办学机构之间的充分合作形成了良性互动。美国多元化的远程教育办学机构之间也进行了非常充分的合作，形成了学校与学校、学校与企业、学校与培训机构或

---

① 萨利·约翰斯顿，张伟远. 美国远程教育的发展现状、挑战及策略 ［J］. 中国远程教育，2004（15）：50～56.

在线学校之间的多种形式的合作。这些合作为美国远程教育整体迅速发展打下了良好的基础。

（9）资源开放共享，为远程教育提供了丰富的资源。美国的远程教育在资源的建设方面既重视知识产权的保护，同时也重视资源的开放共享。目前在网络上已经有非常丰富的远程教育资源供学生免费获取。这些资源既可以作为学生学习的课程资源，也可以作为教师之间相互交流的资源，用以改进自己的教学方法，提高远程教学的质量和效率。

（10）完善的远程教育认证管理办法促进了远程教育教学质量的提升。美国的远程教育质量认证保障体系也是非常完善的，由民间组织广泛参与的质量认证机构之间可以有效地进行竞争与合作，从而为远程教育提供可靠的质量认证保障体系。

（11）重视知识产权的保护，实现了持续性发展。美国通过立法的形式来保障网络上的知识产权，还专门针对远程教育中的知识产权保护作出了解释。这为远程教育资源建设的可持续发展提供了保障。

（12）注重内容的开发，提供高质量课程。美国的远程教育系统也是非常重视课程内容开发的，因此美国远程教育系统中提供了非常丰富的课程内容，而丰富的课程内容又提高了教师继续开发更高质量课程内容的积极性，促使网络课程质量不断提升。

11.2　英国的远程教育

11.2.1　英国远程教育发展概况

英国是世界上开展远程教育最早的国家之一，对世界远程教育的发展有着非常重要的影响。这些影响体现在：

1. 管理体制方面

英国在开展远程教育的历史发展过程中，积累了相当丰富的经验，形成了运作效率高、规模庞大的远程教育管理体系，为远程教育在英国的发展打下了非常坚实的基础。

2. 使用技术方面

英国的远程教育大胆引入各种新的技术。利用这些新的技术，促使英国的远程教育能够满足不同层次的学生的需求。

3. 教学模式方面

英国远程教育也十分重视新的教学模式的创建。英国是最早建立开放教育体系的国家，这也成为其他国家建立开放教育体系的典范。

4. 教学方法方面

英国的远程教育通过创建各种不同的教学方法来满足远程教育教学的需要，适应不同层次学生的学习需求。

5. 专业课程设置方面

英国开放大学提供了非常灵活的专业课程设置。在英国的远程教育系统中，既包含了传统的基础性的专业课程，也涉及很多面向应用，能够解决实际问题的课程。

6. 运行模式方面

英国远程教育通过政府的主导、BBC 等媒体传播公司的支持、普通高等院校提供师资的方式来开展远程教育活动。这也成为很多国家开展远程教育所采用的基本的运行模式。

7. 学习支持和服务体系方面

英国的远程教育也在国际上率先完善这样的体系，并向学生提供高质量高效率的学习支持和服务，满足了远程教育系统中以学生为中心的需求，获得了学生的好评，同时也为英国远程教育赢得了声誉。

8. 充分利用优秀的高等教育资源

英国的远程教育机构除了通过聘用知名高等院校教师的方式来满足远程教育师资的需求以外，现在还通过在一些知名高等院校开设国际课程的方式来拓展远程教育应用的范围。

9. 面向国际市场

英国的远程教育体系是开放的、面对国际市场的，因此在国际上英国的远程教育有着非常大的影响力。英国的开放大学除了在一些欧洲国家中开设了分校以外，还尝试着向更多的国家和地区的学生提供远程教育服务。

10. 行之有效的学习质量保证体系

行之有效的学习质量保证体系保证了远程教育的教学质量。这意味着即使跟普通高等院校相比，英国的远程教育体系的教学质量也是处于前列的。

11.2.2　学生的学习

英国远程教育系统中学生的学习方式非常灵活[①]，除了完全的远程学习方式以外，也有部分的学生采用了混合学习的方式，即通过远程学习，加上适当的面授辅导。不过这种面授辅导所占的比例不到 10%，这充分体现了远程学习的特点。总体上来说，英国远程教育系统中学生的学习主要采用以下几种方式：

（1）主要采用在家自主学习的方式。这些自主学习包括通过各种媒体技术获得教学材料，也可以通过远程教育系统在家完成各种实践活动等。

（2）需要一定的面授辅导时间。这是很多远程教育学生在学习的时候必须选择的。这种面授辅导的方式也是确保教学质量的一种手段。

（3）自由选课制。进入英国开放大学学习的学生可以自由选择自己喜欢的课程进行学习。这种方式甚至可以涉及两个学院合作开设的课程。当然为了完成特定专业的学习要求，一些必修课程还是需要的。

（4）可以进行研究生课程学习。与一些发展中国家的远程教育机构不同，在英国的远程教育机构中，学生完成了研究生学位课程的学习，达到研究生毕业所需要的其他的任务要求，则可以授予研究生学位。因此学生通过这种研究生课程学习，可以获得硕士乃至博士学位。这是英国等发达国家远程教育的特点，提供了学生更多样化的选择。

（5）进行评教。每学期学生除了完成学习任务之外，还要对教师的教学情况进行评

---

① 罗琳霞，丁新. 英国开放大学"开放学习"项目评述［J］. 开放教育研究，2008（4）：109～112.

价，以帮助教师改进自己的教学。评教的结果也将公布在网站上，提供给学生作为参考。

（6）学生可以享受到非常优质的学习方面的支持和服务。这也是英国远程教育系统的一个重要特色，并为其他国家的远程教育系统所借鉴。通过这种学习的支持和服务系统，每个学生都可以获得个性化的服务，学校也能够做到有问必答，尽可能快地解决学生所遇到的各种问题。

（7）终身学习理念。学生在远程教育系统中完成学业并获得证书，并不意味着学习的结束。整个远程教育系统，给学生灌输的是一种终身学习的理念，因此在网络技术迅速发展的前提下，学生在一生之中都能够享受到英国远程教育系统提供的学习机会。

11.2.3　教师

英国远程教育系统中的教师主要来自普通高等院校，因此他们都有着非常丰富的面授经验。在迁移到远程教育系统中，稍加调整，教师们就可以很快适应这种新的教学方式。英国远程教育中的教师特色体现在以下几个方面：

1. 教学观念先进

为了能够适应远程教育系统的教学需要，教师们的思想观念很早就已经从教师中心、课堂中心等传统教学观念转变成了以学生为中心的现代教学观念。这为英国远程教育系统教学质量的提高打下了坚实的基础，并积累了非常丰富的具有先进教学观念的教师资源。

2. 进行远程课程设计

这是远程教育系统中的教师必须完成的一项工作。因为很多的教师并不一定熟悉远程教学课程设计的方式方法，所以英国远程教育系统还专门安排了一些部门来对教师提供帮助。如开放大学的课程组就是用来帮助教师进行课程设计的。

3. 教师与课程组保持密切的联系

通过行之有效的课程组机制，教师可以和开放大学系统中的教学研究专职人员交流思想，解决教学过程中遇到的各种问题，促进教师迅速从传统的教学方法转变过来，达到远程教学的要求。

4. 接受校外同行的评议

教师的教学必须接受校外同行的评议，如果在同行评议中没有获得通过，则会影响到该教师的继续聘用。事实证明，这种同行评议的方法对于促进教师提高自己的教学质量有非常明显的效果。这也是英国远程教育系统能够保持高质量的教学水平的原因之一。

5. 接受在线教师培训

由于远程教学是一种新的教学形式，特别是网络在线教学的应用越来越广泛，很多习惯于传统课堂教学的教师很难迅速适应网络在线教学的要求，因此在远程教育系统进行教学之前，需要接受一些在线教师的培训。通过这些培训能够有针对性地解决教师在教学过程中所遇到的各种问题。

6. 不断地进行专业发展

远程教育系统中的教师也需要不断地进行专业发展。而教师能否在远程教育过程中获得足够的专业发展机会，也成为评价一个远程教育机构成功运行与否的一个重要的参数。专业发展可以通过多种形式来进行，可以通过专门的教师培训学院，采用远程培训的方式来进行教师培训,更多的则是通过行动研究等多种形式多样、方式灵活的途径来实现。

7. 重视小组协作学习

英国早期的远程教育主要目的是促进教育规模的扩大。而随着网络虚拟学习环境的出现,使教师与学生之间的交互成为可能。为了满足教师与学生之间充分交互的需要,教学规模的扩大不再是远程教育应用的一个重要标志。网络技术的应用也改变了过去那种利用广播向学生发放教学材料的做法。现在英国远程教育系统中教师的教学方法以小组协作学习为主,教师需要具备在网络虚拟环境中组织这种小组应用协作学习的能力。

8. 进行教学研究

这也是远程教育系统中的教师必须完成的一项重要工作,教学研究一方面可以促进教师解决远程教育教学过程中所遇到的实际问题;另一方面这种持续的教学研究也是促进教师专业发展的一条重要途径。

11.2.4 机构

与其他国家相比,英国的远程教育机构系统完整、功能齐全,特别是在提供对学生的学习支持和服务方面,工作很有特色。英国远程教育机构的工作主要表现在以下几方面:

1. 进行远程教育整体发展的规划

包括制定教学大纲、进行课程设计、进行资源建设、提供教学环境、提供远程教育技术和平台等。

2. 提供以学生为中心的远程教学支持服务

这些支持和服务包括了教学资源服务、信息技术服务、学习环境服务、学习建议服务等。其中教学资源服务涉及提供给学生各种专业图书资料、多媒体教学辅导资料等服务。而信息技术服务则涉及计算机网络服务、多媒体信息检索服务等。学习环境服务包括了提供网络教学平台、解决网络平台运行中的各种问题等服务。学习建议服务则包括了提供学生如何进行远程学习,以及及时解答学生在学习过程中所遇到的各种问题等服务。

3. 提供教师的教学服务

这些服务包括提供教师使用在线系统的培训、提供教师开展远程教学的网络教学平台、解答教师在教学过程中所遇到的各种问题、帮助教师进行课程设计等多方面的服务。

4. 提供热线电话

为了解决在教学过程中所遇到的各种问题,英国的远程教育系统都提供了热线电话。教师和学生在学习的过程中遇到了任何问题,都可以及时通过热线电话与远程教育机构进行联系,解决教学过程中所遇到的各种问题。

5. 开放大学课程组机制①

这也是英国的一些远程教育机构的创新之处。利用课程组,可以进行课程模块的划分。对于每一门具体的课程,课程组也规定了课程具体的教学内容、课程说明、作业要求、实践指导、学习进度建议等多方面的指引。课程组的组成成员主要由开放大学主席、

---

① 英国开放大学课程组机制—中国教育〔EB/OL〕.〔2013 - 01 - 09〕. http://www.edu.cn/hai_ wai_ 319/20060323/t20060323_ 19748. shtml.

教育技术专家、多媒体技术厂商、设计人员、课管人员、辅导教师等人员组成。通过这样的人员组成，有效地协调了一门课程在教学中所涉及的多方面的因素，为教师教学的有效进行提供了保证。课程组在运行时首先通过各学科小组制定详细的课程报告，送交开放大学学术委员会批准。一旦课程得以批准，就可以在系统中设立该课程，然后将该课程交由课程组进行讨论，这些讨论涉及一门课程在远程教育系统运行时可能遇到的问题、需要哪些支持和服务、教材建设、课程维护、管理等多方面的工作。

11.2.5 技术的应用

英国远程教育系统使用的技术也呈现多样化的特点。从早期函授教育使用的邮政系统开始，发展到后来广泛使用广播电视等技术来开展远程教育教学活动。英国开放大学早期还广泛使用了印刷材料、录音磁带、录像带、广播、电影、幻灯机等多种技术来支持远程教学。目前英国的远程教育系统主要使用网络技术来开展远程教学活动。

英国远程教育系统另一个特色在于技术应用的多层次性，面对不同的学生，使用不同的技术来促进学习。如对于偏远地区的学生，通过印刷材料、光盘邮寄等方式来进行。而计算机网络这种技术由于普及面比较广，正在成为不同地区学生普遍使用的技术。

英国远程教育系统非常重视多种媒体组合的教学应用方式。就是说在远程教学过程中，并不仅仅依赖单一的媒体来进行教学。如在一门课程的教学过程中，既包括了网络课程的资料，也可能包括印刷材料、光盘，甚至还可能包括实验箱这样的设备。为了促进多种媒体在教学中的应用，使得学生的学习变得更加有效，一些英国的远程教育机构还专门设置了媒体研究中心，专门研究远程教育中哪些媒体能够更加有效地促进学生的学习、如何进行多种媒体的组合学习等。

11.2.6 质量保证

英国远程教育系统在质量保证方面也做得很有特色，其中开放大学的质量保证体系影响比较大[①]。

英国开放大学在建立之初就明确提出了："严格和全部意义上的大学：独立、自治、以与其他高校完全相同的标准来自行颁发授予学位。"[②] 这一理念在开放大学四十多年的办学历史中得到了贯彻，并获得了成功。开放大学的质量保证体系具有如下特点：

1. 质量保证体系的开放性

开放性意味着质量保证过程不再限于行政管理部门开展教学评价的工作，而是将质量保证措施落实到远程教育系统的所有环节中，全方位地进行质量保证。这些环节包括了学生准入、教师聘用、教师评估、课程体系、教学管理体系、技术保障体系、考核管理体系等多个方面。促进开放大学的办学质量能够维持在一个比较高的水平。

2. 建立校内质量监控体系

开放大学中，每个学院都设有专职的副院长来监控教学质量，这些监控涉及课程的建

---

① 丁纪可．英国开放大学质量保证体制的研究［J］．科技情报开发与经济，2006，15（22）：235～236．

② 韦润芳．英国开放大学再认识：理念篇［J］．中国远程教育，2010（7）：15～23．

设、实施、评价等多个环节。通过教学评价委员会，可以对课程开展经常性的评估检查活动。这些评估检查包括了解教师的教学过程、通过学生获得课程学习的效果、检查各种教学文件、通过专家进行审查等。每次评估结束以后都会向教师反馈教学意见并提出改进的建议。

3. 建立校外监控的机制

校内的质量监控机制是一种自律的过程，为了能够获得更加有效的质量监控结果，还需要校外的监控机制来进行保证。校外的监控主要由英国高等教育质量委员会对开放大学的教材、教学水平、教学服务体系、考试命题情况、地区教学中心的工作等多方面进行评价。高等教育质量委员会每年都将检查结果反馈给学校，促进学校对教学过程中所遇到的各种问题进行及时的解决和调整。

11.2.7　远程教育研究

远程教育的发展离不开持续的远程教育学术研究。正是由于这种深入的远程教育研究，不断探索远程教育的理论和实践经验，极大地促进了英国远程教育的发展，这也是英国的远程教育能够始终站在国际远程教育发展最前列的原因之一。

早在英国开放大学成立之初，就在其内部设立了专门的远程教育研究机构，同时在开放大学运行时，对远程教育研究提供了资金、政策以及提供研究数据等方面的支持。对于研究者来说，开放大学在运行时所有情况都是一目了然，这样就可以及时发现其中存在的各种问题，并提出创新性的方案来加以解决。

同时，英国的远程教育系统也非常重视教师在远程教育方面的学术研究，包括设立专门的学术杂志来研究远程教育中的各种问题，探讨远程教育应用过程中的各种规律等。另外，英国远程教育学术研究还非常重视学术交流活动。通过各种学术讨论活动，从事远程教育的教师能够相互之间交流远程教育过程中的最新研究成果，这种研究活动还提供教师进行国际交流的机会。

11.2.8　开放大学

开放大学在英国远程教育系统中占据了非常重要的地位。随着开放大学的发展，目前英国开放大学的办学理念以及办学方法同建立之初相比，已经有了非常大的变化。英国开放大学最早建立于1969年，到了1970年正式开始招生，发展非常迅速。经过短短十年的时间，其在校学生就达到了七万人，成为一所非常庞大的学校。

英国开放大学第一个阶段主要采用函授的方式来进行教学。学生在家里通过邮寄过来的教学材料自主学习。发展到后来，逐渐使用广播电视等信息传播技术。

英国开放大学发展的第二个阶段是在20世纪80年代，这时候开放大学商学院成立，并迅速成为欧洲最大的商学院，促使英国开放大学的办学层次提升到一个新的台阶。这一时期开放大学开始使用计算机等技术来进行远程教学，教学材料的交互性进一步促进了学生学习效果的提高。

到了20世纪90年代，英国开放大学的发展进入第三个阶段。在这一个阶段很多开放大学对专业进行了拓展，并研发了大量新的能够满足实践及技术发展需要的课程，学生学习的选择余地更多了。而这一时期也是计算机网络技术在开放大学中获得广泛应用的时期，通过计算机网络技术，英国开放大学的教学能够满足与学生之间的实时交互的需要。同时英国开放大学的教学也从网络延伸到了世界各地。在这一阶段，英国开放大学的毕业生人数已经开始超过二十万，这也是很多普通高等院校难以达到的目标。

进入了 21 世纪，网络教育这种新的教育形式的出现，改变了英国开放大学的办学模式，英国开放大学的发展进入第四个阶段。大量网络教学平台、社会网络技术的应用，促进英国开放大学向着更深层次的方向发展。

英国开放大学能够对国际远程教育产生如此巨大而持久的影响，与开放大学所创造的开放教育理念是分不开的。这些开放教育理念主要体现在以下几个方面：

（1）学习机会的开放。

由于入学准入方面的限制，导致一部分学生无法获得普通高等院校入学的机会。在这种情况下，开放大学提供了一种不需要入学考试、自由申请就可以进入的学习机会。这种学习机会的开放满足了社会上所有人士进一步学习的需求，也正是终身教育体系建设的必然要求。

（2）学习手段的开放。

在开放大学中进行学习的方法很多，既包括了函授这种历史悠久的远程学习方式，也包括了使用电视、DVD 等技术来进行学习的方式。而在网络技术迅速发展的时代，则可以选择通过网络来进行学习。

（3）突破学校的围墙。

英国开放大学突破了学校围墙的限制，使得学生的学习能够有效地与实践结合在一起，学生学习到的知识更加实用。而这种学校围墙的突破，意味着社会人士不再受到学校围墙的阻隔，可以自由进入学校。教师则可以从普通高等院校以及其他的领域中进行聘用，满足不同课程教学的需要。

（4）质量保证体系的开放。

质量保证体系的开放，确保了英国开放大学的质量保证措施全面落实到远程教育教学的所有环节中。这有效打破了行政管理权限的制约，使得远程教育系统中的每一个因素都能够始终处于良好的运行状态，以满足高质量远程教育教学系统运行的需求。

11.2.9　英国远程教育发展思考

英国的远程教育发展历史悠久，积累了非常丰富的远程教育办学经验，同时英国也建立了世界上最早的开放大学办学体系，对世界各国的远程教育都产生了非常大的影响。

通过分析英国远程教育办学体系，以下几个方面值得我们的思考：

（1）在办学思想方面，英国开放大学的办学理念值得我们学习。这种开放办学理念突破了传统教育理念的束缚，丰富了学校的含义，同时也为构建终身学习体系提供了依据。

（2）英国远程教育严格的质量保证体系也值得我们借鉴。通过这种严格的质量保证体系的建立和运行，促进了英国远程教育机构教学质量的不断提高，使得英国远程教育机构能够与普通高等院校维持相同的教学质量标准，也为英国的远程教育赢得了声誉。

（3）高效率的组织架构和管理模式也是英国远程教育的重要特色。通过切合实际的组织架构以及管理方法的应用，促进英国远程教育体系能够以比较合理的成本以及非常高的教学质量而具备非常强大的竞争力。

（4）浓厚的学术氛围也是英国远程教育系统的一个重要的特色。这意味着在开展远程教育活动时，不仅仅只有教学工作，远程教育研究工作对于促进整个远程教育系统的高质量运行也有非常大的促进作用，这对于我们开展远程教育有非常重要的启示。而浓厚的学术氛围也是促进远程教育系统教师专业发展的重要途径。

（5）远程教育系统工作人员认真细致的工作作风也是英国远程教育系统给人留下深刻印象的地方。在英国远程教育系统中，每一个工作人员、教师都对工作非常认真，每项工作都会做好详细的计划、明确工作的地点和时间等，所有的工作项目都会标注清楚。正是这种认真的工作态度，形成了英国远程教育系统特有的文化环境。

（6）新技术的广泛应用也是英国远程教育系统的一个重要特色。其中英国的开放大学最引人注目。虽然英国开放大学久负盛名，但是面对新技术，英国开放大学不会因为已经有非常成功的一套技术体系而将这些新的技术拒之门外。开放大学中的媒体研究部门会及时对如何将新技术应用到教学过程中进行研究，迅速跟上技术发展的需要。

11.3 日本的远程教育

11.3.1 总体情况

总体来看，日本的远程教育在整个教育体系中所占的比重相对较小。目前日本远程教育主要面向义务教育年限以上的人士开放①②。一些私立高中也可以开设远程教育课程进行教学。

构成日本远程教育体系的最重要力量是日本的放送大学。日本放送大学类似于中国的中央广播电视大学。另外，日本的一些普通高等院校也开设通信制教育，通过远程教育的方式提供给学生远程学习的机会。日本远程教育的另一个组成部分则是日本的各种培训机构。这些培训机构为了降低成本、扩大教育规模、适应学生不同学习方式，通过远程教育这种方式来提供培训课程。

虽然远程教育在日本教育体系中所占的比重并不大，但是对于日本教育体系整体发展的重要性却非常显著。这主要表现在以下几个方面：

（1）远程教育是现代教育体系的重要组成部分，如果没有远程教育，则这样的教育系统是不完整的。日本的远程教育体系的建立在某种程度上正是起到了这样的作用。

（2）日本致力于形成终身教育体系，这也是应对日本社会老龄化问题的一项重要措施。而普通全日制高等教育难以满足这一需求，因此发展远程教育是这种终身教育体系建立的必然要求。

---

① 保罗川内．日本的开放远程教育及其启示［J］．中国远程教育，2005（7）：48～56．
② 马良生．日本、韩国远程教育情况考察报告［J］．江苏广播电视大学学报，2002，13（3）：5～13．

（3）远程教育是迈向"教育发达国家"的必由之路。日本要想在世界教育领域占有一席之地，发展远程教育是必然的选择。

11.3.2　日本放送大学

早在 1967 年日本文部省就开始研究"关于使用视频和音频广播与教育播出的模式问题"，并与 1969 年同意着手建立放送大学，这一时间与英国开放大学基本一致。然而直到 1981 年国会才将 80 号法令《放送大学学园法》公布实施。再经过四年的准备，最终于 1985 年成立日本放送大学。①

1998 年，放送大学开始利用通信卫星系统开展广播电视教学活动。到了 1999 年则通过网络系统将校本部以及各学习中心连接在一起，形成"校园网络系统"和电视电话系统。加强了校本部和各地学习中心的联系。2001 年，日本放送大学开设了研究生院，促进日本放送大学的办学上到了一个新的层次，为开展远程教育研究工作打下了基础。

日本放送大学在发展初期主要招收无职业的成人，其中一半以上为妇女。学生年龄偏大，30 岁以上学生的数量占了相当大的比例。放送大学的专业设置方面也有一定的特色，即专业设置与社会的需求密切相关。因此随着社会需求的不断变化，日本放送大学的专业设置变动情况也比较大。在课程设置方面，目前本科远程教育课程主要设有三个学科和六个专业，这三个学科分别是：生活科学学科、产业和社会学科、人文和自然学科。

放送大学的校外学习学位课程需要接受面授教学，学分数量达到 20 个。平均每个学分的课程需要大约 5 次面授。

放送大学于 2001 年成立了研究生院，到了 2002 年开始招收研究生，设立了"文化科学专业"，包括了四种培养计划：综合文化、政策经营、教育开发、临床心理等。在招收本科学生方面，日本放送大学与世界其他国家的开放大学一样，都是无须考试即可入学。一年中有两次入学机会。

日本放送大学中的本科生主要有三大类。第一类是"全科生"，这一类学生以获得大学毕业文凭为目标。第二类则是"选科生"，专门选择自己喜欢的课程进行学习。第三类学生是"科目生"，这一类学生第一学期可以自由选择自己喜欢学习的课程，不分专业。

与本科生不同，放送大学的全科硕士研究生教育与普通高等院校的研究生教育比较接近，全科硕士研究生入学需要经过入学资格考试的选拔。科目硕士生则不需要。

目前放送大学学生主要采用广播电视和计算机网络教学平台来进行学习，印刷材料和录音带等也还在使用，但所占课程学习的比例已经大为减少。面授学习方式还是必需的。

11.3.3　通信制教育

除了放送大学以外，日本远程教育系统中另一个占比比较大的部分是普通高等院校开设的通信制教育。这种远程教育方式主要受到美国的影响。普通高校中的通信制教育部类似于我们国内的远程教育学院，通过通信制教育部门，普通高等院校也可以向社会提供远程教育服务。

---

① 张舒予，冯小燕. 日本远程教育：各具特色的开放教学和通信制教学［J］. 远程教育杂志，2005（1）：39～41.

一般来说，接受这种通信制教育的人士为无职人士，主要满足这些人士虽没有机会进入大学但期望能够获得学位的需要。这些人士中有很大一部分为无职的家庭妇女。从这里也可以看出，远程教育对于改变一些传统文化中没有机会接受教育的群体的状况是有显著促进作用的。

因为附属于普通高等院校，所以这些通信制教育部的教师基本上都是从各个系聘用过来的兼职教师，专职的教师很少。而由于已经有非常丰富的大学资源作为基础，这种通信制教育部的投入也不大。

鉴于日本通信制教育部门招收的学生中以无职人士为主，因此在课程的安排方面，非常注重职业培训，以满足这部分人士通过远程教育获得必要职业技能的需要，并在毕业以后能够运用所学知识解决各种实际问题。这一点也是通信制教育部与放送大学有所区别之处。放送大学为了避免与私立大学通信教育的竞争，并不会直接开设与职业资格有关的专业。

在教学方法上，目前日本通信制教育开始注重以学生为中心的知识建构，结合计算机网络的应用，在教学过程中引入小组协作教学。这些先进的教学方法正在逐渐取代传统的讲授方法。

11.3.4 学习的设计

目前来看，虽然很多日本远程教育机构在推广以学生为中心的学习方法方面存在很多的困难，但还是涌现了很多非常好的远程学习的模式。如川内（Kawachi）提出的"多媒体模式"就是一种利用多媒体环境促进小组之间相互合作与交流的学习模式，对日本远程教育理论的发展有良好的促进作用[①]。

在川内提出的学习模式中，包含了四个阶段：

阶段一：小组中合作学习。在这一个阶段的合作学习过程中，学生利用网络进行实时交流，提出各种想法。这是一个纵向的过程。在这一过程中，学生通过开拓思维的方法，如头脑风暴法，获得关于一个问题的多种想法。这些想法在这一阶段并不需要进行检验，而是尝试着将一些问题提出来。这一过程一般使用同步通信技术来实现，如聊天室、视频会议系统等。

阶段二：在阶段一完成以后，就可以着手进行第二阶段的横向讨论。在该阶段的讨论过程中，学生不再使用如同头脑风暴之类的方法来进行发散性的思考，而是针对已经提出的各种想法进行一个横向的对比。通过这种对比，可以探讨阶段一所发现的各种问题之间的相互联系，并与已经学习到的知识有机联系在一起。在这一过程中，教师仍然不参与学生的讨论过程。这一过程也可以使用同步方法来实现。当然使用异步讨论的方式可以给学生留下更多的思考时间，对一些问题进行深入的分析。

阶段二：在学生的横向讨论结束以后，已经可以获得初步的结论。这时候教师可以对学生在前两阶段的讨论进行指导，目的是帮助学生理解协作讨论所涉及的各种知识。这一过程一般采用异步的方式来进行，提供学生更充足的时间进行思考。

---

① 保罗川内．日本的开放远程教育及其启示［J］．中国远程教育，2005（7）：48～56.

阶段四：在这一个阶段主要给学生讲解已经学习到的知识，然后通过将知识应用到实际领域来对知识进行检验。同时教师也帮助学生对整个学习过程进行反思。

川内的四阶段多媒体学习模式是在日本远程教育面临着诸多困难的情况下提出来的，对于改进网络远程教育的教学方法、改变传统的教学模式有着积极的意义。我国的远程教育发展情况与日本有类似的地方，川内的学习模式对于我国远程教育也有一定的启发意义。

11.3.5 日本远程教育的经验思考

由于文化背景类似，日本远程教育发展情况对于我国开展远程教育工作有一定的启发意义。这些意义表现在以下几个方面：

1. 远程教育活动与传统教育观念有机结合

从日本远程教育发展的历程中，我们可以发现其中存在的系列问题。在教学方法上，因为传统的教育教学方法根深蒂固，所以很多的教师在开展远程教育教学活动时，总是不自觉地将传统课堂的讲授方法引入网络课堂中来，这样容易产生传统课堂搬家的效果，影响了学生对新的学习方式的兴趣，削弱了远程教学的效果。日本的经验则值得我们思考。

2. 利用远程教育改变传统的观念

在日本远程教育发展过程中，无职的家庭妇女是学生的重要组成部分，这证明远程教育能够改变传统的思想观念，使得那些在传统条件下无法进入学校学习的人士获得受教育的机会。这有助于促进那些传统文化比较深厚的国家和地区发展远程教育。

3. 坚持实用原则

日本在开展远程教育活动过程中的节约精神值得我们学习。日本虽然在技术方面已经处于世界前列，但是在开展远程教育的过程中，仍然坚持实用的原则——在能够使用已有的设备的情况下，都尽量使用已有的设备。如过去建立起来的广播电视系统，现在仍是放送大学开展教学活动的手段。这对于我国一些偏远农村地区开展远程教育有一定的启发意义。

4. 重视国内国际合作

日本的远程教育非常重视与其国内大学以及其他国际机构的合作交流。目前，日本放送大学已经可以和日本国内普通高校实现学分互认，很多课程的学分也被普通高校所承认。而与国际教师的交流也非常频繁，有效地实现了教学资源和研究成果的共享。

5. 坚持课程的开放性

这意味着这些远程教育机构所开设的课程是向社会上所有人士开放的。这与国际上主流的远程开放教育学校的课程设置基本一样。

6. 高质量师资队伍的建设

在普通高校开设的通信制教育部中，可以直接从已有的院系中聘请教师。而日本放送大学的专职教师数量少但质量精，大部分教师还是从普通高等院校中聘用，这都为高质量的师资队伍的建设提供了保证。

活动建议

1. 专家访谈：如何识别美国的"学位工厂"。
2. 趋势研究：远程教育今后的发展趋势。

习题

1. 美国远程教育发展的原因是什么？
2. 美国远程教育发展的现状如何？
3. 美国远程教育发展过程中，政府参与情况如何？
4. 美国远程教育系统中学生的学习方式有哪些特色？
5. 美国远程教育系统如何促进教师的有效教学？
6. 美国远程教育机构主要有哪几种类型？
7. 美国远程教育系统中使用的技术如何？
8. 美国是如何保障远程教育质量的？
9. 美国远程教育认证机构主要有哪几类？
10. 美国远程教育发展的阶段如何划分？
11. 美国远程教育的发展对我们有哪些启示？
12. 概述英国远程教育发展的情况。
13. 英国远程教育系统中学生的学习有哪些特色？
14. 英国远程教育系统中教师的教学有哪些特色？
15. 英国远程教育机构负责哪些方面的工作？
16. 英国远程教育是如何保证质量的？
17. 英国开放教育的理念体现在哪几个方面？
18. 英国远程教育的发展对我们有哪些启示？
19. 概述日本远程教育发展的情况。
20. 日本放送大学与通信制教育的区别有哪些？
21. 川内提出的学习模式包含了哪四个阶段？
22. 日本远程教育的发展对我们有哪些启示？

参考文献

［1］穆肃，丁新. 德斯蒙德·基更研究［J］. 中国电化教育，2004（8）：38～42.

［2］文继奎. 远程教育若干理论述评［J］. 江苏广播电视大学学报，2007，18（1）：24～28.

［3］南国农，李运林，祝智庭. 信息化教育概论［M］. 北京：高等教育出版社，2004.

［4］Hall A. D. *A Methodology for Systems Engineering*［M］. D. Van Nostrand Company, INC. , 1962.

［5］Checkland P. Soft systems methodology：a thirty year retrospective［J］. *Systems Research and Behavioral Science*, 2000（17）：pp. 11 – 58.

［6］Checkland P. *Systems Thinking, Systems Practice：Includes A 30 – year Retrospective*［M］. Wiley, 1999.

［7］Molenda M. The ADDIE model［J］. *Encyclopedia of Educational Technology*, 2003.

［8］Kearsley G. *Online Education：Learning and Teaching in Cyberspace*［M］. Wadsworth Thomson Learning, 2000.

［9］Churchman C. W. *The Design of Inquiring Systems：Basic Concepts of Systems and Organization*［M］. Basic books, 1971.

［10］Churchman C. W. *The Systems Approach and Its Enemies*［M］. Basic Books, 1979.

［11］李秉德. 教学论［M］. 北京：人民教育出版社，2000.

［12］Butterfield C. W. *History of the University of Wisconsin, From Its First Organization to 1879：With Biographical Sketches of its Chancellors, Presidents, and Professors*［M］. University press company, 1879.

［13］Moore M. G. , Kearsley G. *Distance Education：A Systems View of Online Learning*［M］. Cengage Learning, 2011.

［14］丁兴富. 远程教育学［M］. 北京：北京师范大学出版社，2001.

［15］中国教育会［EB/OL］.［2006 – 02 – 16］. http：//jds. cass. cn/Item/2215. aspx.

［16］Lengrand P. *An Introduction to Lifelong Education*［M］. Unesco, 1970.

［17］Field J. Lifelong education［J］. *International Journal of Lifelong Education*, 2001, 20（1 – 2）：pp. 3 – 15.

［18］Ragan L. C. Good teaching is good teaching. An emerging set of guiding principles and practices for the design and development of distance education.［J］. *Cause/Effect*, 1999,（1）：pp. 20 – 24.

［19］Candea G. Toward quantifying system manageability［A］. *Proceedings of the 4th*

Workshop on Hot Topics in System Dependability ［C］. USENIX Association，2008.

［20］Hofstede G.，Hofstede G. J.，Minkov M. *Cultures and Organizations*：*Software of the Mind*，*Revised and Expanded 3rd ed* ［M］. McGraw－Hill，2010.

［21］Hofstede G. *Culture's Consequences*：*International Differences in Work－related Values* ［M］. Sage Publications，Incorporated，1980.

［22］Hofstede G. *Culture's Consequences*：*Comparing Values*，*Behaviors*，*Institutions and Organizations Across Nations* ［M］. Sage Publications，Incorporated，2001.

［23］Hofstede G.，Hofstede G. J.，Minkov M. *Cultures and Organizations* ［M］. McGraw-Hill，1991.

［24］高澍苹. 远程教育的成本构成及变化趋势——来自北京大学医学网络教育学院的实证分析［J］. 开放教育研究，2005，11（5）：17～23.

［25］勾学荣. 远程教育的成本分析［J］. 北京邮电大学学报（社会科学版），2005，7（4）：9～13.

［26］Rumble G. *The Costs and Economies of Open and Distance Learning* ［M］. Routledge，1997.

［27］臧嵘. 中国古代驿站与邮传［M］. 天津：天津教育出版社，1991.

［28］马楚坚. 中国古代的邮驿［M］. 北京：商务印书馆国际有限公司，1997.

［29］刘广生，赵梅庄. 中国古代邮驿史［M］. 北京：人民邮电出版社，1999.

［30］Siegert B. Relays. *Literature as an Epoch of the Postal System* ［M］. Stanford University Press，1999.

［31］Mell P.，Grance T. The NIST definition of cloud computing（draft）［J］. *NIST Special Publication*，2011，800：p. 145.

［32］Ashton K. That 'Internet of Things' thing［J］. *RFiD Journal*，2009（2）：pp. 97 – 114.

［33］Dick W.，Carey L.，Carey J. O. *The Systematic Design of Instruction* ［M］. Pearson，2005.

［34］Bobbitt J. F. *How to Make a Curriculum* ［M］. Houghton Mifflin Company，1924.

［35］Tyler R. W. *Basic Principles of Curriculum and Instruction* ［M］. University of Chicago Press，1969.

［36］Stenhouse L. *An Introduction to Curriculum Research and Development* ［M］. Heinemann London，1975. p. 46.

［37］Skilbeck M. *Curriculum Reform*：*An Overview of Trends* ［M］. OECD Publishing，1990.

［38］王卫东，田秋华. 教育学纲要［M］. 广州：中山大学出版社，2009.

［39］Havighurst R. J. *Developmental Tasks and Education* ［M］. Longman，1972.

［40］Gagne R. M.，Wager W. W.，Golas K. C.，et al. *Principles of Instructional Design* ［M］. Wadsworth Publishing，2004.

［41］Gagne R. M. *The Conditions of Learning.* ［M］. Holt，Rinehart and Winston，1977.

［42］程智. 现代教育技术与教师专业发展［M］. 天津：天津教育出版社，2010.

［43］Taylor E. W. Transformative learning theory ［J］. *New Directions for Adult and Continuing Education*，2008（119）：pp. 5 - 15.

［44］Transformative Learning Theory ［EB/OL］. ［2013 - 01 - 08］. http：//transformativelearningtheory. com/.

［45］Mezirow J. Transformative learning：theory to practice ［J］. *New Directions for Adult and Continuing Education*，1997（74）：pp. 5 - 12.

［46］Siemens G. Connectivism：A learning theory for the digital age ［J］. *International Journal of Instructional Technology and Distance Learning*，2005，2（1）：pp. 3 - 10.

［47］Szücs D.，Goswami U. Educational neuroscience：Defining a new discipline for the study of mental representations ［J］. *Mind，Brain，and Education*，2007，1（3）：pp. 114 - 127.

［48］程智. 对网络教育概念的探讨 ［J］. 电化教育研究，2003，7（4）.

［49］郎可夫. 美国远程教育的发展动因 ［J］. 中国远程教育，2002（7）：67 ~ 68.

［50］Washingtonpost. com：［EB/OL］. ［2013 - 01 - 09］. http：//www. washingtonpost. com/wp - srv/politics/special/states/docs/sou97. htm.

［51］何克抗，黄荣怀. 基于 Internet 的教育网络与 21 世纪的教育革新 ［J］. 电化教育研究，1998（11）：60 ~ 64.

［52］Learning at a Distance：Undergraduate Enrollment in Distance Education Courses and Degree Programs ［EB/OL］. （2011 - 10 - 05）［2013 - 01 - 09］. http：//nces. ed. gov/pubsearch/pubsinfo. asp？pubid = 2012154.

［53］Bill Text - 105th Congress（1997 - 1998）- THOMAS（Library of Congress）［EB/OL］. ［2013 - 01 - 09］. http：//thomas. loc. gov/cgi - bin/query/z？c105：S. 2037.

［54］The Influence of Intellectual Property Rights Over Distance Education ［EB/OL］. ［2013 - 01 - 09］. http：//www. educause. edu/library/resources/influence - intellectual - property - rights - over - distance - education.

［55］E - learning：Putting a World - Class Education at the Fingertips of All Children. The National Educational Technology Plan. ［R］. ED Pubs，P. O. Box 1398，Jessup，MD 20794 - 1398. Tel：877 - 433 - 7827（Toll Free）；TTY：800 - 437 - 0833；Fax：301 - 470 - 1244；E - mail：edpubs@ inet. ed. gov，2000.

［56］李远根. 美国远程教育监管保障质量 ［J］. 中国远程教育，2004（6）：42 ~ 44.

［57］Important Questions About Accreditation，Degree Mills and Accreditation Mills［EB/OL］. ［2013 - 01 - 19］. http：//www. chea. org/degreemills/.

［58］萨利·约翰斯顿，张伟远. 美国远程教育的发展现状、挑战及策略 ［J］. 中国远程教育，2004（15）：50 ~ 56.

［59］罗琳霞，丁新. 英国开放大学"开放学习"项目评述 ［J］. 开放教育研究，2008（4）：109 ~ 112.

［60］英国开放大学课程组机制—中国教育 ［EB/OL］. ［2013 - 01 - 09］. http：//www. edu. cn/hai_ wai_ 319/20060323/t20060323_ 19748. shtml.

［61］丁纪可. 英国开放大学质量保证体制的研究 ［J］. 科技情报开发与经济，

2006，15（22）：235～236.

[62] 韦润芳. 英国开放大学再认识：理念篇 [J]. 中国远程教育，2010（7）：15～23.

[63] 保罗川内. 日本的开放远程教育及其启示 [J]. 中国远程教育，2005（7）：48～56.

[64] 马良生. 日本、韩国远程教育情况考察报告 [J]. 江苏广播电视大学学报，2002，13（3）：5～13.

[65] 张舒予，冯小燕. 日本远程教育：各具特色的开放教学和通信制教学 [J]. 远程教育杂志，2005（1）：39～41.